복음으로 치유하고 섬기는 사명자들

국제복음개혁신학대학(원) 총장 김득해 박사 팔순 기념 헌정논문집

김득해 박사 팔순 기념 헌정 논문집 간행위원회

인문엠앤비

존경하고 사랑하는 국제복음개혁신학대학(원)(International Evangelical Reformed Seminary: IERS) 재학생 및 동문 여러분, 이사님과 교수님 그리고 선후배 목회자 여러분.

이 책은 국제복음개혁신학대학(원) [New Jersey, USA 소재] 김득해(Samuel Dukhae Kim) 총장님의 80번째 생신을 축하하며 기념하고자 발간한 헌정 논문집으로 복음에 빚진 자들로 섬기고 살아야 하는 우리의 마음을 담아 "복음으로 치유하고 섬기는 사명자들"이라는 제호를 붙였습니다.

이 책에는 김득해 총장님의 학문적 영향력과 리더십에 감사하는 우리 모두의 마음이 담겨 있습니다. 80세를 맞이하여도 여전한 총장님의 학문적 열정과 업적은 우리에게 큰 영감을 주고 있습니다. 이 논문집을 통해 우리는 김득해 총장님의 학문적 이정표를 되새기며 그의 영광스러운 과거와 미래를 기억하고자 합니다. 더불어, 총장님의 선한 영향력을 이 논문집을 통해 계속해서 전해 나가고자 합니다.

이 책은 김득해 총장님을 비롯한 우리 신학대학 구성원들의 참여와 지원으로 발간되었습니다. 김득해 총장님을 비롯한 모든 재학생, 동문, 교수진, 이사 그리고 선후배 목사님들께 깊은 감사를 드립니다. 모든 분들의 기도와 사랑으로 국제복음개혁신학대학(원)이 성장하고 발전해 가고 있기 때문입니다.

총장님의 헌신과 희생은 그의 학문적 성취뿐만 아니라 우리 모두에게 큰 영향을 끼치고 있습니다. 그런 총장님과 함께하시는 총장님의 가정과 가족에게도 깊은 감사를 드립니다.

이 논문집이 김득해 총장님의 80세 생신을 축하하고 총장님의 학문적 이

정표를 기념하는 것뿐만 아니라, 후학들의 학문적 열망과 역량을 발휘하는 토대가 되기를 기대하며, 국제복음개혁신학대학(원) 공동체의 학문적 비전과 사명을 이어갈 수 있기를 축복하며 기원합니다.

축사를 써 주신 방지각 원로 목사님, Canada Christian College의 총장이신 Dr. Charles McVety, 세계 한인 기독교 선교협의회 대표의장이신 이승종 목사님, 우리 신학대학의 이사장이신 Joshua Park 박사님, 주휴스턴 대한민국 총영사 정영호 목사님 그리고 글로벌 한인연대 대표 린다 한 의장님에게도 특별한 감사의 말씀을 드립니다.

또한, 자신의 학문적 관심사와 경험을 바탕으로 김득해 총장님의 생신을 축하하고 그의 학문적 업적을 기리는 뜻으로 원고를 쓰신 교수님, 동문 및 재학생 여러분들께도 감사드립니다. 아울러 촉박한 시간 속에서도 이 책자 발간을 위해 헌신해 주신 한국의 인문엠엔비 출판사 이노나 사장님에게도 감사 드립니다.

원고 작성자:

김득해 박사(교회사), 이영만 박사(예배학), 김윤권 박사(구약학), 임양택 박사(상담학), 김정원 박사(신약학), 김병용 박사(상담학), 임옥순 박사(상담학), 양진희 박사(상담학), 박성양 박사(교목), 박종구 장로, 김성애 박사, 남미경 박사(학생처장), 김현희 박사, 이민정 박사, 장위경 전도사, 김미영 교무과장, 정 화 동문, 김종헌 박사(리더십).

2024년 3월

국제복음개혁신학대학(원) 총장 김득해 박사 팔순 기념
헌정논문집 간행위원회 공동의장
이사장 Joshua Park 박사 · 고문 이영만 박사 · 학장 김종헌 박사(글)

| 차례 |

책을 내면서 - 10

축 사

방지각 목사
(뉴욕 효신교회 원로목사, 뉴욕 교협 및 목사회 전 회장)

김득해 박사님의 80세의 귀한 생신을 기하여 교수님들과 제자들의 논문을 편집하여 한 권의 논문집으로 출간하게 됨을 축하드립니다. 그간의 귀한 경험과 연구와 지혜로 엮은 논문은 이민 사회에 큰 격려와 활력소가 될 것을 확신합니다. 부디 계속 후학들을 키우고 배출하는 일에 힘쓰심으로 하나님께는 영광이 돌려지고 김 박사님께는 큰 보람과 행복한 여생이 되시기를 기원합니다.

| 축 사 |

Dr. Charles McVety 총장
(President of Canada Christian College)

Dr. Samuel Kim: My Christian Brother

On behalf of Canada Christian College, I sincerely congratulate Dr. Samuel Kim for his 80th birthday.

I have known Dr. Kim for more than 40 years as his Christian brother. I always tease him that we are brothers whose father is the same God Father, but our Physical mothers are different.

Dr. Kim was appointed as a cooperating member of the Board of Trustees when my father was the president of the Canada Christian College in 1984. Dr. Kim was awarded an honorary Doctor of Law (LL.D.) and Doctor of Divinity (D.D.) for his dedicated service to Canada Christian College for many years.

Dr. Kim has been a community leader as well as a church

leader throughout his career. He has so much energy to serve international communities with many different talents. He served as the president of the Korean Education Council of Greater New York and the Korean Heritage Foundation of New Jersey. He was former moderator of the Synod of the Northeast of the Presbyterian Church (USA). He also served as a member of the Advisory Committee for the Chancellor of the New York City Board of Education. He was a member of the directors of the Board of Pensions PC(USA) while serving as Executive Presbyter of the Eastern Korean American Presbytery. Currently, he serves as the president of International Evangelical Reformed Seminary.

I am convinced that Dr. Kim has inherited his intelligence, compassion, and sacrificial attitude from his parents. When Dr. Kim was in Zambia in 1979 as a research director and vice president for Harcrest International Company, he organized a foundation to help underprivileged young people. His organization selected two high school students in Zambia for further education in the United States.

Dr. Kim was born in China and was raised in Pyongyang, the capital of North Korea. In 1997 he had an opportunity to visit North Korea as a member of the peacemaking delegation of the Synod of the Northeast. He visited his hometown in Pyongyang. He felt so sad to find most of the North Korean people are in poor health, which only intensified his desire to witness the love of Jesus Christ.

In conclusion, I am extremely honored to write this congratulatory message for his birthday. He is not getting older but getting better.

God bless Dr. kim, his family and International Evangelical Reformed Seminary that he currently serves as president. God will always be with him as Emmanuel as his journey goes on.

| 축 사 |

이승종 목사
(세계한인기독교선교협의회 대표 의장(KWMC), 어깨동무 사역원 원장)

크리스천의 정체성은 '소유자'가 아니고 십자가 복음 증거의 사명을 '위임받은 사람'이다.

하나님과 역사 앞에서의 '책임적 존재'이다.

나의 꿈보다 하나님의 뜻을 소중히 여긴다.

그러므로 한 번뿐인 삶을 내 맘대로, 나 하고 싶은 욕망을 따라 살 수 없다.

존경하는 김득해 총장님의 팔순 생신을 맞이하여 사랑하는 교수와 제자들이 기념 논집을 발행하게 되어서 매우 뜻깊고 반가운 일이 아닐 수 없다.

삶이 소중한 것은 한 번밖에 없는 시간이기 때문이다.

시간은 금이나 금강석이 아니고 '생명'이다.

돈으로 살 수 없는 것이 시간이다.

김득해 총장님은 일찍이 서울대학교를 졸업하시고 미국으로 유학, 프린스톤 신학교와 컬럼비아 대학교에서 석·박사 학위를 받으셨다.

그리고 미국 장로교(PCUSA) 교단의 지도자로 오랫동안 섬기셨을 뿐만 아니고 미국 유수 기업의 임원으로도 출중한 경영의 능력을 인정받으셨다. 그 후에 기도하시며 이민 공동체와 시대가 요구하는 복음적인 절대 절명의 필요를 확인하고 복음의 사명자를 양육하며 예언자적 시대 해석과 탁월한 혜안으로 신학대학교(원)을 설립했다.

기독교 지도자 양성과 유수한 목회자를 육성하기에 온 힘을 쏟으셨다.

부족한 제가 총장님의 인품을 대하며 많은 감동을 받았다. 학자로서의 저술과 학문적인 업적만이 아니고 영혼 사랑의 부드럽고 훈훈한 인간미와 현대 문화의 폭넓은 이해와 관계성은 학자의 높은 경지를 넘어 서는 따뜻한 지도력과 크리스천의 사랑이다.

더구나 한국 사람으로는 보기 드물게 훤칠하신 체구에 미성으로 부르는 찬송은 압권이다. 그리고 미남이시다.

총장님은 누구에게나 매력 있는 성품의 소유자이다.

남은 생애 더욱 건안하시길 기도드리며 생신 축하 논집을 인해서 신학교의 무궁한 발전과 이민 공동체를 복음으로 새롭게 치유하고 섬기는 사명자들이 일어서기를 바랍니다.

턱없이 부족한 후학의 외람된 축하의 글을 혜념하시길 빕니다.

| 축 사 |

Dr. Joshua Park 장로
(국제복음개혁신학대학(원) 이사장)

국제복음개혁신학대학의 교수진, 동문 여러분, 그리고 사랑하는 재학생 여러분.

먼저 김득해 총장님의 80세 생신을 맞이하여, 총장님의 지난 세월 동안 이루신 업적과 헌신에 경의를 표합니다. 총장님의 학문적 여정은 서울대학교를 졸업하시고, 프린스턴 신학교의 M.Div 과정을 거쳐, 콜롬비아대학교(Columbia University)에서 박사 학위를 취득하시는 등의 빛나는 족적을 남겼으며, 국제복음개혁신학대학교의 발전에 귀중한 자산이 되었습니다.

이러한 뛰어난 학문적 성취는 국제복음개혁신학대학뿐만 아니라, 캐나다 크리스천 칼리지(Canada Christian College)와의 긴밀한 연계를 통해, 우리 학생들이 더욱 폭넓은 학문적 기회를 갖게 하는 토대가 되었습니다. 또한 김득해 총장님께서는 단순히 학문적 지식의 전달자에 그치지 않으시고, 지식의 빛을 전 세계에 퍼뜨리는 데 헌신하셨으며 신학 교육의 질을 한 차원 높이는 데 지대한 공헌을 하셨습니다.

국제복음개혁신학대학의 깊은 존경과 사랑을 담아, 우리는 김득해 총장님의 80세 생신을 맞이하여 특별한 경축과 감사의 마음을 전합니다. 총장님의 풍부한 학문적 여정과 신앙의 깊이는 우리 모두에게 큰 영감과 가르침을 주었으며, 이는 국제복음개혁신학대학교의 교수진, 동문, 재학생 모두가 더욱 빛나는 미래를 향해 나아가는 데 결정적인 역할을 해왔습니다.

총장님의 교육 철학과 신앙의 깊이는 많은 이들에게 큰 영감을 주었으며, 이는 오늘날 국제복음개혁신학대학이 지닌 정체성과 방향성의 근간을 이룹니다. 총장님의 리더십 아래 우리 대학은 학문적 우수성과 신앙적 깊이를 겸비한 차세대 리더를 양성하는 데 전념해 왔습니다.

김득해 총장님의 80세 생신을 기념하여 준비된 헌정 논문집은 총장님의 평생 헌신과 지도를 기리는 중요한 작업입니다. 이 논문집은 총장님께서 제시하신 학문적 우수성과 영적 가치의 중요성을 반영하며, 총장님의 가르침 아래 성장한 수많은 학자와 신학자들의 노력이 집약되어 있습니다. 이 논문집을 통해 우리는 총장님의 지혜와 영향력이 어떻게 많은 이들의 삶을 변화시켰는지, 그리고 우리 학교와 교회 공동체 전체에 어떤 긍정적인 변화를 가져왔는지를 명확히 볼 수 있습니다.

이번 헌정 논문집은 총장님의 가르침과 멘토링이 우리 모두의 삶에 미친 긍정적인 영향을 기리는 것입니다. 교수, 동문, 재학생들이 모여 총장님께 받은 지식과 지혜, 그리고 영감을 공유하는 이 논문집은 총장님의 업적을 기념하고, 그 영향력이 미래 세대에까지 이어질 수 있도록 하는 소중한 자산이 될 것입니다.

총장님의 생신을 맞이하여 발간되는 이 헌정 논문집은 총장님의 업적을 기리는 것뿐만 아니라, 우리 대학과 연계된 캐나다 크리스천 칼리지와의 협력 관계를 더욱 강화하는 의미도 가집니다. 총장님께서는 국제복음개혁신학대학교와 캐나다 크리스천 칼리지 간의 학문적 교류와 협력을 위해 헌신하셨으며, 이 논문집은 그러한 노력의 결실을 상징하는 것입니다.

이 특별한 순간, 우리는 김득해 총장님의 무한한 헌신과 리더십에 깊은 감사를 표합니다. 총장님의 생신을 축하하며, 헌정 논문집이 총장님의 뜻과 업적을 기리는 데에 있어 소중한 기념물이 되기를 바랍니다. 김득해 총장님의 지속적인 건강과 행복을 기원하며, 국제복음개혁 신학대학교가 앞으로도 총장님의 가르침을 바탕으로 더욱 발전해 나가기를 소망합니다.

김득해 총장님의 지혜와 가르침이 우리 모두에게 축복이 되기를 기원하며, 끊임없는 헌신과 지도에 깊은 감사를 드립니다. 다시 한 번 80세 생신을 진심으로 축하드립니다.

| 축 사 |

린다 한 회장
(글로벌 한인연대 대표, 미주평통자문위원회의 워싱턴협의회 회장)

존경하는 김득해 총장님의 팔순 기념 논문집 출간을 진심으로 축하
드립니다.

총장님은 명문 콜롬비아대학교에서 박사 학위를 취득한 학자이자
목회자로서 그리고 탁월한 교회 행정가로서 미국 사회에 선한 영향을
끼치며 지난 50여 년간 재미한인교회의 뛰어난 지도자로 능력을 발휘
하고 섬기는 리더로 봉사해 오신 훌륭한 분입니다.

특히 미국장로교단(PCUSA)의 동부한미노회 사무총장으로서 재직
시 가장 활발한 활동을 펼쳐 미국장로교단 내 한인교회가 소속한 노회
가운데 가장 많은 회원 교회를 확보하는 괄목할 성장을 이끄셨습니다.

김득해 총장님은 교단 재직 시부터 건강한 한인교회 성장을 위해 캐
나다 크리스천 칼리지(Canada Christian College)의 미국 내 자매 신학대
학인 국제복음개혁신학대학(International Evangelical Reformed Seminary)
을 개설해 많은 목회자와 지도자 및 기독교 상담학자들을 배출하였습
니다.

최근에는 학교를 더욱 크게 확장해 복음주의 개혁신학대학원으로 성장시켜 미동부지역 최고의 한인 신학교이자 미국 내 여러 지역에 캠퍼스를 설립해 명실상부 미국 내 최고의 한인 신학대학원으로 미래를 열어가는 데 총장의 리더십을 적극 발휘하고 계십니다.

김득해 총장님의 팔순 기념 논문집은 학자요 목사요 행정가요 그리고 총장으로서의 삶을 결산하는 의미가 있지만 그것은 또한 새로운 미래를 여는 시작으로써 사도 바울의 고백처럼 하나님의 상급을 받고자 오직 푯대를 향해 달려가는 일이라 할 것입니다.

김득해 총장님의 새로운 미래를 향한 힘찬 발걸음마다 성령의 인도하심의 역사를 기도합니다. 감사합니다.

정영호 목사
(주휴스턴 대한민국 총영사)

　존경하는 김득해 총장님의 팔순 기념 논문집 발간을 진심으로 축하
드립니다. 김득해 박사님은 서울대학교 졸업 이후 미국으로 건너와 명
문 프린스턴 세미나리에서 신학 석사를 그리고 콜롬비아 대학교에서
종교철학 박사 학위를 취득한 최고의 지성으로 재미한인기독교 지도
자의 위상을 높이신 분입니다.

　김득해 박사님은 목회자로 사역하기 이전에는 미국 리서치 회사에
서 20여 년 근무하면서 부사장 직책까지 오를 정도로 미국 주류사회에
서 능력을 인정받았지만 하나님의 부르심에 순종하고 조기 은퇴한 후
한인공동체와 2세 지도자 양성을 위해 목회자의 길을 걸으셨습니다.

　김득해 박사님과 저의 인연은 제가 미국장로교 동부한미노회에서
목사 지망생과 후보생 과정을 밟을 때였는데 당시 김 박사님은 노회
사무총장으로서 저에게 따뜻한 배려와 사랑을 베풀어 주셨습니다. 특
히 제가 뉴저지 필그림 교회에서 목사 안수를 받을 때 축사도 해주시
는 등 제가 목회자로 반듯하게 세워지도록 많은 관심과 지도를 아끼

지 않으셨습니다.

　그동안 김득해 총장님은 12권의 저서를 출간하시고, 두 번에 걸쳐 저서 출판기념회를 가졌습니다. 목회자로 그리고 교단 행정가로 탁월한 리더십을 발휘하는 가운데서도 학자로서의 연구에 매진해서 저서를 출판하신 김득해 총장님의 부지런함은 어느 누구도 흉내 낼 수 없는 일입니다. 뿐만 아니라 노회 사무총장에서 은퇴한 후에는 캐나다 크리스천 칼리지와 국제복음신학대학원을 통해 험한 시대에서 복음의 빛을 환하게 밝히는 목회자 양성에 헌신하면서 오늘에 이르렀습니다.

　긴 인생 여정을 보내면서, 조사 분석 전문가로, 헌신적인 목회자로 그리고 교단 행정가로서 뿐만 아니라 대학 총장으로서 다양한 삶의 길을 통해 탁월한 리더십을 아낌없이 발휘한 김득해 총장님은 이 시대에서 많은 크리스천이 모델로 삼아야할 크리스천 리더십의 아이콘이라 할 수 있으며 그가 추구한 비전과 삶을 돌아보면 그는 예수님의 섬김을 가장 잘 보여준 섬김의 리더였습니다.

아무쪼록 오랜 시간 국제복음신학대학원 총장으로서 직접 길러낸 제자들과 후학들이 스승에 대한 존경과 배려의 마음을 담아 증정하는 팔순 기념 논문집이 이 시대를 살아가는 많은 목회자와 성도들에게 감득해 총장님의 신앙과 학문의 여정을 아름답게 보여주며 선한 영향을 끼치길 소망하며 다시 한 번 출판 기념을 진심으로 축하드립니다.

감사합니다.

The Korean Shamanism

국제복음개혁신학대학(원) 총장 **김득해 박사**

President of IERS, **Dr. Samuel Kim**

The Korean Shamanism

국제복음개혁신학대학(원) 총장 **김득해 박사**
President of IERS, **Dr. Samuel Kim**

Shamanism is defined by the <u>Encyclopedia of Religion and Ethics</u> as a "primitive religion of polytheism or poly–demonism with strong roots in nature worship, and generally with a supreme god over all."[1] The shaman, sometimes called the devil–doctor, professes that by the use of fetiches, charms, and other means of influence over spirits and demons, he can cure diseases and avert impending disaster. While the shaman exercises certain priestly functions, his main power is concerned with healing and divination, a power which is exercised by virtue of his intimate relationship with the supernatural world. Certain spirits are at his command, and he has actual access to the spiritual world. With the aid of these spirits, he obtains knowledge superior to

---

1) Encyclopedia of Religion and Ethics, article on "Shamanism"

the ordinary man and can drive out hostile spirits and power.

This direct relationship of the shaman with the supernatural world results in a state of trance or an alternate personality in the shaman. The shaman becomes a mediator between gods and spirits on the one hand and men on the other. He knows the secrets of the gods and spirits, often malevolent, and the wellbeing of all depends upon his power to cajole or overcome them by various action, rites, or sacrifices. By these rites or sacrifices he can enlist the services of spirits.

Historical Origin of Korean Shamanism

The historical shamanism of Korea is a question in debate. Banzaroff in his book <u>Black Faith</u> states that "the shamanistic religion did not arise out of Buddhism or any other religion, but originated among the Mongolic nations, and consists not only in superstitions and shamanistic ceremonies, but in a certain primitive way of observing the outer world, nature , and the inner world, the soul."[2] <u>The Encyclopedia of religion and Ethics</u> points

---

2) Banzaroff, p. 4 and 5

out that the word "shaman" appears to have been derived from a native Tungus name for priest "saman" used also among Buriats and Yakut tribes in Siberia. The Tungus word "saman" means "one who is excited, moved, raised."[3] The Encyclopedia goes on to say that there is no evidence to support the view that the word "saman" is a adaptation of the Pali word "samana"(Sanscrit—shramana), a Buddhist monk or mendicant through the Chinese. It also states that it is very unlikely that saman is a derivative from the Persian word "shamen", an idol or temple which is the view supported by underwood in his book on the Religion of East Asia.

The writer would agree that Korean Shamanism originated in northern Asia, in the territory extending from the Arctic regions down into Manchuria and Mongolia. However, along the southern fringes of these areas there have been seen modifications caused by contract with such religion as Buddhism, Confucianism and Taoism. Hulbert believes that the Buddhist elements seen in Korean Buddhism are "mysticism, fatalism, pessimism and quietism".[4] Jones states, "Shamanism has observed from the other two cults (Confucianism and Buddhism) nearly everything of

3) Encyclopedia of Religion and Ethics, article on "Shamanism"
4) Hubert, Royal Asiatic Society Records, 1901. P 39.

super-natural character which they possessed. Confucianism has its belief in spirit dragons, in Kwei and Shen spirits, in the spirits of the winds, the hills and the rivers. Korean Shamanism took them over so that it was difficult to discern.

If people who believed in these spirits acted as Confucianists or as Shamanists. Shamanism took away from Buddhism most of the magic, the charm-making, crystal-gazing, dream interpretation which it had taken over from the Taoism of China. Shamanism even adopted many of the magical dharani prayer sentences invented by the Buddhist community in Tibet, and it used them freely in its incantation, although the shamans never visit or have anything to do with the worship in the regular Buddhist temples."[5]

Shamanistic Monuments

Underwood points out that the primary source of information about Shamanistic practices in Korea are the kinds of religious

---

[5] Jones, Royal Asiatic Society Records, 1901. P 42.

monuments found in Korea.[6] Korean Shamanism does not build temples. Instead, there are thousands of shrines and fetiches found throughout the countryside, on the outskirts of every village or on a nearby hilltop. For example, an observer may find altars on high hills which usually look north and are used for the worship of the Heavens such as those in Seoul and the Mari San on Kangwha island.

A second type of monument is the <u>dolmen</u> which are scattered all over Korea. Usually they consist of three stones, two enormous slabs supporting a third. No bones or relics of any kind have been found either under or near any of these dolmens. Despite this fact Hulbert who has made a study of the dolmen, postulates that they are probably tombs, and argues that time may have destroyed all villages.[7] Underwood disagrees with Hulbert arguing that the dolmen were altars used for worship of some of the earth deities of Korea's nature worship. He supports his view with verbal statements of Korean People.[8]

A third type of monument is the "myrick", gigantic carved

---

6) Underwood. The Religions of East Asia. P 100

7) underwood, p. 102.

8) Ibid., p. 102

stone figures, sometimes more than 40 feet high, which can be found singly or in pairs. The former are evidently Buddhas whereas those in pairs seem generally to be much older, always representing a man and a woman, usually representing the dual principles of nature mentioned in Chinese cosmology and could be perhaps borrowed from china's Taoism.[9]

Types of Shamans in Korea

Clark points out in his book <u>Religion of old Korea</u> that in Korea there are three classes of Shamans, the Mootangs, parksoos, and the pansoos, or blind diviners.[10] There are also the non-professional village temporary Shamans, the Chikwan or geomancers, the Ilkwon, or selectors of favorable days. In Korea as in Siberia the large number of shamans are women who are called Mootangs, usually from the lower classes and of a bad reputation. The Paksoos are a class of men who shamanize exactly as the women. Clark suggests there are probably not one paksoo to a hundred Mootangs. On the dress of garb of

9) Underwood, p. 102
10) Clark, p. 181

the women small round disks of iron are hung, flat shield—like pieces, two to three inches in diameter.[11] The Korean people speak of these pieces of iron with great reverence and feel that great power resides in them and in the one who wears the robe. It is interesting that the paksoo wears the outer dress of the woman while shamanizing whereas the Mootang always wears the outer dress of a man. In Siberia this is called "changes of sex" and it seems to be of some mystic significance also in Korea although the Koreans have never been able to know where the custom came from or why it exits.

The Mootang is supposed to be a sort of spiritual medium who puts herself in rapport with evil spirits and becomes at will. Usually, such obsessions are preceded by a series of incantations and rituals and a sort of self—hypnotism in which Mootang, having thrown herself into trance, becomes voice pieces for the deity. She does not command deities but her friendship with them is able to discern their will and to discover the ransom for which the gods will consent to release the victims under their control.

The Mootang claims to have the power to cure all illnesses since

11) Tyler, Primitive Culture, p 140

the sickness was caused by an evil spirit and will only leave when the evil spirit has been propitiated. Other examples of claims the Mootang makes are quieting of ghosts of those who have drowned, the purifying of wells in which people have drowned, the quieting of the spirits of the dead which are thought to linger around the house of the living and may become dangerous. The Mootang also makes wooden charms to tie on children's belts to protect them from the "Deunsin" or tramp spirits. She will also find articles and predict the future, propitiates the spirit of the dragon which controls the rain and guarantees safe travel to those who embark on days she indicates. To propitiate the evil spirits, séances are performed which are usually accompanied by blood offerings of a chicken, pig fish or some other animal.

The Mootang and most of the paksoos are of the lowest social class in society. Usually they are illiterate, use no books in their séances and rarely read anything although sometimes they do recite Buddhist dharani charm sentences out of the <u>Chunsoo Kyung</u>. The séances are usually done at night and relate to dancing and the beating of drums. The incantations and methods of controlling the spirits differ with each individual shaman. They are usually handed down from one generation to the next, everyone making changes which suit method.

The Pansoo, the blind diviner, differs from Mootang and the Paksoo in that his technique rests on certain printed books of incantations. In contrast to the Mootang who cultivates the evil spirits to cajole and win their favor, the Pansoos cultivates the favor and seek assistance of one or more powerful Sinchangs, they force the evil spirits to do their will. Clark points out that often the Sinchangs are the spirits of deceased Shamans.[12]

As indicated above, all the Pansoos are blind or pretend to be so. Socially, they are held in higher regard than the Pansoos. Because of their physical disability, they are thought to have an inner vision. A large part of ther Pansoo's work id heals or drives evil spirits away. However, he also tells fortunes and advice on business and personal matters as the name Pansoo indicates: "Pan", to decide: "Soo", destiny, that is destiny decider or fortune teller. His fellowship with the spiritual world gives him the authority to prophecy.

How do the Korean Shamans enter and prepare for the profession of a shaman? The Mootangs are usually recruited from among the children of Mootangs or from close women relatives.

---

12) Clark, p 186

The Koreans believe that when a Mootang dies, her spirit lays hold on someone and this person does not have the power to let lgo of these strong claims.

The spirits force her to serve as a Mootang. It is reported that a Mootang may adopt an orphan girl and train her in the Shanmanistic practices, which enables her to get her power in later years. Clark describes the Mootang as being neurotic whereas he sees the Pansoo as less neurotic and more in control of himself.[13]

Doctrines of Korean Shamanism

Although it is difficult to state exactly what the beliefs of Korean Shamanism are since each shaman differs in doctrine and practice from another shaman, Underwood suggests there are certain beliefs held in common by most Korean shamans.[14] He argues that the shamans all believe in the heavens, a providence overruling the world and although they believe in many gods,

---

13) Clark, p.192.
14) Underwood, p.108

they strongly insist that "Hananim"(Honorable Heavens or the Lord of the Heavens) controls and directs all others. Although most of the Korean people today accept the Chinese idea of the dual principle as the origin from which sprang all things, yet they give to Hananim supreme power and acknowledge that he can and does control all things and scribe to him a rather paternalistic attitude, acknowledging him as father of all.

Hulbert suggest that "purest religious idea which present day Korea has is its belief in Hananim, a being which is unconnected with imported religion(Buddhism, Confucianism and Taoism) and is far removed from crude nature worship.[15] He states that Koreans consider Hananim to be the Supreme Ruler of the universe who is separate from and outside the circle of the various spirits and demons that infest all of nature.[16]

Underwood admits, however, that although the Korean shamanist says Hananim is supreme and authoritative, in religious worship he is primarily concerned with the appeasement of the many gods who he believes control natural phenomenon.

---

15) Hulbert, The Passing of Korea, p.104.
16) Ibid.

For example, in Korean Shamanism there is the common belief in local deities, the chief of whom are the five-point Generals(O Pany Chang Koon) who presides over the East, South, West, North and Center.17 Each of these generals is supreme in his own ward and each controls a host of spirits which obeys his will. When the Pansoo locates the evil spirits in a certain ward, he then brings pressure upon evil spirits with the help of the generals to stop his wickedness. Frequently there are rudely carved posts at the entrance of Korean villages which represent these enerals which are put there as guardians to keep out the evil spirits and protect the place.

From the above discussion, it can be concluded that Korean Shamansim recognizes a host of gods. Every natural phenomenon has its unique deity and every illness is caused by some god; thus, the task of the Shaman is to appease the gods who bring about evil. What then is the connection between the many gods and Hananim? Underwood suggests that there seem to be no system in Korea's Shamanism. He believes there is no chief deity clearly recognized as being over a whole hierarchy of gods.[17]

---

17) Underwood, <u>Korea Review</u>, 1906, p.89.

Conclusion

The above discussion is a brief summary of Korean Shamanistic practices and beliefs. The author believes that in Korea today Shamanism is still widely practiced. One has only to walk through the country to see piles stones under a tree of pieces of cloth tied to tree branches.

The author was fortunate to see a séance practiced by a Moodang on one of the many islands. The shaman was imploring the evil spirits to dispel so the fisherman could fill there nets since their nets hade been empty for several days. Usually the ceremonies performed by the Moodang are not open to public view since they are usually held at night and one day find a fierce dog keeping intruders away. Although many of the intellectuals n the larger cities such as Seoul suggest Shamanism is for the poor and ignorant, it is interesting that when they plan to marry or plan a business venture, the Pansoo may be called in to determine the proper day for marriage or the best move in planning a business venture.

It is also the author's view that one important factor which led to the acceptance of the Christian faith in Korea was the Korean' s belief in Hananim, a god who was supreme over other gods, although in practice this was not always too evident since the shamans usually were concerned with appeasing the lesser gods. It is interesting to note that the Christian religion took the word "Hananim" and applied it to the Hebrew word for God(Yaweh). This may have facilitated the change over from Shamaism to Christanity on the part of many adherents of Shamanistic beliefs and practices.

Bibliography

Encyclopedia and Religion and Ethics Article on "Shamanism"

Banzaroff, David. Black Faith. 1945.

Hulbert, Royal Asiatic Society Records, 1910, p. 30–40.

Jones, Frederick, Royal Asiatic Society Records, 1915, p. 40–50.

Underwood, Horace Grant, The religions of Eastern Asia. Macmillan Co.: New York, 1910.

Clark, Charles Allen. Religions of Old Korea, Fleming H. Revel Co.: New York, 1932.

Tyler, Douglas. Primitive Culture. 1946.

Hulbert, Passing of Korea. 1914.

Underwood, Korea Review. 1906, pp.82–89.

Rutt, Richard, Korean Works and Days. Charles E. Tutle and Co: Tokyo,1964.

McCune, Shannon. Korea. D. Van Nostrand Co.: Princeton, 1966.

Osgood, Cornelius. The Koreans and Their Culture. Ronald Press and Co.: New York, 1951.

예배의 거룩성에 대한 소고

이영만 박사 (예배학 교수)

예배의 거룩성에 대한 소고

이영만 박사 (예배학 교수)

Ⅰ. 들어가며

1. 연구의 의미

예배는 아담의 아들들인 가인과 아벨이 각자의 소산을 제물로 여호
와께 드린 것으로 시작된다. 여호와께서는 아벨과 그의 제물은 받으셨
으나 가인과 그의 제물은 받지 않으셨다. 하나님이 받으시는 예배가 있
고 받지 않는 예배가 있다는 뜻이다.

그러면 하나님이 받으시는 예배는 어떤 예배인가? 예배에 관하여 로
마서 12:1에서 하나님이 어떤 예배를 받으시는가에 대한 단서를 찾는
다. 하나님께서 받으시는 예배를 드리기 위해서는 거룩한 예배여야 한
다.

이 '거룩'이란 말은 출애굽기, 레위기, 민수기에 수없이 나온다. 예배와 하나님의 거룩성과의 관계는 하나님은 거룩하시기 때문에 우리들도 거룩해야 하고 예배도 거룩해야 하는 것이다.

오늘날 교회가 하나님 앞에 거룩한 예배로 드려지기 위해서는 이런 하나님의 거룩하심에 대한 이해가 필요하고, 또 성경이 요구하는 거룩한 예배에 대한 이해가 필요할 것이다. 본 연구는 교회의 거룩성과 예배의 거룩성과의 관계를 살펴보고 에배의 거룩성을 회복함으로 교회 공동체를 회복하고 올바른 예배의 그 실체를 찾고자 함에 있다.

2. 연구 방법 및 목적

본 연구는 6개의 장으로 되어 있다. 1장은 서론으로 본 논문의 의미 그리고 중요성과 연구 방법 및 목적을 제시하였다. 2장에서는 먼저 하나님의 거룩성을 연구한다. 거룩성과 이 시대 거룩한 예배의 참모습, 실체를 찾고 그것을 우리 교회 생활에 적용하는 데 목적이 있다.

다음으로 3장에서는 거룩성과 예배와의 관계를 연구하는 데 있어 거룩한 예배의 성서적, 신학적 의미를 찾아보고 거룩한 예배의 성서적 근거와 의미, 거룩한 예배의 결과를 연구한다. 4장에서는 현대 교회 예배의 비판으로 성격에 충실하지 않은 예배와 말씀에 응답 없는 예배, 기복 신앙적 예배를 연구한다.

5장에서는 바람직한 예배의 제언으로 신령과 진정으로 드려지는 예배, 하나님의 거룩한 임재를 체험하는 예배, 예수님과 십자가 중심의 예배를 통하여 거룩한 예배를 회복하는 것에 대한 바람직한 예배의 내용과 형태를 제시한다. 6장은 결론으로 교회 안에서 거룩한 예배의 회복을 위한 연구 결과를 통하여 예배의 거룩성을 회복할 수 있는 예배 패러다임을 제시한다. 그렇게 하여 현재 크리스천의 수가 감소하는 상황에서 예배에 대해 성경적 연구, 실천적 연구를 함으로 예배신학을 올바르게 세우고자 한다.

II. 하나님의 거룩성

1. 하나님의 본질 속의 거룩성

성경은 하나님을 "이스라엘의 거룩한 자"(사 5:19, 30:11, 시 71:22)로 부르면서 오직 하나님만이 거룩하시다(출 15:11)고 증거한다. 성경이 말하는 하나님의 거룩성은 시편 99편에서 하나님은 거룩하시기 때문에 의로운 왕으로서 모든 민족과 백성을 통치하신다(1-3절)고 하였으며, 하나님은 거룩하시기 때문에 공의를 사랑하시고 공과 의를 행하신다(4-5절)고 하였다. 하나님의 거룩은 하나님의 감춰진 영광이요, 하나님의 영광은 하나님의 계시된 거룩이라고 할 수 있다.

'거룩'에 대한 원뜻은 '불의와 부정에서 분리된 상태'라는 의미가 있다. 즉, 하나님의 고유하신 속성을 뜻하는 것으로 첫째, 죄와는 관계가 없으신 '하나님의 윤리, 도덕적인 완전성'을 뜻하는 것이며 둘째, 적극적인 의미로는 본질적으로 피조물들과는 구별된 '신의 속성'을 지니신 것을 말하는 것으로 세속적인 것으로부터의 구별되는 상태를 말한다.

거룩하신 하나님 속성은 비공유적/공유적 속성(하나님은 절대적이시며 순수한 의미에서의 영이시다)을 갖고 있으며, 지성적인 속성들(하나님의 지식은 모든 것을 아는 것이기 때문에 전지하다)와 도덕적인 속성들(가장 영광스러운 신적 속성) 그리고 주권적 속성들(하나님 안에는 필연적 의지와 자유로운 의지가 있다. 하나님은 아무런 강요를 받지 않으면서 존재의 법칙에 따라 행동하시는데 필연적이며 최상의 자유이다)이 있다.

하나님의 성품인 거룩함에 대하여 하나님은 인간의 죄와 불의와는 전혀 관계가 없는 거룩하신 분으로 성경은 증언하고 있다. 즉 '인간'과는 엄연히 '존재적'으로 구별되는 절대적인 거룩한 '신'이다.

2. 율법 속에 나타난 거룩성

1) 성서적 의미의 거룩

구약성경의 거룩의 근원은 하나님이다. 그러나 하나님의 거룩성이 인간에게 자동으로 전달되는 것이 아니라 하나님의 명령에 의하여 피조물이 거룩해지는 것이다. 이러한 점에서 거룩함이란 곧 하나님의 영광과 동의어가 될 수 있으며, 하나님의 말씀과 계명을 지키는 것이 곧 거룩이다.

2) 거룩의 대상

하나님이 거룩한 분이기 때문에 하나님과 관계되어진 모든 것은 거룩의 속성을 따라야 한다. 구약에서 말하는 거룩해야 하는 대상으로는 가장 먼저 인간으로, 하나님은 만물의 영장인 인간을 거룩하게 하셨다. 특히 인간 가운데서 제사장은 더욱 더 거룩하다. 왜냐하면, 이들이 하나님께 드려진 자들이기 때문이다. 또한 하나님이 계시는 하늘인 거룩한 장소(신 26:15)와 하나님께 드리는 제물은 하나님의 식사로서 가장 거룩함이 요구된다. 하나님께 드리는 시간 또한 거룩해야 하며 안식일이 거룩한 날이다.

3) 거룩함을 이루는 복음

복음은 우리를 더욱 더 거룩함으로 이끌어 간다. 이전에는 연약한 육신으로 인해서 거룩함을 이룰 수 없었지만, 이제는 복음과 생명 안에서, 그리스도 안에서 새로운 피조물(고후 5:17)이며 죄에 대하여는 죽은 자요, 의에 대하여는 산 자(롬 6:11)가 되었다. 이것이 참된 복음이다.

3. 하나님 공동체의 거룩성 체험

1) 거룩성은 하나님의 살아계신 증거

레위기 19: 26-37에서 알 수 있듯이 거룩이란 일상생활에서 세속적인 것과 뚜렷이 구별됨을 말한다. 세속적인 것을 삶 가운데 잘라내어 세속과는 구별되는 것이 거룩이라는 것이다. 그렇기 때문에 거룩함 이라는 것은 사람의 행동으로 성도의 삶에서 실현되는 것이며, 이 거룩함이 실현됨으로 말미암아 여호와께서 세상에 살아계심이 드러나는 것이다.

2) 거룩의 핵심은 성경

주님은 거룩한 교회를 얻기 원하신다. 거룩하게 되기 위해서 성도가 가야 할 곳은 성경이다. 성도들이 말씀 자체를 사랑하고 말씀으로부터 새롭게 함을 받고 거룩하게 되어야 한다. 성경에서 떠나지 말고 끝까지 붙잡아 진리의 말씀을 부지런히 배울 때 성도들의 삶 가운데 거룩함이 이루어진다.

공동체의 거룩은 교회의 거룩이다. 교회 거룩성의 형성, 강화, 그리고 회복은 예배와 밀접한 관계가 있다.

첫째로, 교회의 거룩성은 예배에 의해 형성된다.

둘째로, 예배가 초대교회의 생활, 정체성, 사명의 중심이라는 것을 강조한 라틴어 문구, "lex orandi, lex credendi, lex vivendi"가 의미하듯 교회가 예배를 통해 하나님의 거룩성을 인식하고 변화된다는 것이다. 교회의 본질인 거룩성은 모든 그리스도인들이 자신의 환경에서 여러 가지 방식들로 가시화 되지만 교회의 거룩성이 충분하게 경험되는 것은 예배이다.

셋째로, 교회가 상실한 거룩성을 회복하기 위해 먼저 예배의 거룩성을 회복하는 것은 필수적이다.

Ⅲ. 거룩성과 예배의 관계

1. 거룩한 예배의 성서적 신학적 의미

구약성서에 나오는 거룩은 하나님의 말씀과 계명을 지키는 것이다. 즉 구약성서의 거룩성은 하나님으로부터 주어지는 것으로 거룩의 신학적 의미는 하나님의 특성이나 속성과 밀접한 관계를 맺고 있다.

1) 거룩의 성서적 의미

레위기는 '하나님은 거룩하시다'라는 진리에 기초한다. 거룩에 대한 이스라엘의 외적 관습은 하나님은 복합적인 규정에 따라 서로에게 거룩함을 실천하라고 이스라엘 백성에게 명령하셨다. 레위기에서 말하는 '거룩'은 구별 자체가 목적이 아니라 하나님 백성의 공동체를 번영시키기 위한 것이며, 나아가 각 구성원이 하나님과 화해하기 위한 것이다.

2) 예배의 거룩성이란

거룩성은 오직 거룩하신 하나님으로부터 오며, 성령의 하나님과 신비한 연합을 이룬 신자들은 그의 거룩함에 의해 덧입혀진 거룩성을 가지고 있다. 이런 거룩성은 삼위일체 하나님을 통해 예배의 현장에서 제공된다. 그러므로 거룩성은 윤리성과 구별된다. 즉 윤리적 문제들을 풀기 위해서는 먼저 거룩성이 회복되어야 한다. 결론적으로 예배의 거룩성의 회복과 이에 따른 윤리적 실천이 뒤따라야 곧 경건의 모습으로 드러날 수 있게 된다.

2. 거룩한 예배의 성서적 근거

1) 거룩함

성서에서 하나님은 세상과 다른 분으로서 거룩하신 분이시다. 예배의 거룩성에 대한 근거와 이해를 성경적 관점으로부터 시작한다. 거룩성은 하나님의 본성이며 실재이기 때문이다. 예배의 거룩성의 토대가 되는 하나님의 거룩 체험의 기회가 구약성경에서는 성전의 제사를 통해, 그리고 신약성경에서는 교회의 예배를 통해 제공된다. 하지만 교회가 하나님의 거룩성의 기능을 상실할 때 오히려 교회의 거룩성을 더욱 약화시키고 상실하게 만드는 역할도 한다.

2) 거룩한 예배 체험

하나님께서 성막에서 모세에게 주신 말씀인 레위기(1:1)는 성막을 중심으로 이루어지는 이스라엘 백성의 "거룩한 예배와 삶에 대한 지침서"와 같다. 이것은 절대 거룩하신 하나님이 이스라엘 백성에게 주신 명령이다. 이스라엘 백성이 자신의 능력으로 거룩해질 수 없음에도 불구하고 하나님께서 이런 명령을 주신 것은 그들이 하나님의 거룩하심까지 닮아갈 수 있도록 하기 위함이다.

하나님의 거룩도 전염성이 있다(레 6:18). 레위기는 이스라엘 백성이 어떻게 하나님을 예배할 것인지 그리고 예배자는 어떻게 살 것인지를 다음과 같이 구체적으로 제시한다.

첫째로, 이스라엘은 하나님의 거룩을 체험하기 위해 절기라고 불리는 거룩한 시간을 정했다.

둘째로, 이스라엘은 각 시대마다 성소, 성막, 성전과 같은 거룩한 공간을 유지함으로 하나님의 거룩 체험하게 한다.

셋째로, 이스라엘은 장자, 사제, 나실인과 같은 거룩한 인물이나 집단을 통해 하나님의 거룩 체험을 유지하였다.

3. 거룩한 예배의 결과

우리 삶의 최고 목적은 하나님을 영화롭게 하는 것이고 하나님은 예배를 받으실 때 영광을 받으신다. 우리가 하나님의 임재 안에 들어갈 때 우리의 죄됨에 대한 인식과 그 죄된 마음을 정화하려는 노력으로 드리는 참된 예배는 사람을 변화시키고 안 믿는 자들이 구원을 받게 한다(고전 14:24-25).

교회가 갖는 예배 자체가 하나님을 섬기는 구체적인 표현이다. 보이지 않는 하나님을 섬기는 마음이 보이는 이웃을 섬기는 현장과 연결될 때만 그 참된 가치가 있다.

Ⅳ. 현대 교회 예배의 비판

1. 성경에 충실하지 않은 예배

1) 건강하지 못한 현대 교회

오늘날 교회들의 예배 형태는 정통적 예배가 거의 없고 대개 성경의 가르침은 무시한 채 오로지 사람들의 기분에 맞는 예배를 드리기를 좋아하는 경향이 있다.

2) 현대 교회의 잘못된 예배 갱신

오늘날 많은 목회자들이 예배에 관해 말할 수 있는 한 가지가 있다면, 그것은 바로 예배를 지루하지 않게 만드는 것이다. 하지만 현대인들이 항상 예배를 즐기지 못하고 지루함을 느끼는 이유는 예배의 메마름(barrenness) 때문이다. 찬양 중심의 예배가 교회의 제단(altar)을 무대(stage)로, 그리고 회중석은 편안한 객석으로 바꾸고 프로그램들을 통해서 훈련된 예배 인도자들의 인도에 자연스럽게 끌려가 하나님을 높일 여지조차 사라지게 된다.

3) 예배의 변형에 의한 거룩성 상실

예배의 개혁, 갱신, 변화를 시도하는 과정에서 예배를 왜곡되도록 변형시키는 것이 예배의 거룩성을 상실하게 하는 주요 원인이 된다. 이렇게 예배를 값싸게 만드는 배경에는 대부분 목회자나 교회 관계자들이 원하는 대로 개인적이며 자의적인 판단에 따라 예배를 쉽게 변형시킬 수 있다는 그릇된 인식이 자리를 잡고 있기 때문이다.

한국교회에서 자주 일어나는 예배의 변형들은 깊이 있는 연구 없이 새로운 예배를 급진적, 산발적으로 시도하고 그 결과를 빨리 얻으려는 데서 많은 집례자들의 고백기도를 생략하거나 영광송(doxologies)의 생략, 인간적인 대화로서의 설교 또는 회중만을 바라보고 진행하는 예식으로 바뀐다.

2. 말씀에 응답 없는 예배

1) 감성적인 예배

현대의 교회에서도 항상 예배가 드려지지만 응답이 없는 예배가 많다. 찬양을 통하여 감성을 자극하고 수많은 감동적인 설교를 통하여 감정적으로 흥분되고 이런 경험을 통하여 많은 교인들이 성령님을 체험했다고 생각한다.

2) 지성적인 예배

설교는 목사를 통해 대부분의 사람들에게 복음을 전달하는 주요 경로였다. 그러나 이미 오래 전부터 "사회공동체 안에서의 구어 중심적 직업"에 대한 관심 증대 상황은 근본적으로 변했다. 그 결과, 예배의 설교는 확산된 사회 담론과 대중매체의 틀 가운데 서 있게 되었다.

3) 응답과 감사가 없는 예배

한국교회는 성만찬 없이 진행되는 주일예배에서 말씀에 대한 충실한 표현으로 하나님에게 예배를 드린다.

V. 바람직한 예배의 제언

1. 신령과 진정으로 드리는 예배

예배는 관념적이고 추상적인 것이 아니라 실제적이고 체험적인 것이다. 지글러는 예배의 체험적인 면을 강조하였다. 그러므로 예배에서의 설교가 관념적이고 추상적인 것이 아니라 실제적이고 체험적인 것이 되어야 하며 구원과 은혜, 평강을 체험하는 참 예배가 되어야 한다.

예배의 모든 순서는 체험적 감동의 전율로 채워져야 한다. 예배 체험은 예배 자리에 임하시는 하나님의 임재 체험에서 비롯된다. 예배자의 하나님 임재 체험은 영적 탄성을 가능하게 한다. 영적 충만감과 만족감에서 터져 나오는 새로운 영적 탄성이 있어야 하다.

예배란 예수님의 사역에 기초하며, 하나님의 계시와 인간의 응답이 만나는 현장이다. 다시 말해서 예배란 예수님 안에서 자신을 계시해 주신 하나님과 그 하나님 앞에 뜨겁게 응답하는 만남의 현장인 것이다.

예배의 본질의 이해를 위해 예배의 대상과 목적 그리고 중요성을 살펴보면 기독교는 성경이 가르치는 하나님을 유일한 예배의 대상으로 삼고 있다. 그리고 그 하나님께 예배하는 것이 제일 중요한 과업이며 최우선적인 사명이다.

예배는 그 자체에 목적이 있고 다른 무엇을 위한 방편으로 삼아서는 안 된다. 예배는 예배하는 것 이외에 다른 목적을 갖지 않는다. 예배는 인격적이신 하나님과의 만남이며 대화다.

예배를 가리켜 교회에서 행방불명된 보석이라고 하는 말이 있다. 히브리서 11장에 기록된 믿음의 영웅들에 대한 이야기를 보면 맨 먼저 아벨이 나오는데 그의 믿음은 예배하는 믿음이었다. 예배는 신자와 교회의 가장 우선적인 과업이다.

2. 하나님의 거룩한 임재를 체험하는 예배

예배는 인간의 삶에 있어서 최고의 경험으로 예배를 통하여 하나님의 나라와 의가 표현되며, 하나님께 대한 인간의 경외심과 바람도 예배 가운데 표현된다. 예배를 통하여 인간은 하나님을 경험할 수 있다. 인간의 존재가 이 땅에만 속한 것이 아니고 영적세계에도 열려져 있음을 경험하게 된다. 예배를 통하여 인간이 영적인 존재인 하나님과 대화할 수 있다는 것은 인간이 경험할 수 있는 가장 고귀한 것 중에 하나임에 틀림없다.

예배는 우리의 의지와 선택이 아니라 하나님께서 우리를 예배의 자리로 부르신다. 그러므로 우리는 하나님을 앙망하며 부르심에 기쁘게 응답하며 나아가야 한다. 이 말은 모든 예배 속에는 하나님이 우리와 함께하신다는 믿음이 따라야 한다. 가장 좋은 예배는 예수 그리스도의 이야기가 뚜렷이 나타나는 예배이다. 예배는 하나님의 구원사역을 나타내는 실제적인 현장이며, 예수 그리스도의 탄생과 사역, 죽으심 그리고 부활의 노래가 드러나는 시간이다.

3. 예수님과 십자가 중심의 예배

전통적인 말씀 예전의 핵심은 인간의 말을 통해서 묵상되고 표현된 하나님의 말씀을 듣고 응답하는 것이다. 우선, 하나님은 인간이 읽는 성경과 선포하는 설교를 통하여 우리에게 말씀하신다. 신앙공동체의 공동의 기억을 소통하기 위해서는 그 기억을 글로 기록한 성경을 반복해서 읽어야 할 필요가 있다. 성경을 읽고 강해함으로써 그리스도인들은 노예 상태로부터의 탈출, 정복, 포로생활, 메시아에 대한 소망, 성육신, 십자가에 못 박히심, 부활, 그리고 사명이라는 이스라엘과 초대 교회의 경험들을 자신들의 삶에 회복시키고 적용한다. 교회의 생존은 바로 이스라엘이 그러했던 것처럼 이러한 기억과 소망을 강화하는 데 달려 있다.

VI. 오늘날 교회가 거룩성을 어떻게 회복하는가

거룩성은 그리스도인들을 그리스도의 몸의 한 지체로서 연결해 주고, 예배 공동체를 그리스도, 그리고 세계와 더 넓은 연합에로 이끌어 준다. 이러한 일환으로 본 연구는 예배의 거룩성을 회복하는 방안을 제시하기 위해 예배의 거룩성을 중심으로 거룩성이 상실된 원인들을 성경적으로 추적하여 거룩한 예배 패러다임을 제시한다.

한편으로, 본 연구는 먼저 성경으로부터 교회가 자체의 거룩성을 유지하고 실천하기 위해 거룩의 체험자로서의 예배자들을 하나님의 거룩과 연결해 주는 예배 행위가 필요하다는 근거를 제시함과 동시에 그 예배는 거룩의 경험이 개인의 영역에만 머물지 않고 공동체를 위한 실천적 행위가 뒤따르도록 해야 한다는 것을 제시하였다.

연구 결과 오늘날 우리 교회가 어떻게 거룩성을 회복해야 하는지를 아래와 같이 4가지로 요약하여 제언하고자 한다.

1. 교육을 통한 거룩성의 회복

교회의 주요 특징 네 가지는 하나인 교회, 거룩한 교회, 보편된 교회, 사도로부터 이어오는 교회를 말한다. 서로 불가분인 이 네 가지 속성은 교회와 교회 사명의 본질적 특성을 나타낸다.

교회의 특성 중의 하나인 '거룩한 교회'는 교회의 근원이며 교회는 이를 실천적으로 보여 주어야 한다. 교회의 근원적 모습을 현실에서 찾아가는 개혁을 하여야 한다.

첫 번째는 교회의 내적인 자기반성과 교육의 차원이다. 즉 교회 내의 자기 실책 등에 대한 고백과 이를 시정하기 위한 노력과 결단 등이다. 두 번째는 사회적 참여로 교육의 차원이다. "네 이웃을 네 몸과 같이 사랑하라"는 예수님의 말씀을 생각하면서 교회는 이들을 제대로 치유하고 있는지 심각한 고민이 있어야 한다.

2. 의를 추구하는 삶

종교개혁자들이 표방했던 구호는 "오직 은혜로", "오직 믿음으로", "오직 성경으로"라는 것이었다. 구원은 그리스도 예수를 통해 주시는 하나님의 선물이라는 것이다. 믿음을 강조하는 것도 같은 논리이다. 오직 성경을 최고의 권위로 삼아야 한다.

3. 샤머니즘, 기복신앙의 탈피

교회 안에 퍼진 샤머니즘의 영향으로 기독교를 거룩한 윤리와 변화의 종교로 이해하고, 하나님의 주권과 거룩한 삶을 추구하는 대신, 물질과 건강의 축복, 이 세상에서 성취의 복을 지나치게 강조하고 있는 문제에서 탈피하여야 한다.

4. 물량주의, 성장 위주의 탈피

오늘날 교회의 질적 저락의 배경에는 물량주의가 자리 잡고 있다. 교회를 양적으로 크게 일으켜 세워야 한다는 생각이 신앙생활의 본래적인 것을 뒤로 하고, 비본래적인 것을 중심에 두었다고 본다. 한국교회를 비정상적으로 만드는 것은 바로 목회자들의 '교회 성장 중심의 목회'라고 생각한다. 교회의 본래적인 것을 찾고 추구할 때, 교회가 회복되고 신앙생활이 회복된다고 믿는다. 본래적인 것에는 하나님과 거룩한 말씀, 거룩한 삶과 사회적 책임이 있다.

하나님을 하나님으로 올바로 경배하는 것이 그 백성을 흥왕하게 하는 성경적 원리이다. 오늘날 하나님의 백성, 하나님의 교회는 물질적 형통보다 거룩한 삶을 회복해야 한다.

레위기 25장에 나타난 희년제도 고찰

김윤권 박사 (구약학 교수)

레위기 25장에 나타난 희년제도 고찰

김윤권 박사 (구약학 교수)

I. 들어가는 말

오늘 이 시대 IS(이슬람 무장단체)가 세계 여러 나라를 대상으로 테러를 자행하고 있다. 그래서 다른 어느 단체보다 이슬람 무장단체를 극열테러분자라고 생각하고 모두들 두려워하고 있다. 사실 그들이 이 땅에서 저지르고 있는 테러들은 인간의 건전한 생각을 초월할 정도의 끔찍한 것들이 많다. 그러나 대부분의 무슬림은 평화 추구자들이다. 그럼에도 불구하고 이슬람교는 역사적으로 보면 기독교와 계속 대치해 왔고 현재도 가장 위협적인 종교가 이슬람이다. 교회사를 보면 아이러니하게도 이슬람은 기독교를 배경으로 태동하였다. 이슬람의 기원을 보면 AD 610경 예언자 마호메트가 나이 40세경에 지금의 사우디아라비아의 메카 근처 히라 동굴에서 사색을 하던 중 천사 가브리엘로부터 하나님의 계시를 받은 것으로 시작되었다.

그런데 역사적으로 보면 콘스탄틴(Constantinus)과 막센티우스(Maxentius)의 밀비오(Milvio) 전투에서 콘스탄틴의 승리로 인해 콘스탄틴은 단독 황제의 자리에 오르게 되었고, 또한 자신이 하나님의 도우심으로 승리했다고 믿어 AD 313년에 밀라노 칙령으로 기독교를 공인하게 됨으로써 굉장히 급속도로 기독교가 확산되어 가게 되었다. 북쪽으로는 게르만족들에게 남쪽으로는 아라비아반도 북부아프리카까지 기독교가 전 세계로 전파되게 된다. 이로 인해 마호메트가 활동하던 아랍 지역에 거주하였던 많은 아라비아인들이 기독교를 받아들이게 되었다. 그런데 문제가 된 것은 아랍 쪽에서 받아들인 기독교가 아리우스파였다. 마호메트가 장사를 다니면서 접한 기독교가 아리우스파였다. 이 아리우스파는 기독교 정통 삼위일체를 믿지 않고 단일신론을 믿는 분파였다. 성부 하나님만 믿는 기독교 이단 종파다. 마호메트가 아리우스파의 영향을 받아 기독교를 접하게 되었고 성경을 깊이 보게 되었다. 마호메트가 성경을 보면서 그에게 깊이 다가온 말씀이 레위기 25장이었다. 레위기 25장 23절에 보면 "토지를 영구히 팔지 말 것은 토지는 다 내 것임이니라 너희는 거주민이요 나와 함께 있느니라"는 말씀이다.

이 말은 토지의 주인은 하나님이시고 사람은 단지 농산물을 얻기 위하여 관리하는 관리인이라는 것이다. 그 당시에 로마제국 내의 다른 지역도 그렇고 아랍 지역도 그렇고 많은 지주들이 기독교인들이었다. 특별히 로마제국 자체가 기독교를 받아들였기 때문에 그 당시 상류층의 사람들이 기독교인들이었다. 그들은 많은 땅을 가지고 있었다. 교회도 많은 땅을 가지고 있었다. 이 사람들이 소작농들을 엄청나게 탈취하고 일을 시키며 정당한 대우를 해주지 않았다. 소작농에게 농사를 짓게 하였으면 그에 대한 노동의 대가로 생산된 농산물을 공정하게 배분해 주어야 하는데 8:1 또는 9:1로 소작농들의 노동에 대한 대가를 착취하였다. 그럼에도 불구하고 기독교인들이었던 대지주들의 생각은 하나님의 은혜와 축복으로 우리가 많은 땅을 얻었으며 많은 생산물을 얻었기에 부를 누리는 것은 당연하다고 생각하였다. 만일 당시의 지주들이 레위기 25장에 나온 대로 이 땅이 내 땅이 아니고 다만 잠시 하나님이 관리하라는 차원에서 갖고 있는 것이라고 했으면 당시의 소작농들을 그렇게 착취하지 않았을 것이다. 그러나 마호메트가 활동하던 당시의 지주들은 그런 생각은 전혀 없었고 오히려 더 많은 땅을 가지려고 하였으며 거기서 소작농들의 노동을 착취하면서 부를 누리고 살았다. 그래서 소작농으로 있던 사람들은 같은 기독교인이었지만 기독교에 대하여 회의를 가지게 되었다. 그 당시 복음을 받아들이지 않은 사람들의 입장에서는 기독교 자체가 전혀 소망이 없는 것처럼 보였다. 무엇인가 대안이 필요하였다. 그때 마호메트가 성경을 읽다가 당시의 기독교가 잘못되었다는 것을 깨닫게 되었고 동굴 속에서 성경을 깊이 묵상하다가 천사 가브리엘이 나타나서 마호메트에게 여러 계시를 주었다고 한다. 결국 마호메트가 오늘날 이슬람의 경전인 코란을 쓰게 되었고 지금의 이슬람교가 탄생하게 된 것이다. 마호메트가 구약성경에 나타난 희년제도를 바탕으로 이슬람교를 급속도로 확산시킨 것이다. 그래서 당시 사람들 입장에서는 이슬람이 소망이 있다고 생각하게 되었고 이슬람을 믿게 된 것이다. 마호메트가 영감을 얻었던 레위기 25장의 내용은 무엇인가? 그것이 희년제도에 관한 것이다.

1. 희년의 어원 고찰

희년의 특징 중에 하나가 나팔을 분다는 것이다. 나팔을 부는 이유는 나팔을 불어서 이스라엘 온 백성들에게 자유(deror)를 선포하는 것이다. 일반적으로 이스라엘 백성들이 사용하는 보통 나팔을 히브리어로 '쇼파르(shopar)'라고 한다. 이 나팔은 일반 백성들도 소지하고 다녔다. 그러나 희년에는 특별히 숫양의 뿔로 만든 나팔을 불었다. 그것을 히브리어로 '요벨(yobel)'이라고 한다. 여호수아서 6장에 보면 여리고성을 무너트릴 때 제사장이 분 나팔이 바로 '요벨'이다. 이 나팔은 제사장만이 소지하고 다니는 나팔이다. 이처럼 '요벨'은 특별한 성격을 띠고 있는 것으로 특별한 시기, 그리고 어떤 특별한 용도로만 사용되었음을 알 수 있다. 따라서 속죄일인 7월 10일에 나팔을 불어서 희년의 시작을 알리고, 온 땅의 모든 이스라엘 백성들에게 자유를 선포했던 것이다. 레위기에서 희년에 분 나팔이 무엇인지는 구체적으로 지적되어 있지는 않았지만 숫양의 뿔로 만든 '요벨'임이 확실하다고 본다. 그러므로 희년이라는 말은 '요벨'에서 유래되었음을 알 수 있다. 희년을 영어로는 Jubilee라고 한다. '주빌리'라는 말은 보통 '숫양'이나 '숫양의 뿔'을 의미하는 히브리어 '요벨(yobel)'을 음역한 것이다. 따라서 희년은 한 해가 시작될 때 숫양의 뿔 나팔을 부는 데서 이름을 취한 것이다. 그래서 희년을 '요벨의 해' 즉 'The Year of Jubilee'라고 부른다. 이 날에 선포된 희년의 나팔 소리는 이스라엘 백성들 모두에게 원래의 처음의 자리를 찾아 돌아가라는 자유와 해방을 선포하는 신호였다. 한자로 희년을 禧年이라고 한다. 기쁨의 해라는 뜻이다. 한평생 살면서 이와 같은 기쁨의 해는 없을 것이다. 모세가 시편 90편에서 "우리의 연수가 70이요 강건해야 80이라도"라는 말을 하였다. 한평생 살면서 50년 만에 맞이하는 희년은 단 한 번 맞이할 수 있는 기쁨의 해이다.

2. 희년의 시기

레위기 25장 8-12절을 보면 "8. 너는 일곱 안식년을 계수할지니 이는 칠 년이 일곱 번인즉 안식년 일곱 번 동안 곧 사십구 년이라 9. 일곱째 달 열흘날은 속죄일이니 너는 뿔 나팔 소리를 내되 전국에서 뿔 나팔을 크게 불지며 10. 너희는 오십 년째 해를 거룩하게 하여 그 땅에 있는 모든 주민을 위하여 자유를 공포하라 이 해는 너희에게 희년이니 너희는 각각 자기의 소유지로 돌아가며 각각 자기의 가족에게로 돌아갈지며 11. 그 오십 년째 해는 너희의 희년이니 너희는 파종하지 말며 스스로 난 것을 거두지 말며 가꾸지 아니한 포도를 거두지 말라 12. 이는 희년이니 너희에게 거룩함이니라 너희는 밭의 소출을 먹으리라"고 되어 있다.

본 구절은 희년의 정확한 때와 그 기본적인 성격과 의미를 구체적으로 설명해 주고 있다. 8절에서 희년은 안식년이 7번 지나 49번째 되는 해 곧 7번째 달인 티쉬리(Tishri) 7월 10일에 희년이 되는 나팔을 불어야 한다고 한다. 그리고 희년은 안식년이 7번 지난 해 즉 49년째의 7월에 대속죄일에 시작해야 한다는 것이다. 반면에 12절에서는 희년을 '50년이 되는 해'라고 말하고 있다. 이는 시작되는 해와 마지막 해를 동시에 함께 세는 방식에 의해서 오십 년이 된 것이다. 희년의 본래 의미가 안식년 개념에서 나온 7×7=49이므로 49에 더 가까우므로 안식년이 7번 지난 49년째를 희년이라 해도 무방하다. 그런데 10절에 의하면 하나님께서 너희는 50년째 해를 거룩하게 하라고 하며 모든 주민에게 자유를 공포하라고 한다. 그리고 11절에서도 50년째 되는 해는 희년이라고 말씀하시면서 구체적으로 희년에 행할 거룩한 의무를 말씀하고 있다. 본 논단에서는 위에 나타난 레위기 25장 10절과 11절의 말씀을 바탕으로 희년의 해를 안식년이 7번째 지난 49년째의 그 다음해인 50년으로 하겠다. 중요한 것은 이 해는 '거룩한 해'이며 모든 이스라엘 백성들에게 '자유(deror)'가 선포되어야 한다는 것이다.

3. 희년제도의 근거

신명기 15:9-11 "9. 삼가 너는 마음에 악한 생각을 품지 말라 곧 이르기를 일곱째 해 면제년이 가까이 왔다 하고 네 궁핍한 형제를 악한 눈으로 바라보며 아무것도 주지 아니하면 그가 너를 여호와께 호소하리니 그것이 네게 죄가 되리라 10. 너는 반드시 그에게 줄 것이요, 줄 때에는 아끼는 마음을 품지 말 것이니라 이로 말미암아 네 하나님 여호와께서 네가 하는 모든 일과 네 손이 닿는 모든 일에 네게 복을 주시리라 11. 땅에는 언제든지 가난한 자가 그치지 아니하겠으므로 내가 네게 명령하여 이르노니 너는 반드시 네 땅 안에 네 형제 중 곤란한 자와 궁핍한 자에게 네 손을 펼지니라"

신명기 15장은 안식일처럼 매년 7년마다 노예들과 땅에게 쉬는 시간을 주라는 면제년에 대한 규정을 말하고 있다. 노예 소유자들이 7년마다 노예를 해방시키고 노예를 풀어 줌으로써 이집트에서 탈출할 때에 하나님이 그들에게 베푸셨던 구속활동에 동참하라는 메시지를 담고 있다. 하나님은 7년에 한 번씩 사회적 해방과 질서 재편을 명령함으로써, 가난과 부의 세습을 원천적으로 봉쇄하고 있다. 7년에 한 번 해방이 되지 않으면 한 번 노예는 영원한 노예가 되기 때문이다. 이 면제년 법은 파격적이면서 여기에는 하나님의 사랑과 정의를 담고 있는 법이다. 그 근본에 있어서는 희년제도와 같이 하나님께서 이스라엘 온 백성들에게 이 제도를 준 이유는 약자와 고아를 보호하기 위해서다. 하나님은 인간의 죄성을 알고 계시다. 신명기 15장의 면제년 법도 결국은 율법으로 가난하고 힘없는 약자들과 고아와 과부들에게 어떻게 긍휼히 여길 것인가를 말하고 있다. 그 가운데 11절에서 하나님은 땅에는 언제든지 가난한 자가 그치지 아니하겠다고 말하고 있다. 이 말은 인간의 역사가 존재하는 한 가난한 사람이 끊어지지 않을 것이라는 말이다. 그렇기 때문에 너희이스라엘 백성들은 가난한 사람들에게 네 손을 펴서 긍휼을 베풀라는 것이다. 이 말은 하나님이 인간의 속성을 안다는 것이다. 가난한 사람들이 계속 끊이지 않는다는 것은 사람들의 탐욕이 끊이지 않는다는 것이다. 다른 말로 하면 사람들의 탐욕이 끝이 없다는 것이다. 만일 사람에게 탐욕이 없으면 자신이 가진 많은 소유로 자신보다 부족한 사람에게 긍휼을 베풀어서 나누어 줄 수 있는데 인간은 근본적으로 탐욕을 소유한 죄성을 가지고 있어서 자신을 위해서는 더 많은 부를 쌓으면서도 가난하고 가진 것이 없는 사람에게 긍휼을 베풀기는 힘들다는 것이다. 모세 이후 수천 년이 지난 지금 문명과 사회가 발전되어 갈수록 빈익빈 부익부의 갈등구조적인 경제현상은 더 심해지고 있음을 이미 신명기 15장에서 모세는 간파하고 있는 것이다.

이것이 성경의 원리와 배치되는 약육강식의 세계다. 하나님이 이것을 아셨기에 이 땅에는 가난한 사람이 끊이지 않을 것이라고 하신 것이다. 혹자는 '공의로운 하나님이 탐욕으로 가득한 사람들을 심판하셔서 정의의 세계를 이루시지' 하는 생각을 하기도 한다. 그러나 하나님은 인격적인 분이시기에 이미 인간의 타락으로 인해서 이 지구와 우주 세계에 약육강식의 원리가 지배하는 세상을 일단 내버려 두시는 것이다. 그러나 그 기간은 예수가 재림하실 때까지만이다. 예수를 믿고 구원받은 우리들을 통하여 정의와 평화와 자유가 있는 세계를 회복시키려고 하시는 것이다. 그러나 그러한 세계를 이루기 위한 방법은 강압적인 방법이 아니라 인격적인 반응을 통해서다. 공산주의가 잘못된 것은 가난한 사람들을 인위적으로 없애려고 한 것이다. 그것은 비성경적이다. 모든 사람을 골고루 잘살게 하려는 것은 성경적이지만 그것을 인위적으로 하려는 것은 비성경적이다. 하나님은 이 땅이 계속되는 동안 가난한 사람들이 끊이지 않을 것이라고 하였다. 너희에게 물질을 주고 너희가 이 땅에서 부하게 사는 이유는 너희 옆에 있는 가난한 사람들을 돌보고 그들에게 자비를 베풀고 약자들을 돌보라는 의미로 준 것임을 알아야 한다. 그러므로 특별히 약자들을 돌보는 것에 대하여 구체적으로 밝힌 제도가 바로 희년제도이며 그것의 근간은 바로 이 땅에 가난한 자가 끊이지 않기 때문이다. 그러므로 희년제도는 이 땅이 존재하는 한 그 시행과 의미에 있어서 계속되어야 함을 의미하고 있다.

레위기 25:23 "토지를 영구히 팔지 말 것은 토지는 다 내 것임이니라 너희는 거류민이요 동거하는 자로서 나와 함께 있느니라."라고 말하고 있다. 이 말씀은 다음과 같은 의미를 갖고 있다. 땅은 팔고 사는 대상이 아니라는 말이다. 가난한 자들 곧 고아와 과부와 나그네들은 식객처럼 그 땅에 붙어산다. 땅은 개인 소유로서가 아니라 그저 사용하라고 양도된 것뿐이다. 인간은 어느 누구도 땅의 주인이 될 수 없고 다만 사용권만을 가지고 있다. 우리의 권리라는 면에서 인간은 개인적으로 땅의 소유권을 주장할 수 없다. 왜냐하면 땅은 하나님께 속한 것이기 때문이다. 그래서 매 7년마다 안식년이 실행되어야 하고 뿐만 아니라 안식년이 7번 지나 49년째 되는 해의 다음 해에는 희년이 실행되어야 한다. 왜냐하면 왕이신 하나님이 땅의 소유주이시며, 그의 백성들은 그것을 위임받은 청지기일 뿐이라는 사실에 있기 때문이다. 땅의 휴식은 결코 인간에 의하여 방해받아서는 안 된다. 땅은 거룩한 것이며 인간이 자신의 목적을 위하여 수단으로 사용되거나 전락되어서는 안 된다. 땅은 모든 인간들 앞에서 분명히 하나님의 것이다. 땅은 하나님께 속했기 때문에 하나님을 위하여 안식을 실행해야 한다. 그러므로 희년의 근거는 이 땅에 가난한 약자들이 끊이지 않고 있다는 것과 땅은 하나님의 소유라는 명제에 있다.

II. 희년제도: 세 가지 주제

고대의 백성들뿐만 아니라 이스라엘 백성들에게는 원래 분배받은 땅이 있었다. 이스라엘 백성들은 여호수아의 인도 하에 가나안 땅을 정복하고 제비뽑기를 통하여 12지파에게 골고루 땅을 분배하였다. 그러나 그 이후 여러 가지 사정상 예를 들어 기후나 경제적인 여건으로 인하여 파산되어 땅이나 가옥이 남에게로 넘어가기도 하였고, 경제적인 사정상 돈을 빌리고 빚을 갚지 못한 사람들은 종으로 팔려가는 경우도 많았다. 바로 이러한 어려움들이 희년을 통해서 회복되는 것이다. 성경은 무엇보다 하나님의 나라를 말하고 있다. 성경의 전체 주제를 '하나님의 나라'라고 해도 과언은 아니다. 그 많은 하나님의 나라에 대한 이야기 가운데 가장 흥미로운 주제를 하나 들라고 하면 '희년'을 들 수 있을 것이다. 희년에 대한 주제는 레위기 25장에 처음 나타나며, 이후에 이사야 61장에서 간략하게 예언적으로 서술되어 나타나고 있다. 희년은 안식년 중에 안식년이요 안식일 중의 안식일이다. 이때에는 모든 땅을 원래의 소유주에게 돌려주어야만 한다. 희년제도에 안식년의 규정이 적용된 것이다. 이스라엘의 희년제도에서 규정된 내용을 요약하면 다음과 같다. 땅은 반드시 휴경되어야 한다. 종들에게 자유를 주어야 한다. 빚은 무효가 되어야 한다. 모든 땅은 원래의 소유주에게로 돌려주어야 한다. 이러한 내용들을 요약을 하면 자유, 회복, 안식이라는 세 가지 주제로 요약할 수 있다.

1. 자유

히브리어로 자유를 '데로르(deror)'라고 한다. 이것은 재빠르게 움직이는 것을 의미한다. 즉 무언가 빠르게 흐르는 것을 말한다. 빚을 진 자들이 부채로부터의 탕감을 받아 자유롭게 빠르게 날아오르는 새를 상징하게 한다. 메소포타미아 지역에서 주로 왕들이 빚진 자들에게 면제령을 내린 데서 의미를 같이 한다. 이는 사람과 땅에 선포되었다. 예를 들면 생활의 어려움 때문에 조상으로부터 물려받은 땅을 빼앗겼던 사람들에게 '데로르'가 선포되었다. 이 때 땅을 빼앗겼던 사람들은 그 땅을 돌려받았다. 그리고 히브리인 노예에게 '데로르'가 선포되던 희년에는 노예들이 모두 자유의 몸이 되었다. 마지막으로 땅에 '데로르'가 선포됨으로써 땅은 이제 그 노동을 쉬고 안식을 누리게 되었다. 이러한 자유의 규정은 그 땅에 사는 모든 주민, 즉 경작지를 소유한 정착민들뿐만 아니라 땅에게 주어졌다. 이들은 희년이 되면 그 사이에 떨어져 있었을 자기들의 소유지와 지파로 돌아가야 했다. 이들이 소유지와 지파로부터 떠나야 했던 이유가 흔히 부채 때문이었으므로, '부채로부터의 해방'은 '귀환'의 전제가 되었다. 그와 더불어 원래적인 것으로 생각되는 질서의 복귀를 위한 자유가 전제 조건이었다.

종들이 자유를 얻었다. 종들이 되었던 자들은 자유함을 느낀다. 이러한 자유야 종들이 입장에서는 그러한 상황에서 당연히 누리는 기쁨이라고 생각할 수 있다. 반대로 주인의 입장에서는 자유인가? 주인들도 종을 내어 주어야 한다. 종들은 좋아서 뛰겠지만 주인의 입장에서는 자유가 아니라 속박으로 생각할 수 있다. 주인이 종들을 내 주었다. 종들을 내어 준 주인들은 종들이 없으면 농사를 짓지 못할 것이라는 것에 속박된다. 그런데 종들을 내어 주었어도 농사를 지을 수 있다는 것을 깨닫게 된다. 내게 종이 꼭 있어야만 한다는 사고방식과 의식 속에 속박되어 있었구나! 내가 다른 사람을 많이 갈취하였구나를 깨닫게 된다. 그러한 것에서 자유를 누린다. 그러므로 기독교의 복음에서 말하는 자유란 있는 자나 없는 자가 동일하게 누리는 자유다. 표면적으로는 주인들도 자유를 누린다. 주인도 자유하지 못한 상태에 매여 있었음을 깨닫게 된다. 이것이 무엇을 말하는가? 많이 취하고 가지고 있으면 매이지 않을 것 같지만 그렇지 않다는 것이다. 인생 자체가 매여 있는 것이다. 없으면 없는 대로 있으면 있는 대로 다 속박되어 있는 것이다. 자유가 없어서 그렇다. 그런데 희년제도를 통하여 진정한 자유가 무엇인가를 알게 된다.

다음에 탕감을 생각해 보자. 빚이 있는 것을 다 탕감해 준다. 탕감을 받은 자 입장에서는 자유를 얻었다. 그러나 탕감을 해 준 자 입장에서는 내가 손해 보는 것 같다. 그런데 막상 빚을 탕감해 주니깐 빚을 내가 받지 못했을 지라도 오히려 빚을 빌려줄 때보다 내 삶이 더 풍요해지고 내 마음이 더 자유로워짐을 알게 된다. 왜냐하면 하나님이 우리를 만드실 때 사람은 다른 사람들한테 베풀고 용서해 줄 때 우리의 마음을 더 기쁘도록 그렇게 만들어 주었기 때문이다. 죄가 우리를 가리워서 못하는 것뿐이지, 용서해 주고 탕감해 주면 손해 볼 것 같아서 못하는 것뿐이지 실제로 탕감을 해 주면 우리에게 말할 수 없는 자유와 기쁨을 얻게 되는 것이다. 그러므로 희년은 모든 이들에게 자유와 기쁨을 주는 것이다. 주인과 종, 꾸어준 자와 빚진 자, 모두가 희년을 맞이하여 진정한 '데로르'를 느끼며 기쁨을 얻는 것이다. 인간이 삶에 있어서 자유만큼 기쁨을 주는 것 외에 또 다른 어떤 것을 생각한다는 것은 힘들다.

2. 회복

이스라엘은 여호수아의 인도 하에 가나안 땅을 정복하고 지파에 따라서 공평하게 땅을 분배받았다. 그러나 약자들은 힘이 있는 지주들에 의하여 땅을 잃게 되거나, 진 빚을 갚지 못하면 갖고 있던 땅을 빼앗기기도 하였고, 거주지에서 쫓겨나 외지생활을 하게 되는 경우가 생기기도 하였다. 그러다가 희년이 되면 모든 땅이 원래의 소유자에게로 돌아갔다. 즉 처음 토지를 분배받았던 가문에게로 회복되었다. 이것의 근거는 "토지를 영구히 팔지 말 것은 토지는 다 내 것임이니라 너희는 거류민이요 동거하는 자로서 나와 함께 있느니라"(레 25:23)라는 말씀에서다. 이스라엘 백성들이 초기에 가나안 땅에 정착할 때 제비를 뽑아 공평하게 땅을 분배 받았고, 그것이 가문 대대로 물려졌기 때문이다. 그러므로 땅은 결코 사고 팔 수 없는 것이며 남에게 양도될 수 없는 것이었다(예 : 왕상 21장 나봇의 포도원). 결국 땅을 잃어버리게 되었거나, 또한 진 빚을 갚지 못하여 유랑자가 되었거나 할지라도, 희년이 되면 다시 원래의 자리대로 회복되는 것이다. 그러므로 희년은 원래 가나안 땅에 정착한 후 처음 땅 분배의 모습대로 원상회복되는 것이다. 이런 일을 통하여 당시에 사람들 사이에 존재했던 평등의 관계를 어느 정도 회복하게 된다. 땅은 야생 그대로 두어야 부분적으로라도 인간이 경작하기 전 상태를 회복하게 된다.

원상회복이란 하나님이 원래 열두지파에게 나누어 주었던 땅의 처음 상태로 돌아가는 것을 말한다. 이스라엘지파가 땅을 기업으로 받았다는 것은 하나님의 나라를 의미한다. 즉 이스라엘 백성이 하나님으로부터 땅을 기업으로 받았다는 것은 하나님의 나라의 기업을 땅을 통하여 보여 주신 것이다. 하나님의 언약 안에 들어온 백성들에게 하나님의 나라의 기업을 공유하게 해 주었다는 것이다. 그런데 죄가 들어옴으로 그것이 다 산산이 깨어졌으며 인간 사회에 불평등이 심화되었다. 그런데 희년을 맞이하여 그것이 원상회복된다는 것이다. 표면적으로 이스라엘 백성들의 입장에서는 희년제도를 통하여 처음에 가나안 땅에 들어가 정착한 후 열두지파에게 골고루 분배된 그래서 아무 불만이 없었던 만족한 상태로 다시 회복이 된다는 것이다. 이렇게 희년제도는 그 당시 실제적으로 이스라엘 백성들이 살아가면서 인간의 죄성으로 인하여 불평등이 심해지고 기회가 주어지지 않아서 사람들 간에 빈부의 격차가 생길 때 그것을 조율하는 것을 통하여 모든 인간이 인간답게 살아가도록 하기 위한 제도로 하나님이 이스라엘 백성들에게 주신 것이다.

인간이 인간답게 살아가기 위한 사회구조로서 평등한 사회만큼 더한 것은 없을 것이다. 평등의 관계가 깨어지고 불평등이 심화될 때 인간다운 사회는 하나의 꿈속에서 그려지게 되는 이상사회가 되고 만다. 그러므로 희년을 통한 원상회복의 주제는 평등한 사회 곧 인간이 인간답게 살아가는 공동체적 연합을 의미한다. 그러나 사회적 제도로서 희년은 간혹 실현되는 경우도 있었을 수도 있지만, 실제로는 거의 실현되지 않은 이상적인 제도로 남아 있었다.

3. 안식

구약성경을 읽어 보면 하나님이 얼마나 경제적 정의에 대하여 관심을 갖고 있었는지를 알 수 있다. 희년이 되면 이유를 막론하고 종들은 놓아 주어야 했고 빚은 탕감해 주어야 했다. 희년이 되면 사회적 약자들은 기뻐하고 즐거워하였다. 중요한 것은 '이스라엘 백성들이 과연 안식년과 희년을 잘 지켰느냐?'이다. 그런데 대답은 아니라고 할 수 있다.

레위기 25장 3-5절을 보면 "3. 너는 육 년 동안 그 밭에 파종하며 육 년 동안 그 포도원을 가꾸어 그 소출을 거둘 것이나 4. 일곱째 해에는 그 땅이 쉬어 안식하게 할지니 여호와께 대한 안식이라 너는 그 밭에 파종하거나 포도원을 가꾸지 말며 5. 네가 거둔 후에 자라난 것을 거두지 말고 가꾸지 아니한 포도나무가 맺은 열매를 거두지 말라 이는 땅의 안식년임이니라" 위 본문의 내용은 출애굽기 23장 10-11절과 완전히 일치한다. 두 본문 다 땅의 안식을 말하고 있다. 안식년에는 땅을 쉬게 하는 해이다. 이 안식년에는 파종도 금지되었고 추수도 금지되었다. 즉, 안식일이 되면 이스라엘 백성들이 여호와 앞에서 쉬는 듯 안식년이 되면 땅이 여호와 앞에서 쉬어야 한다는 것이다. 왜냐하면 땅은 여호와의 것이기 때문이다. 하나님은 이스라엘의 땅의 주인이시고 이스라엘 백성들에게는 그 땅의 소유권이 아니라 사용권을 주신 것이다. 그러므로 여호와는 인간이 자신의 유익을 위하여 땅에게 휴식을 주지 않고 계속 파종하고 수확하여 땅을 쇠약하게 하는 것을 그대로 보고만 계시지 않으신다. 이와 같이 땅을 쉬게 하는 것은 땅으로 하여금 새로운 생산력을 얻게 하여 보다 많은 소출을 내도록 하기 위함이다. 그래서 이스라엘 백성들은 주인이나 종이나 할 것 없이, 심지어는 가축과 온갖 짐승들마저도 땅이 내는 소출을 먹게 되는 혜택을 입게 되리라는 것이다.

안식년은 7년에 한 번씩 땅을 쉬게 하는 것이다. 땅을 쉬게 하면 농사를 짓는 사람 입장에서는 당장 수확물이 없기에 손해를 보는 것으로 생각한다. 하나님이 이렇게 명령을 한 것은 2년 치의 양식을 주겠다는 것이다. 그런데 인간의 입장에서는 불안한 것이다. 사실, 인간이 탐욕이 있어서 그렇지 하나님이 이런 명령을 내린 것은 6년 되던 해에 2년 치의 양식을 주겠다는 것이다. 사람들이 이것을 경험하였을 것이다. 그런데 이스라엘 백성들은 이 안식년을 안 지켰다. 왜냐하면 탐욕 때문이다. 두 해 동안 땅을 쉬게 하면 자신의 양식이 풍족해 보이지 않는 것으로 생각하였다. 오히려 두 해를 더 벌어야지 풍족해 보이는 것으로 생각하였다. 출애굽기 16장에 보면 애굽에서 탈출하여 광야에서 생활하고 있던 이스라엘 백성들에게 하나님은 만나를 주셨는데 하루분의 양식만 주었다. 그러면서 특별히 안식일 날은 광야로 나가 만나를 거두어들이지 말라고 하였다. 안식일 전날 이틀분의 만나를 거두어들이라고 하였다. 그런데 욕심이 생긴 사람들은 이틀분의 양식보다 더 많이 거두어들였다. 그런데 하나님이 이틀분의 양식 외에는 다 썩게 만들었다.

이스라엘 백성들이 바벨론으로 포로로 잡혀가서 70년간 포로 생활을 하게 된다. 그들이 바벨론에서 70년간 포로로 생활하게 된 이유가 역대하 36장 21절에서 말하고 있다. "이에 토지가 황폐하여 땅이 안식년을 누림 같이 안식하여 칠십 년을 지냈으니 여호와께서 예레미야의 입으로 하신 말씀이 이루어졌더라"

역대기 기자는 역대기의 역사를 마지막으로 정리하면서 이와 같은 말로 종결하고 있다. 이 말은 예레미야 선지자를 통하여 선포된 예언의 말씀대로 이스라엘이 바벨론에 포로로 잡혀가서 70년간 살리라는 것이다. 그 이유가 위의 말씀의 전반부에 나온 대로 토지가 황폐하여 땅이 안식년을 누림같이 이스라엘이 바벨론에서 70년을 지내게 된다는 것이다. 이스라엘 백성들이 바벨론에서 70년간 포로 생활을 하는 동안 이스라엘이 거주하였던 땅은 70년간 안식을 얻게 된다는 것이다. 이스라엘 땅은 쉬게 된다. 비록 이스라엘의 땅에 황폐함은 있지만 하나님의 관점에서는 그 땅이 70년간 쉼을 얻는 것이다. 즉 하나님께서 이스라엘에게 명한 안식년을 지키지 않고 땅을 파종하고 땅을 활용하여 농사를 지었기 때문에 내가 너희를 바벨론 포로로 끌려가게 해서 인위적으로 그 땅을 70년간 쉬게 하겠다는 것이다. 안식년을 안 지킨 것이 하나님 앞에 큰 죄악이라는 것이다. 안식년을 지키려면 땅을 쉬게 해야 한다. 땅을 쉬게 하려면 탐욕을 버려야 한다. 그리고 하나님에 대한 신뢰가 있어야 한다. 먹고살 양식에 대한 불안이 있으면 안식년을 지킬 수 없다. 불안하기 때문이다.

희년은 안식년이 7번째 되는 해의 다음 해다. 49년째 되는 해가 안식년이다. 이때 농사를 짓지 말아야 한다. 그리고 그 다음해가 희년이다. 이때도 농사를 짓지 말아야 한다. 그러므로 2년간 농사를 지어서는 안 된다. 희년 다음에 농사를 지으려면 적어도 3년 동안 먹을 것이 있어야 한다. 그래서 희년제도는 아예 지키지 않은 것이다. 하나님에 대한 신뢰가 없어서다. 양식이 없으면 굶어서 죽을 것이라고 생각하여 하나님을 절대적으로 신뢰하지 못하였기 때문이다. 오히려 탐욕을 더 부리고 더 많은 욕심을 내면서 농사를 짓기 시작하였다. 이스라엘 백성들이 이렇게 하나님을 신뢰하지 못하였던 것이다. 땅은 하나님께 속했기 때문에 하나님을 위한 안식을 실시해야만 한다. 인간 역시 하나님의 소유물이기 때문에 하나님을 위한 안식을 부여 받고 있다. 일곱 째 날에 인간이 안식해야 하듯이 안식년과 희년에는 땅도 사람도 안식해야만 한다. 이것이 하나님이 인간에게 바라는 희망이며 율법이요 명령이다.

Ⅲ. 희년제도 : 은혜의 해

예수는 자신의 공생애를 시작하시며 사역 목적을 누가복음 4장 18-19절에 밝히고 있다. 즉, "주의 성령이 내게 임하셨으니 이는 가난한 자에게 복음을 전하게 하시려고 내게 기름을 부으시고, 나를 보내사 포로 된 자에게 자유를, 눈먼 자에게 다시 보게 함을 전파하며, 눌린 자를 자유케 하고 주의 은혜의 해를 전파하게 하려 하심이라."고 했는데 이는 이사야의 예언(사 61:1-2)을 인용하신 것이다. 여기서 '은혜의 해'

란 레위기 25장에서 언급한 희년을 가리킨다.

1. 구약, 은혜의 해 : 이사야 6:1-2

"1. 주 여호와의 영이 내게 내리셨으니 이는 여호와께서 내게 기름을 부으사 가난한 자에게 아름다운 소식을 전하게 하려 하심이라 나를 보내사 마음이 상한 자를 고치며 포로 된 자에게 자유를, 갇힌 자에게 놓임을 선포하며 2. 여호와의 은혜의 해와 우리 하나님의 보복의 날을 선포하여 모든 슬픈 자를 위로하되"

본문은 이스라엘의 하나님 여호와께서 이스라엘 백성들 가운데 공의를 행하시는 모습을 그리고 있다. 이곳에 묘사된 하나님은 희년에서 표상하고 있는 하나님을 말하고 있는데 세 가지 차원에서 말하고 있다. 첫째는 주 여호와의 영 곧 성령에 의하여 기름부은 받은 자가 선포하는 아름다운 소식으로 하나님의 온전한 통치를 말하고 있으며 또 하나는 가난한 자에게 선포되는 아름다운 소식으로 자유의 복음을 선포하고 있다. 그리고 마지막으로 포로 된 자와 갇힌 자에게 놓임을 선포하는 여호와 하나님의 은혜의 해를 선포하는 해방의 선언이다. 이 말씀의 핵심은 '희망을 전혀 가질 수 없었던 사람들에게 하나님의 은혜로운 통치에 의해 희망이 부여된다'는 것이다. 즉, 부정적인 소식만을 듣고 살던 가난한 자들이 아름다운 소식을 듣고, 포로 된 자에게 자유가 선포되고, 갇힌 자가 놓임을 당하고, 마음이 상한 자가 고침을 받고, 슬픔에 빠져 있는 자가 위로를 받게 된다는 것이다. 이사야의 여호와의 은혜의 선언은 포로 된 자를 자유하게 하고 경제적 이유로 노예가 된 자를 해방시키는 선언이다. 이사야는 여호와가 그의 구원의 실현을 위하여 은혜롭게 정하신 '주의 은혜의 해'를 선포한 것이다. 이 은혜의 해는 하나님이 인간 사회 속에서 지정하신 '해방의 해'이다.

2. 신약, 은혜의 해 : 누가복음 4:18-19

"18. 주의 성령이 내게 임하셨으니 이는 가난한 자에게 복음을 전하게 하시려고 내게 기름을 부으시고 나를 보내사 포로 된 자에게 자유를, 눈 먼 자에게 다시 보게 함을 전파하며 눌린 자를 자유롭게 하고 19. 주의 은혜의 해를 전파하게 하려 하심이라 하였더라"

신약성경에서 희년에 대한 표상이 가장 극명하게 나타나 있는 본문이 위의 본문이다. 이 구절은 누가복음의 주제를 잘 나타내 주고 있다. 위 구절은 예수의 자기 정체성과 그의 선교의 동기를 정의하고 있을 뿐 아니라 그리스도의 이름으로 수행되는 선교활동의 본질을 밝혀주고 있다. 위 구절이 예수에 의하여 선포되기 이전의 상황은 다음과 같다. 예수는 광야에서 사탄의 시험을 받은 후, 고향 나사렛으로 돌아온다. 어느 안식일날 예수는 동네의 회당에서 성경을 낭독하신다. 낭독한 본문은 이사야 61장 1-2절 말씀으로 회당의 회중이 익히 잘 알고 있는 희망과 약속으로 가득 찬 구절이었다. 다 읽으신 후 예수는 그 말씀이 이 자리에서 성취되었다고 선언하신다. 이로 인해 예수는 회중으로부터 배척을 당하게 된다. 예수는 그의 선교 서두에서 이사야의 선언을 인용하고 있다. 예수의 선교는 희년전승의 영향을 받았다. 또한 예수는 "이 글이 오늘날 너희 귀에 응하였느니라."(4:21)고 선언한다. 이 말은 '주의 은혜의 해'가 도래했다는 말이다. 예수가 하나님 나라의 공생애를 시작 하면서 누가복음에서 하신 첫 말씀은 영원한 희년제도를 이 땅에 실현 하기 위하여 이 땅에 오셨다는 것이다. 예수가 인용하신 이사야서 61 장 1절의 말씀 가운데 '자유(deror)'에 사용된 말은 레위기 25장 10절에 서 발견되는 것과 똑같다. 그러므로 '주의 은혜의 해'에 대한 이사야의 묘사는 부분적으로 희년의 사상에 영향을 받았다고 보아도 무방하다. 메시야 시대에는 포로 된 자에게 자유를 주고, 눌린 자를 자유롭게 하 는 시대가 되었다는 것이다. 메시야가 오시어 이루어질 자유, 회복, 그 리고 안식의 역사가 예수 그리스도를 통하여 이루어진다는 것이다. 이 메시아 시대가 예수 그리스도의 초림으로 시작되었다. 그리고 메시아 시대는 예수 그리스도의 재림으로 완성될 것이다. 따라서 희년은 하나 님이 처음에 자기 백성을 애굽에서 구속하신 것을 생각나게 할 뿐만 아 니라 만물이 회복되어 하나님의 궁극적인 통치가 완성되는 새 하늘과 새 땅을 바라보게 한다.

IV. 희년제도 : 하나님 나라의 원리

하나님께서는 하나님 나라의 원리를 가르쳐 주시기 위하여 모든 구 약의 율법과 제도를 주신 것이다. 우리는 문자적으로 희년이나 안식년 을 그대로 지킬 필요는 없다. 율법이나 계명은 하나님의 속성과 하나님 나라의 원리를 계시해 주는 것이다. 율법을 신약시대에 와서는 그대로 지킬 필요는 없다. 그러나 그 정신은 그대로 지켜야 한다. 그 속에 들어 있는 정신이 무엇인가? 그것은 하나님의 속성과 하나님 나라의 원리다. 희년제도에 나타난 하나님나라의 원리와 하나님의 속성이 무엇인가? 하나님의 자비와 긍휼이다. 약육강식이 판치는 사회가 아니라 강한 자만이 살아남고 강한 자만이 잘되는 것이 아니라 약해도 힘이 없어도 잘사는 것이 하나님 나라의 원리다. 그 원리를 적용해서 오늘날 우리가 어떻게 살아가야 하는가? 약자와 소외된 자에 대하여 긍휼히 여기고 자비를 베풀며 또한 어려움에 처하면 도와주어야 한다. 복음주의적 보수주의란 성경의 절대 무오성을 믿고 예수가 성령으로 잉태되어 이 땅에 태어나시고 우리의 죄를 위하여 십자가에 죽으시고 부활하신 것을 믿는 것이다. 옛날부터 전수되어온 것을 그대로 믿는 것이 보수다. 기독교에서 보수란 복음주의다. 이 성경을 그대로 믿는 우리가 가난한 사람들과 약자들에 대하여 신경을 쓰고 도와주어야 한다. 복음주의 신앙이 잘못된 것이 개인주의적인 신앙이라는 것이다. 나 혼자 잘 믿고 나 혼자만 천국가면 된다는 것이다. 희년은 개인주의적이기보다는 공동체성에 대한 회복을 통한 연합의 정신이 강하게 나타난다. 희년은 국가의 부가 소수의 손에 축적되는 것을 방지하기 위한 목적이 있었다.

성경의 율법은 억제할 수 없는 독점적 경향을 가진 자본주의와 모든 재산을 국가의 손에 두는 철저한 공산주의를 똑같이 반대한다. 참된 종교는 공정한 사회를 반대하지 않는다. 참된 종교에 대한 관심은 공정한 사회에 대한 관심과 함께 가야 한다. 여기서 우리는 호세아 선지자가 호세아 6장 6절에서 말한 "나는 인애를 원하고 제사를 원하지 아니하며"라는 말씀을 다시 한 번 생각해 봐야 한다. 이 말씀은 호세야 선지자가 하나님은 제사 자체로만 만족할 것이라는 잘못된 생각을 하고 있던 당시 이스라엘 백성들에게 경고로 주신 말씀이다. 만일 그 당시 이스라엘 백성들이 레위기 25장에 나오는 안식년과 희년에 대한 말씀에 주의를 기울였다면 그런 실수를 범하지는 않았을 것이다. 우리가 희년 제도의 원리를 이 땅에 실천하기 위하여 집단적으로 국가의 사회복지 제도와 조세개혁에 대하여 저항은 할 수 없겠지만 무엇보다 우리가 할 수 있는 일은 정말 우리가 사는 나라에서 가난하고 헐벗은 사람이 최소한 인간이 인간답게 살아갈 수 있는 복지제도와 조세제도가 선행되도록 기도해야 한다. 정부가 우리의 세금을 받아서 복지를 위하여 쓰는가? 의문이다. 얼마 전 신문에는 전 세계의 부자 1프로가 돈을 버는 것이 나머지 그렇지 않은 99프로가 돈을 버는 것보다 더 많다고 한다. 미국 월스트리트에 돈이 다 몰려 있다고 한다. 이 세상은 약육강식의 원리가 지배하는 세상이다. 하나님 나라의 원리가 이 땅을 지배하도록 우리가 할 수 있는 것들을 찾아서 해야 하는 절박한 시대에 우리가 살고 있다. 희년에 내포된 하나님 나라의 원리 곧 모든 사람들이 소유와 인격에 있어서 동등한 가치로 대우 받는 자유와 평등의 세상, 하나님의 자비와 긍휼의 원리가 적용되는 그러한 아름다운 세상의 도래를 꿈꾸고 있지만 그렇지 않은 현실을 보고 마라나타 주 예수여 어서 오시옵소서라는 희망과 탄식이 섞인 기도가 나온다.

V. 나오는 말

　예수를 믿으면 이 희년제도에 나타난 자유, 안식, 탕감, 용서, 그것을 통한 회복이 심령 가운데 이루어졌는가? 참된 쉼이 있는가? 안식이 있는가? 하나님이 우리에게 안식을 주었는데도 누리지 못하고 있다. 하나님을 절대적으로 신뢰하면 안식이 있다. 예수는 마태복음 18장에서 우리는 일만 달란트를 탕감 받은 자라고 한다. 원래는 계속해서 죄 속에서 속박되어 있을 자들이다. 그러나 예수가 당신의 목숨을 십자가 위에서 우리를 위하여 죽으심으로 우리의 모든 죄를 탕감해 주었다. 죄에서 자유롭게 하셨다. 그런데 용서를 못한다. 용서하면 손해 보는 것 같이 생각한다. 기독교는 용서의 종교다. 우리에게 진정한 자유가 있는가? 다 매여 있다. 죄의 속박에 매여 있고 쾌락의 늪에 매여 있고 욕망의 늪에 매여 있다. 진정한 자유가 없다. 진정한 자유가 있을 때 복음을 받아들이고 예수를 영접하며 섬기는 삶을 살게 된다. 그것이 없다면 문제가 있는 것이다. 정말 복음을 받아들이면 우리의 삶 가운데 희년제도를 통하여 얻을 수 있는 자유와 해방의 기쁨을 누리며 살게 된다.

　궁극적으로 예수가 이 땅에 재림하심으로 그 세계가 완성되는 것이다. 참된 자유와 쉼과 모든 탕감을 통하여 원래 하나님이 창조하신 에덴동산이 회복되는 것은 예수가 재림하심으로 가능하다. 우리는 이 땅에서 그것을 경험하게 되어 있다. 복음이 들어가는 곳에 자유함이 있다. 복음을 받아들이게 되면 모든 속박에서 자유하게 된다. 왜냐하면 진리가 무엇인지를 알게 되기 때문이다. 그래서 예수께서도 요한복음 8장 32절에서 "진리를 알지니 진리가 너희를 자유롭게 하리라" 하셨다. 진리를 알게 되면 세상의 그 무엇에도 얽매이지 않은 진정한 자유를 맛보게 된다. 안목의 정욕, 이생의 자랑, 그리고 육신의 정욕 이것에서 자유 할 때 참 기쁨이 있다. 희년은 결국 복음이다. 너희들은 복음 안에서 참된 쉼을 누려라 라는 말이다. 우리의 삶 가운데 먹고 사는 문제가 하나님에게 달려 있다. 그 믿음과 신뢰가 있을 때 쉼이 있다. 안 그러면 늘 불안하다. 얽매임도 약육강식도 강자의 탐욕도 없는, 진리 안에 참된 쉼과 자유와 회복이 있다. 그것을 향하여 한 걸음씩 나가야 한다.

결론적으로 이 땅에 진정한 자유와 회복과 안식이 있는 하나님의 나라의 도래를 꿈꾸는 것이 곧 희년의 도래를 소망하는 것이다. 하나님 나라의 도래가 곧 최종적인 희년의 도래를 의미하며, 모든 억압과 소외로부터 땅과 인간의 회복과 해방의 완성을 의미하는 것이다. 그것이 하나님의 속성인 자비와 긍휼과 사랑이 회복되는 완전한 하나님 나라의 완성을 의미한다.

참고문헌

고든 웬함, 김귀탁 역, 《NICOT 레위기》, 부흥과 개혁사, 2014년
김의원, 《레위기 주석》, 제사장 나라의 성경 설계도, 기독교 문서선교회, 2013
찰스 스펄전, 《출애굽기 레위기 민수기》, 크리스챤 다이제스트, 2012
사무엘 E. 발렌틴, 조용식 역, 《레위기–목회자와 설교자를 위한 주석》, 현대성서주석, 한국장로교출판사, 2011
Hartley, John E., Leviticus WBC 4; Dallas, Texas: Word Books, Publisher, 1992
Sanders, J., Sins, debts, and Jubilee Relaese, Text as Pretext: essays in honor of Robert Davidson, Sheffield: Sheffield Acdemic Press, 1992

히브리들의 방어기제를 다루는
모세와 여호수아의 치유 사역에 대한 소고

임양택 박사(상담대학원장)

히브리들의 방어기제를 다루는
모세와 여호수아의 치유 사역에 대한 소고

−모세의 고별 설교와 세겜에서 여호수아의 설교를 중심으로
(신 8:1−10와 수 24:11−15)

임양택 박사 (상담대학원장)

서론

출애굽과 가나안 정착 과정은 히브리들이 억압의 땅에서 약속의 땅
으로 가는 여정이다. 이 과정을 통해서 억압받던 히브리들이 하나님의
백성으로 성장하게 된다. 애굽에서 나온 히브리들은 유월절과 홍해에
서의 구원, 10가지 이적을 경험하였는데도 애굽으로 돌아가자며 반복
적으로 모세에게 저항한다. 노예로 살던 히브리들의 억압되었던 감정
이 하나님의 백성으로 성장하는 과정에 어떻게 드러나는지 몇 가지 방
어기제를 통해서 찾아보고 모세의 고별 설교와 여호수아의 세겜에서
설교를 통해서 상담자의 자세를 간략하게 제시하고자 한다.

본론

Ⅰ. 히브리와 억압된 감정

창세기 14장 13절에 "히브리 사람 아브람"이라고 되어 있고, 신명기 26장 5절에 "내 조상은 방랑하는 아람 사람"이라고 되어 있다. 아브람은 고대 근동 도시국가 주변에서 유리하던 히브리 중에 한 사람이었다는 의미이다. 사무엘상 14장 12절에 '히브리'라는 단어가 등장한다. "전에 블레셋 사람들과 함께하던 히브리 사람이 사방에서 블레셋 사람들과 함께 진영에 들어왔더니 그들이 돌이켜 사울과 요나단과 함께한 이스라엘 사람들과 합하였고" 이스라엘은 애굽에서 탈출한 야곱의 후손과 같이 억압받던 다양한 종족이 만든 나라이다. 즉 이스라엘은 히브리들이 만든 나라인데 사울 왕 때까지도 도시국가 주변에 히브리들이 여전히 있었다는 의미이다.

위에서 살펴본 바와 같이 히브리는 한 인종 개념이 아니라 사회적 약자를 뜻하는 용어라고 해석된다(《Hebrew Bible》, p.229 이하). 하나님께서 강력한 도시국가 주변에 유리하다가 노예가 되어 억압받은 이들을 택해서 약속의 백성으로 다듬어가는 과정이 출애굽 과정이라 하겠다. 모세의 고별 설교와 여호수아서의 세겜에서 설교는 약한 자들을 불러서 약속의 백성으로 성장시키는 이야기이다(《The Tribes of Yahweh》, pp.493-497).

히브리들은 노예로 고통을 당할 때에 분노, 억울함, 좌절감, 모멸감, 수치심 등등 미해결 감정을 억압할 수밖에 없었다. 노예에서 해방이라는 격변기는 해방이라는 기쁨도 있지만 미지의 세계를 향한 여정은 두려움, 불안과 극도의 긴장감을 줄 수 있다. 통제하던 애굽의 왕이 사라진 광야에서 그 동안 억압했던 울분이 분출될 수밖에 없다. 히브리들은 이런 불안과 두려움으로부터 자신을 보호하려고 방어기제가 작동했다.

II. 방어기제(防禦機制, Defense Mechanism, 심리기제)

사회적으로, 도덕적으로 용납되지 않는 성적 충동, 공격적 욕구, 미움, 원한 등은 하나의 위험으로 인식되어 불안을 일으키는데, 이때 자아는 마음의 평정을 회복하려고 노력한다. 이것이 방어기제(Defense Mechanism)이다(《정신분석의 이해》, 이무석, p.45). 받아들이기 어려운 잠재적 불안과 위협으로 부터 자신을 보호하기 위해 욕망을 무의식적으로 조작, 왜곡, 혹은 조절하여 마음을 평정을 유지하려는 마음의 작용을 방어기제라고 한다.

1. 저항(Resistance)

상담 현장에서 상담 진행을 방해하고 현재 상태를 유지하려는 의식적, 무의식적 태도나 감정, 이에 따른 행동을 저항이라 한다. 저항은 상담의 진전을 방해하고 상담자에게 협조하지 않으려는 내담자의 무의식적인 행동이다. 자신의 억압된 충동이나 감정을 알아차렸을 때에 느낄 수 있는 불안으로부터 자아를 보호하려는 시도이다. 익숙한 감정을 벗어나려 할 때에 밀려오는 불안회피를 말한다. 억압된 욕망을 실현하려는 길을 가로막는 사건들이 생길 때에 우리 안에서 때로는 역동적인 힘에서 폭력이 나올 수 있다(《인간의 욕망과 기독교 복음》, p.338). 폭력과 학대에 노출된 사람들은 시어머니 욕하면서 닮는다는 속담처럼 폭력성을 내면화하여 공격성을 가진다. 동시에 폭력이 주는 두려움도 함께 내면화하여 자기 비하나 타인에 대한 두려움으로 나타난다.

히브리들은 노예에서 벗어나도록 도와준 모세에게 반복해서 애굽으로 돌아가자고 저항한다(출 14장 23절). 이 저항은 신 광야에서부터 12 정탐꾼을 보낸 가데스바네아에 이르기까지 반복된다. 고통스러운 노예 생활이 죽도록 싫어서 하나님께 살려달라고 부르짖었던 히브리들이 자유와 약속의 땅, 가나안 땅으로 가는 동안에 여차하면 돌아가자며 새로운 생활에 대해 저항했다. 모세를 통해서 야훼 하나님만이 참 하나님인 것을 체험했지만 옛 삶을 떠나는 불안은 모세에 대한 원망과 비난으로 드러난다. 은혜를 받았지만 옛 삶에서 쉽게 떠나지 못하는 것도 이런 마음의 작용이다.

필자의 스승이셨던 Norman K. Gottwald 박사는 출애굽 과정에 세겜에 이르는 긴 여정을 Elohistic Israel에서 Yahwistic Israel로 가는 여정이라고 주장하셨다(《The Tribes of Yahweh》, p.493). 애굽으로 돌아가자는 말은 폭력과 억압, 차별과 소외를 경험하면서 Elohistic Israel(히브리 공동체, 필자 주)의 마음에 담겼던 미해결 감정이 야훼 하나님의 사랑으로 Yahwistic Israel(출애굽 공동체)로 성장하는 과정에 드러난 저항이라 할 수 있다. 인간은 익숙한 감정을 필요한 것이거나 유익한 것으로 받아들인다. 익숙한 감정이 슬프고, 고통스럽고, 억울한 감정이라 해도 벗어나기는 쉽지 않은 심리적 이유다.

2. 전이(Transference)

전이는 주로 상담 현장에서 쓰는 용어로 내담자가 과거의 중요한 타인에게 느꼈던 감정이나 환상을 무의식적으로 치료자에게 옮겨 붙이는 심리작용이다(《Glen O. Gabbard》, p.32). 과거에 느꼈던 어떤 인물과 지금 앞에 있는 사람을 혼동하여, 과거에 그 사람에게 했어야 했거나, 하지 말았어야 하는 행동을 지금 앞에 있는 사람에게 되풀이하는 것이 전이현상이다. 자신을 학대하던 과거의 아버지의 이미지를 특정 상황에서 현재의 다른 남성에게 옮겨 붙이고 아버지에게 가지고 있던 감정을 그 남자에게서 느끼는 감정을 전이감정이라고 한다. 따라서 전이현상은 시간과 사람을 왜곡한다.

히브리들은 애굽에서 종살이 하면서 애굽의 바로와 관리들에게 분노할 수밖에 없다. 그러나 히브리들은 애굽에서는 자신을 학대하고 억압하던 애굽의 관리들에게 분노를 감히 표출할 수 없었다. 애굽에서 애굽의 관리에게 가졌던 분노를 광야에서 모세에게 옮겨 붙이고 모세에게 분노했다. 종로에서 뺨맞고 한강에서 눈 흘기는 꼴이다. 모세는 억울하다. "도대체 왜, 나에게?"

3. 투사(Projection)

심리학에서 투사는 자기의 내면에 있는 것을 타인에게 전가하는 심리작용을 말한다. 전이가 타인에 대한 감정을 다른 타인에게 옮겨 붙이는 심리작용이라면 투사는 내 속에 있는 것을 타인에게 던지는 무의식적 작용이다. 마음에 품고 있는 용납할 수 없는 공격적 충동, 잘못된 행위, 분노와 같은 미해결 감정을 자기 외부에 있다고 믿는 무의식적 작용이 투사이다. 자기 마음 편하고 위로받고 싶어 남의 탓으로 돌리는 행위이다. 자라 보고 놀란 가슴 솥뚜껑 보고 놀란다는 속담 같이 전이와 투사가 동시에 일어나기도 한다.

애굽 관리들에게 학대당할 때에 히브리들의 마음에 분노와 두려움이 동시에 자리를 잡았다. 모세에게 대들며 죽이려 했던 히브리들이 10정탐꾼들의 말을 듣고 두려움에 떨었다. "우리는 스스로 보기에도 메뚜기 같으니 그들이 보기에도 메뚜기와 같았을 것이다." 히브리들은 바로에 대한 두려움을 가나안 족속에게 투사한 것이다. 히브리들이 두려워한 가나안 사람들은 오히려 히브리와 함께하시는 하나님으로 인하여 극도로 히브리들을 두려워했다. "마음이 녹았고 너희의 연고로 사람이 정신을 잃었나니 너희 하나님 여호와는 상천하지에 하나님이시니라." (히2:11) 즉 히브리들은 자신들의 두려움을 가나안 족속들에게 투사하고 자신들이 투사한 두려움을 현실로 느껴 극도로 두려워했다. 고양이가 커다란 자기 그림자를 보고 화들짝 놀란 꼴이다. 그런데 이 두려움은 상대가 만만하다 판단되면 박해로 나타난다. 모세를 박해한 것은 이런 심리기제의 작용이다.

또한 두려움 감당이 되지 않을 때에는 전혀 다른 투사를 한다. 감히 저항할 수 없는 두려움의 대상은 섬겨 버린다. 필자는 투사의 대표적인 현상을 우상 숭배라고 정의한다. 인간은 불안과 두려움을 감소시키기 위해 외부의 사물이나 현상에 어떤 신적 지위를 부여하고(투사) 그것이 자신을 지켜 주고 위로해 주고, 바람을 채워 줄 것이라 믿고 의지하고 기원한다. 시내 산에서 모세의 하산이 늦어지자 불안감을 이기지 못하고 모세를 대신해 저들을 지도하고 있던 아론에게 "우리를 인도할 신을 우리를 위하여 만들라"고 요구했다. 아론은 저들이 원하는 금송아지를 만든다. 저들이 애굽 땅에서 보았던 황소 신 에피스를 흉내 내서 송아지 형상을 만들어 놓고는 "애굽 땅에서 인도하여 낸 신"이라고 부르며 숭배했다. 히브리들은 마음의 두려움을 덜어내려 금송아지를 숭배했다. 박해와 숭배는 동전의 양면과 같다.

그런데 히브리들이 왜 송아지를 만들고 애굽에서 인도해 낸 신이라고 불렀을까? 위니캇은 유아가 양육자와 늘 친밀한 관계를 유지하면 대상항상성(Object Constancy)을 경험하게 된다고 한다. 대상항상성은 주 양육자가 잠시 자리를 비우거나, 보이지 않더라도 완전히 사라진 것이 아니라 어디엔가 있으며 언젠가 돌아올 것이며, 자신과 계속 연결되어 있다는 느낌을 말한다(《대상관계이론과 상담》, p.228). 미숙한 유아는 눈에 보이지 않으면 존재하지 않는다고 인지한다. 엄마가 눈앞에 없으면 자지러지게 우는 이유이다. 아이는 까꿍놀이를 하면 까르르 웃는다. 손 뒤에 엄마 얼굴이 있다는 것을 모르기 때문이다. 그런데 손을 치우면 엄마 얼굴이 짠하고 나타나니 신기해서 웃는다. 친밀한 돌봄을 받기 어려워 늘 불안했던 히브리 노예들, 처음으로 자신들을 돌봐 주시던 야훼 하나님이 눈에 보이지 않자 극도로 불안했다. 눈에 보이지 않으면 없는 것으로 인지했던 어린아이 같은 히브리들은 눈에 보이는 신을 원했다. 결국 보이는 송아지를 만들고 자신들을 인도하신 신이라 부르며 마음의 평정을 찾았다. 자기가 없는 노예에서 벗어나 막 자기를 찾기 시작한 히브리들의 마음은 대상항상성이 형성되지 않은 어린아이 마음 같았다.

또한 히브리들은 송아지를 중간대상으로 느꼈던 것 같다. 중간대상 (transitional object)은 위니캇(Donald Woods Winnicott)이 사용한 개념으로 (《정신분석적 대상관계이론》, p.313) 어린아이가 어머니로부터 분리될 때에 어머니 상실 경험에 대한 반응으로 발생하는 분리불안과 우울불안을 완화시켜 주고, 전능 환상에서 현실 세계로 나아가도록 연결시켜 주는 매개물을 말한다(《A Study on Anxiety Reduction and Transitional object in Infants》, p.41). 즉 어린아이에게 전능한 신과 같은 어머니를 떠날 때에 불안을 감소시켜 주는 어머니를 느끼게 하는 사물을 말한다. 주로 어머니 품에서 가지고 놀던 어머니의 스카프, 담요 등이다. 만화 피너츠에 나오는 라이너스가 늘 들고 다니는 담요가 중간대상이다. 히브리들은 애굽을 떠나와 몹시 불안한데 모세는 보이지 않았다. 불안을 감소시키기 위해 히브리들은 자신들에게 익숙한 송아지를 만들고 애굽에서 인도해 낸 신이라 부르며 위안을 얻었다. 히브리들에게 송아지는 중간대상 역할을 한 것이다. 히브리들은 아직 보이지 않아도 함께하시는 야훼 하나님에 대한 믿음과 이해가 없었다.

그런데 이런 투사는 가나안 땅에 들어가서도 계속되었다. 세겜에서 여호수아는 세 가지 섬기던 신을 언급한다. 첫째로 강 저편에서 섬기던 신은 아브라함이 부름받기 전 메소포타미아 사람들이 믿는 우상을 말한다(수 24: 2). 히브리들은 까마득한 조상 아브라함 시절에 섬기던 신을 여전히 섬기고 있었다. 애굽에서 섬기던 신은 히브리 노예들에게는 익숙한 애굽의 신 라(Ra)와 오시리스(Osiris) 등이다. 아모리 사람의 신은 가나안 신으로 바알과 아세라 신을 의미한다. 이와 같이 인간의 마음 깊은 곳에 움츠리고 있는 두려움과 욕망은 투사라는 심리작용으로 참으로 끈질기게 튀어나와 우상을 섬기게 만든다.

4. 투사적 동일시(Projective Identification)

투사적 동일시는 대상관계 심리학자 멜라니 클라인(Melanie Klein)이 사용한 용어로 내담자가 스스로 감당하지 못하는 감정이나 충동을 치료자에게 야기(유발, 誘發)하는 심리기제를 말한다. 젖을 잘 먹고 배가 부른 유아는 만족감을 얻고, 만족감을 어머니의 젖가슴에 던지고 어머니의 젖가슴은 좋은 것이라 인식한다. 이런 따스한 경험은 전 생애에 걸쳐 좋고 이롭다고 느껴지는 모든 것들의 원형이 되고, 젖을 제때에 주지 않을 때의 불쾌한 경험은 나쁜 젖가슴으로 사악하고 박해하는 모든 것들을 대표하는 원형이 된다. 아이가 욕구를 채워 주지 않는 나쁜 젖가슴에 대하여 자신의 좌절감과 미움을 쏟게 될 때, 그 아이는 자기 자신의 미움을 모두 나쁜 젖가슴 탓으로 돌린다. 이런 경험이 자신의 내면에 있는 불편한 감정을 대상에게 던지고 대상이 그런 불편한 감정을 가지고 있다고 믿고 대상이 그런 불편한 행동을 하도록(동일시) 부추기는 마음의 작용을 투사적 동일시(projective identification)라고 한다. 투사와 동일시가 복합적으로 일어난다. 즉, 투사적 동일시는 자신의 내적 세계를 외적 대상에 쏟아 놓고, 그 대상을 움직여 자신의 내면에 있는 것을 대상에게 재내면화 시키는 심리적 과정이다(《현대정신분석학》, p.184). 마음에 화가 있는 사람이 타인에게 깐죽거려 상대방의 마음에 불편한 마음을 일으켜 상대방이 화를 내면 "거봐. 너 지금 화내잖아? 나는 화 안 났어. 네 마음에 화가 있어!"라며 위안을 받는 심리작용을 말한다.

출애굽기 17장 3–5절에 "백성들이 모세와 다투어"라는 구절이 나온다. 백성들이 악한 곳으로 인도했다. 파종할 곳도 없고, 물도 열매도 없다고 모세에게 계속 도발한다. 모세가 화를 내도록 억지를 부리고 계속 징징거린다. 모세로 하여금 자기들처럼 행동하게 부추긴다. 결국 모세가 저들과 다툰다. 지팡이로 반석을 두 번 친다(민 20:10,11). "거봐, 모세, 너 지금 화냈잖아. 우리는 화 안 났어." 애굽에서 화에 익숙했던 히브리들은 모세가 화내는 모습을 보고 마음의 평정을 얻는다. 히브리들의 투사적 동일시에 모세는 잠시 휘둘렸다. 아마 누이 미리암이 세상을 떠난 이후라 상심한 마음에 어깃장을 놓는 히브리들에게 잠시 억울하고 화났던 것 같다.

Ⅲ. 담아주기와 안아주기(containing and Holding)

'애착(attachment)'이란 한 개인이 자신과 가장 가까운 사람에 대해서 느끼는 강한 감정적 유대관계, 즉 친밀한 개인과 근접성을 추구하고 접촉하려는 경향을 말한다(《대상관계입문》, p.248). 애착은 아기가 태어나서 정상적으로 발달하기 위해서 필요하며, 성인이 되어서도 건강한 사회생활을 하는 데 중요한 요소이다. 애굽에서 노예로 살 때에 안정적 애착을 경험하기 어려웠을 것이다. 광야에서 히브리들은 애착에 실패한 역기능적인 성인의 모습이다. 그리고 광야는 이들이 회복되는 여정이다. 육체적으로 태어난 아이가 엄마의 도움으로 심리적으로 탄생(《유아의 심리적 탄생》, pp.65-169)하듯이 광야 여정은 히브리들이 모세의 돌봄으로 정서적으로, 영적으로 탄생하는 과정이었다.

위니캇(Winnicott)은 유아가 엄마와 하나였다가 엄마와 떨어져 성장하는 초기 관계를 안아주기(holding), 다루어주기(handling), 그리고 대상제시(object-presenting)라는 용어로 설명을 했다. 미숙하고 미분화된 아이를 신체적으로, 정서적으로 포근하게 안아 주고, 아이의 욕구와 내적 상태에게 민감하게 반응하고, 스스로 손으로 잡고 원하는 것을 선택하도록 앞에 사물을 제시하는 엄마의 역할 과정을 뜻한다(《대상관계이론 입문》, pp.147-149).

모세는 광야 40년 동안 끝없이 밀려오는 히브리들의 저항을 견디어 냈다. 히브리들이 시도 때도 없이 옮겨 붙이는 전이감정을 담아 주었다. 끝없이 투사되는 공격성, 미해결 욕망을 안아 주었다. 나아가 히브리들이 감당할 수 있는 친밀한 감정으로, 히브리들이 품을 수 있는 희망으로 돌려주었다. "아름다운 땅에 이르게 하시리라. 분천과 샘이 흐르고, 온갖 과일이 풍성하게 열릴 것이며 옥토를 주심을 인하여 찬송하리라." 원망과 분노를 쏟아내던 히브리들에게 찬송하게 되리라는 소망과 위로로 돌려주었다. 여호수아는 히브리들에게 '야훼 하나님'이란 대상을 제시하였다. 불안과 두려움으로 우상 앞에 머리를 조아리던 히브리들이 여호와만 섬기겠다는 기쁨의 고백으로 인도하였다. 모세와 여호수아는 미숙하게 태어난 아이를 성장시키는 Good enough Mother(《성숙 과정과 촉진적 환경》, pp.210,211) 같은 성숙촉진자, 사명자였다.

결론

억압과 학대가 있는 가정에서 부모와 친밀한 애착에 실패한 역기능적인 사람들은 노예였던 히브리들같이 정서적으로, 영적으로 아프고 미숙하다. 기독교 상담사의 길은 광야에서 모세와 여호수아와 같이 예수의 사랑으로 안아 주고, 담아 주고 나아가 위로와 소망, 사랑의 대상을 제시하는 긴 여정이다.

참고문헌

Norman K. Gottwald, Orbis, 《The Tribes of Yahweh》, 1985

A Socio-Literary Introduction, Norman K. Gottwald, 《The Hebrew Bible》, Fortress, 1987

Lavinia Gomez 저, 김창대 · 김진숙 · 이지연 · 유성경 공역, 《대상관계이론 입문》, 학지사, 2021

도널드 위니캇 저, 이재훈 역, 《성숙과정과 촉진적 환경》, 한국심리치료연구소, 2000

마가렛 밀러 · 프랫파인 · 애니버그만 저, 이재훈 역, 《유아의 심리적 탄생-공생과 개별화》, 한국심리치료연구소, 1997

《정신분석학적 대상관계이론》, Object Relation in Psychoanalytic Theory.

이무석, 《정신분석학의 이해》, 전남대학교출판부, 2000

Glen O. Gabbard 저, 노경선 · 김창기 공역, 《장기역동정신치료의 이해》, 학지사, 2007

프라소와즈 돌트 저, 김성민 역, 《인간의 욕망과 기독교 복음, 정신분석학으로 성서 읽기》, 한국심리치료연구소, 2000

《정신분석학적 대상관계이론》, 제이 그린버그 · 스테판 밋첼 공저, 이재훈 옮김, 한국심리치료연구소, 1995

《현대정신분석학》, 스테판 밋첼 · 마가렛 블랙 공저, 이재훈 · 이해리 공역, 한국심리치료연구소, 2002

《A Study on Anxiety Reduction and Transitional object in Infants》, Seok-Min Yoon, Industry Promotion Research, 2021

《Attachment and loss: Vol. 1. Attachment》, Bowlby J. New York: Basic Books, 1969

욥기에 나타난 고난에 대한 이해

- 왜 까닭 없는 고난을 당하는가?

박성양 박사 (교목실장)

욥기에 나타난 고난에 대한 이해

– 왜 까닭 없는 고난을 당하는가?

박성양 박사 (교목실장)

Ⅰ. 서론

고난은 기독교뿐만 아니라 인생 여정에 있어서 중요한 문제이며 나름대로 그 해결방안을 제시하고자 노력했다. 기독교에서도 "인생은 고난을 위하여 났나니 불티가 위로 날음같으니라."(욥 5:7)과 같이 고난에 관한 문제를 진지하게 다루면서, 하나님이 작정하신 것이든 아니든 고난은 예정되어 있고 필연임을 성경에서는 강조한다.

세상에는 분명 피하지 못하는 고난이 있다는 것은 결코 부인할 수 없는 사실이다. 그리스도인에게 고난이란 그리스도의 제자가 됨의 고백이요 그리스도의 생명을 받아들임을 의미한다. 그리고 또 우리를 위하여 고난을 당하신 예수의 고난에 동참하는 것을 의미한다.

하나님으로부터 비롯된 고난은 오늘날의 현대인과 그리스도인이 겪는 고난에 분명한 이유가 있고 그 고난이 하나님이 우리에게 향하신 선하시고 기뻐하시며 온전하신 뜻이 어디에 있는가를 분별하여 고난에 대한 올바른 이해와 그에 대한 바른 대응의 자세를 배움으로 고난을 능동적으로 극복할 수 있는 능력의 삶을 누려야 할 것이다.

그러기 위해서는 고난의 실체를 바로 보아야 하며 성경이 가르치는 고난에 대한 전반적인 의미와 일반적인 고난에 대해서도 제대로 파악해야 할 것이다. 이러한 대표적인 삶의 예로 인생의 고난에 대한 문제를 해결하기 위해 인간 욥이 하나님 앞에서 몸부림치는 모습을 욥기에서 보게 된다.

주인공 욥은 자신이 자초하지 않은 고난을 당한다. 욥기는 인간이 직면하는 문제들 중의 하나, 즉 "하나님이 공의로우신가?" 하는 신정론(神正論, theodicy)의 문제를 제기한다.

신정론은 고통과 악의 문제를 다루는 것으로 독일의 철학자 라이프니츠(Leibniz, 1646–1716)에 의해 만들어진 용어로 '데오스(theos, 하나님)'와 '디케(dike, 정의, 의로움)'라는 두 개의 헬라어로 이루어져 있는데, 하나님의 주관 아래 있는 세상에 악이 허용된 것과 관련하여 하나님의 정의를 합리적으로 설명하려는 시도를 가리킨다.

욥기는 인류의 역사에 있어서 누구나 공유할 수 있는 인생살이와 하나님의 세상섭리의 문제에 대하여 치열한 고민의 흔적을 깊게 남겨주고 있다. 그리고 그 고민의 현장으로 우리를 초청하여 하나님의 음성을 듣게 하고 있다.

1. 연구의 동기와 목적

우리는 고난의 원인이나 의미를 모두는 알 수 없다. 하나님은 무한한 분이기 때문에 어떤 피조물도 하나님의 본질과 속성을 총체적으로 이해하거나 기술할 수 없다는 불가해성처럼(전 3:11) 고난의 원인이나 의미도 어떤 부분은 신비에 가려져 있다. 이 점이 욥기의 중요한 가르침이라 생각한다.

본 연구는 욥처럼 하나님을 경외하며 사는 성도들이 "왜 까닭 없는 고난을 당하는가?"라는 질문으로 시작하여 고난이 주는 그 의미를 규명하고, 나아가 고난에 임하는 의인의 자세에 대하여 조망하고자 욥기에 나타난 고난에 대한 이해를 고찰하려 한다.

본 연구의 목적은 고난은 모든 사람에게 주어지는 필연적인 과정이기에 고난의 원인과 의미를 욥기의 고난의 특성을 통해 올바로 조명하여 이에 대한 적절한 대응책을 제시하고자 한다.

고난의 실체를 바로 보기 위해서 먼저 성경이 가르치는 고난에 대한 전반적인 의미와 일반적인 고난에 대해서도 파악하고 고난의 일반적인 원인을 세상 범죄로 인한 것, 환경으로 인한 것, 정치 문제로 인한 것, 경제 문제 및 질병으로 인한 고난 5가지로 초점을 맞추었다.

고난을 모두 이해하려는 것은 하나님의 모든 섭리를 인간의 머릿속에 모두 집어넣으려는 시도와 같다. 성경이 밝히고 있는 고난의 원인과 의미에 대해서 분명하게 깨달아야 현재 우리가 당하는 고난을 올바로 볼 수 있게 되고, 또한 원인 요인을 제거할 수 있게 되리라 믿는다.

2. 연구 방법과 범위

본 연구는 욥기 본문이 어떻게 형성되었는가를 살피기보다는, 우리에게 전해진 욥기를 하나의 완성되고 독립된 텍스트로 간주하여 연구하는 공시적인 접근을 취하 고자 한다.

방법론으로는 첫째, 내러티브 분석을 사용하여 욥기 전체를 통해서 읽을 수 있는 메시지가 무엇인지 살피고 둘째, 비교분석의 방법론을 사용하여 고대 근동과 구약성서에서의 고난 이해를 살펴본다. 셋째, 앞선 내용을 종합적으로 관찰하고 검증하여 궁극적으로 욥기에 나타난 고난 이해의 신학적 의미를 도출하고자 한다. 그리고 신약에 나타난 고난 의미와 특히 그리스도의 고난의 의미를 통해 고난의 본질적인 의미를 파악하려고 한다.

본 연구는 욥기에서 제기된 고난에 대한 새로운 신학적 이해를 위하여 다음과 같이 전개한다.

제 I 장에서는 서론으로 연구의 동기와 목적, 방법과 범위를 제시하고 연구사를 살펴본다.

제 II 장에서는 고난에 대한 일반적인 의미 및 고난의 정의와 원인을 살펴본다.

제 III 장에서는 고난의 성경적 의미와 신·구약에 나타난 고난의 의미를 파악한다. 신약성경에 나타난 고난의 의미와 고난의 종류 그리고 그리스도의 고난에 대하여 살펴본다.

제 IV 장에서는 욥기에 나타난 고난의 특징을 알아본다. 그러기 위해 욥기의 구조 분석을 제시하고, 욥기에 나타난 고난 이해를 분석하기 위해 욥기 전체를 집중적으로 연구한다.

제 V 장에서는 고난의 신학적 이해를 통하여 우리 모두의 고난에 대해 그리스도인의 실존으로서 우리의 해야 할 바를 생각해 보고자 한다.

제 VI 장은 결론으로 앞에서 제시한 욥기에 나타난 고난 이해의 신학적 의미를 요약 정리하여 우리의 삶 속에서 고난을 당할 때 어떻게 적용할 수 있는가를 제시하고자 한다.

II. 고난에 대한 일반적 의미

1. '고난'에 대한 정의

성서에서 고난과 고뇌의 개념을 담고 있는 용어는 히브리어 12개, 헬라어 21개가 있다. 그 용어들은 '고통', '괴로움', '아픔', '아프게 하다', '환란을 당한다', '억압을 받는다' 등의 뜻을 지닌다. 즉 고난의 일반적 의미는 정신적 고통을 말하며 육체적 고통이 포함되기도 한다.

2. 고난의 원인

구약성서는 고난의 '기원' 문제에 대해서는 특별히 관심을 보이지 않는다. 단만 구약성서가 말하는 고난 구절은 창세기 2장과 3장이 기록하는 창조와 타락의 이야기이다. 이 외에 성서 외의 고난의 원인은 여러 가지가 있지만 다음과 같이 몇 가지 원인이 있다.

1) 자연법칙에 기인된 고난

인간이 존재하고 있는 이 우주가 혼돈된 장소가 아니라, 질서가 잡혀 있으며 인과법칙(因果法則)이 지배하고 있기 때문에 인간은 고난을 당하게 된다.

2) 무지에 기인된 고난

무지하여 일어나는 고난은 외상용약을 내복약으로 오인하여 먹고서 사망한 것과 같은 것, 어린아이가 난로에 손을 얹음으로 화상을 입게 되는 것은 '난로'가 무엇인지 모르기 때문이다.

3) 상호관계(相互關係)에 기인된 고난

인간이 정신적이나 육체적으로 완전치 못한 출산으로 나타나기도 한다. 이러한 태아의 불완전성은 부모와 자녀가 유전의 법으로 인해서 입은 불가피한 고난이라 하겠다.

III. 고난의 성경적 의미

1. 구약에 나타난 고난의 의미

성경에 나타난 고난은 하나님과 인간과의 역사적 경험에 의한 함수관계와 같이 인간의 고난의 역사적 현장 속에서 하나님의 직접적인 개입과 그의 구속적 행위를 통해 그 이해의 실마리를 찾을 수 있을 것이다.

성경의 고난은 심판적인 고통, 감정 이입의 고통, 대속적 고통, 예방적 고통, 교육적 고통 등으로 정리할 수 있으며, 일반적으로는 인과응보설, 반인과응보설 및 대속적 고난관의 세 가지 유형으로 분류할 수 있다. 성경의 분류별로 보는 고난으로는 구약성서에서는 율법서에 나타나는 고난, 선지서의 고난, 시가서에 나타나는 고난으로 나눌 수 있다.

2. 신약에 나타난 고난의 의미

신약에 나타나는 고난은, 예수께서 몸소 고난의 실재와 직면하셨고 그 고난에 패배하지 않았던 사실을 기록하고 있으며, 복음서에 나타난 고난과, 그리스도의 구속적 고난인 바울 서신서에 나타난 고난, 사도로서의 고난, 그리고 장래 영광을 위한 고난으로 나눌 수 있다.

IV. 욥기에 나타난 고난

1. 욥의 고난 사상의 배경

1) 고대 근동의 인과응보 사상

욥기에 언급된 욥이 처한 새로운 국면의 고난은 욥의 친구들에 의해 대변된 인과응보 사상과 오용에서 기인된 것이었다.

2) 구약성경의 인과응보 사상

구약성경에 나타난 인과응보설은 창세기의 에덴동산에서 시작하여 출애굽의 시내산 언약에 이르는 정점을 중심으로 살펴볼 수 있다.

2. 욥의 고난 사상의 이해

1) 고난에 대한 의문

의로운 자가 받는 고난을 어떻게 이해하며, 하나님의 의와는 어떻게 조화를 이루는가? 욥기는 이러한 문제를 어떻게 이해시키고 있는지 관심의 대상이다. 무엇 때문에 평범한 사람들이 특별히 더 큰 슬픔과 고통의 짐을 져야 하는가? 하는 문제를 생각해 보고자 한다.

욥기의 저자는 고난 중에 있는 의인을 그리고 있다. 그러나 의인의 사상은 반드시 상대적인 의미에서 이해되어야 한다. 그들은 하나님 앞에서 완전히 의로운 것이 아니고 다만 악인들과 비교해서 의로운 사람으로 하나님이 인정하는 사람이다.

2) 고난에 대한 변론

욥이 받은 고난이 욥의 친구들의 해석과 같이 인간적인 과오의 결과에서 오는 것이 아니고 하나님의 섭리 문제이다. 따라서 하나님이 욥에게 고통을 안겨 주신 것은 욥의 고난을 통하여 하나님 자신의 뜻을 이루기 위한 섭리의 관점에서 접근하는 것이 타당하다.

그러면 과연 하나님의 의로움은 무엇이고 그것에 도달하는 방법은 있는 것인가? 욥은 자기가 다른 사람들과 마찬가지로 죄인임을 알고 있었다. 그러나 그는 자신의 고통과 관계되는 한 자신이 무죄하다고 선언한다. 이런 점에서 고난당하는 사람은 자신이 고난을 피할 만큼 선하지 못함과, 또 반대로 고통을 초래한 것은 항상 자신의 죄임을 깨달아야 하는 것이다.

3) 고난에 대한 답변

결국 욥기의 목적은 하나님이 욥을 옹호하신다는 것에 주안점이 있는 것이 아니라, 비록 축복이 따르지 않는다 해도 의의 길을 고집하는 욥이 자신의 태도로서 하나님을 옹호한다는 데 있다. 욥기의 저자는 의로운 자가 당하는 고난의 결과에 어떤 보상을 바라기보다는 까닭 없는 고난을 겪고 있는 자의 삶의 의미가 무엇인가를 욥이라는 인물을 통하여 밝힌다.

V. 고난에 대한 신학적 이해

지금까지 고난에 대한 고찰은 인간의 고난에 대한 하나님의 전능하심과 의로움의 정당성을 논하고자 하는 것이 아니라, 욥이란 의인을 통하여 고통의 시련에 처해 있는 현실적인 우리와 대비하여 하나님의 도움을 어떻게 하면 더 잘 받을 수 있을까를 논하는 것이었다.

하나님의 형상으로 지은 바 된 우리 인간의 고난에 대해 함께 아파하시는 하나님의 모습과 피할 수 없는 인간의 조건인 우리 모두의 고난에 대해 그리스도인으로서 우리가 해야 할 바를 생각해 보고자 한다.

1. 하나님의 사랑

욥기 42장의 신앙고백은 하나님만이 인간의 고난에 대답하실 수 있다. 하나님의 행동은 '아픈 사랑(Pain-Love)'의 행동이다. 이 아파하는 사랑 속에서 하나님은 인간과 연합하고, 인간의 아픔을 같이하고, 인간의 아픔을 벗는 길을 연다.

하나님은 악의 허용자가 아니라 악의 희생자라는 것, 그분은 우리만

홀로 고통을 감당하지 않도록 우리와 함께 고통을 감당하신다는 것이다. 그리고 그분은 우리와 동행함으로써 고난을 거두어 간다는 것이다.

본회퍼는 하나님이 우리를 도와주는 것은 그의 전능에 의해서가 아니라 그의 약함과 고난에 의해서이며, 바로 이점이 기독교의 독창적 본질이라고 했다. 몰트만은 "십자가는 인간의 자유의 중심점에 서 있는 동시에 하나님의 고난의 중심점에 서 있다"고 했다. 그러므로 "하나님이 당하는 고난은 창조적인 사랑의 최고의 형식"이다.

2. 신앙의 성숙

신앙이 단단해지는 것은 삶과 행동에서 얻은 지혜를 행하기 때문이다. 신앙은 실천적인 것이기 때문에 시련을 극복해야만 얻어진다. 우리는 이 확실성을 굳게 잡고 새롭게 나가야 한다.

하나님은 우주를 창조하시고 보존하시며, 역사의 행진을 시작하게 하고 주관하시며, 언약과 지혜의 양식을 따라서 일하시며, 욥기에 나와 있는 한계들을 초월하시기로 선택하셨다. 하나님이 주인이시며, 선택을 내리시는 분도 그 이시라는 것이 욥기의 교훈이다. 그리고 인간은 하나님의 자유를 인정하는 한에서만 자유를 누린다는 것이다.

VI. 결론

인간이 직면하는 고난의 원인이 타당하다고 여겨지는 경우도 있고, 전혀 그렇게 여겨지지 않는 경우도 있다. 그렇기 때문에 고난의 문제를 논리적, 이성적으로 특별히 인과론적인 면에서 충분히 이해하기란 어려운 일이다.

본 연구에서 살펴본 것과 같이 고난에 대한 문제는 사람이 자기 자신의 경험 속에서 깊은 통찰력을 얻도록 인류학적으로 고찰되는 사상이 아니라 완전히 하나님의 섭리에 대한 문제인 것을 알 수 있다.

본 연구는 '고난이 왜 우리에게 있는 것이며, 그 고난은 어디서부터 우리에게로 오는 것이고, 또한 그 고난의 의미는 도대체 무엇인가?'라는 물음 하에 성서 전체에 흐르는 고난의 문제를 연구했다.

성경에서 추구하는 고난의 의미는 다음과 같다.

첫째로 고난은 하나님과의 관계 부조리로 인한 하나님의 제동 활동 양식이라는 것이다.
둘째로 고난은 인간을 위한 하나님의 교육 수단이라는 것이다.
셋째로 구약성서에 나타나는 독특한 고난의 의미는 다른 사람을 위하여 대신 받는 속량적 고난의 의미가 있다.

사도 바울의 고백을 통해서도 알 수 있다. 사도 바울이 말하기를 하나님과 맺어진 사랑의 관계는 전 인간을 상실하는 고난일지라도 그것에서 끊을 수 없다는 것이다.

우리의 인생 그 자체가 고난이라고 할지라도 욥이 하나님을 향해 담대히 부르짖었던 것처럼 우리도 부르짖는다면 하나님은 우리의 부르짖음에 반드시 응답할 것이며 또한 그것을 통해 고난 극복의 삶, 감사와 찬양의 삶을 이어갈 수 있을 것이다.

우리에게는 주 예수 그리스도가 있다. 신앙의 인내와 불행은 결코 같이 가는 것이 아니다. 하나님에 관해 말하는 올바른 방법을 찾아내는 곳으로 나아간다. 즉 고난은 하나님의 구원섭리의 한 도구로써 하나님으로부터 오는 것이라고 이해하는 것이 타당하다.

이것이 바로 인생의 고난에서 희망으로의 전환이다. 땅의 관점에서 하늘의 관점으로의 전환이다. 인간의 관점에서 절대자이신 여호와 하나님의 관점으로의 전환이다.

즉, 고난의 목적은 인간의 정화에 있으며, 인간이 하나님의 의로우심을 의심해서는 안 되는 것을 보여주고 있다.
즉, 고난이 우리에게 주는 의미의 결정적 진수는 아래와 같다고 할 수 있다.

1. 고난은 우리가 살아 있다는 증거이다.

2. 고난은 사람이 되는 길이다.

3. 고난을 통해서 다른 사람과 연결된다.

4. 고난은 하나님의 뜻을 이루는 길이다.

5. 고난은 기쁨의 소재이다.

바울 서신에 나타난
구약 해석의 방법론과 전제 고찰

김정원 박사 (신약학 교수)

바울 서신에 나타난 구약 해석의 방법론과 전제 고찰

김정원 박사 (신약학 교수)

텍스트의 해석은 해석자가 기존에 가지고 있는 전제(presupposition) 의 바탕 위에서 해석자가 선택한 하나 혹은 여러 가지 방법론(methods) 을 활용하여 이루어진다. 텍스트의 해석에는 기본적으로 문화적, 사회 적, 신학적으로 가지고 있는 전제가 있다. 그 전제의 바탕 위에서 해석 의 방법론이 동원되어 해석을 낳는 것이다. 전제와 방법론의 결합으로 성경 텍스트의 해석이 이루어지고, 텍스트의 해석이 모아져 신학을 이 룬다. 바울 역시 성경의 해석자로서, 자기 나름대로의 전제를 가지고 있었을 것이며, 또한 그리스-로마 시대의 교육과 가말리엘 수하의 유 대식 교육을 받은 이로서 당대의 해석의 방법론을 활용하여 성경을 해 석하였다. 바울이 어떤 해석의 방법론(methods)을 구약성서 해석에 활 용했는지에 대한 연구는 근대 이후 활발히 진행되어 왔다. 그가 어떤 전제(presuppositions)를 가지고 있었는지 역시 많은 연구의 대상이 되었 다. 그러나 그가 가진 전제와 방법론이 어떤 상호작용을 통해 그의 성 서 해석을 낳았는지, 그의 해석의 결과물에 전제와 방법론 중 어떤 것이 더 큰 영향을 주었는지에 대해서는 연구되어진 바가 없다. 1세기 유대인들의 신학과 비교할 때 독특한 해석과 독특한 신학을 보인 바울의 성서 해석의 원인은 그의 독특한 전제에 기인한 것인가? 아니면 다른 해석적 방법론의 적용에 기인한 것인가? 아니면 둘의 조합에 근거한 것인가?

1세기 유대신학과 비교하여 바울의 독특한 신학이라고 한다면 첫째, 예수의 부활을 근거로 예수가 메시아시다는 그의 사상, 둘째 구약성서가 이 예수를 증거하고 있다는 사실을 들 수 있다. 그는 예수의 생애와 사역에 비추어 성서를 해석했다. 그의 기독론적 성서 해석은 성서 해석의 근간이 그리스도의 생애와 사역, 그가 겪은 사건과 경험에 있음을 말해준다.

William Albright에 의하면 바울의 해석 방법은 예수의 제자였던 다른 사도들과 비교할 때 다소 차별화된 모습을 보인다. 사도들의 방법론이 쿰란 공동체에서 사용한 페셔(pesher)를 사용했다면, 바울의 성서 해석 방법론은 보다 바리새파의 해석적 방법론에 가깝다는 것이다. 바울이 당대 유대인들의 주류 성서 해석 방법론인 바리새파가 사용한 것과 같은 방법론을 사용했다면, 그의 해석의 결과물, 바울신학이 바리새파와는 다른 결과물을 내놓게 된 원인은 무엇인가? 바울의 신학과 바리새파의 신학이 예수 그리스도에 관해 전혀 다른 신학을 낳게 된 이유는 무엇인가? 이러한 질문에 대한 해답을 찾기 위해 바울은 어떤 방법론을 사용했는지, 그가 가지고 있던 전제는 어떤 것이 있었는지를 알아보고, 각각의 방법론과 전제가 1세기 유대지역의 바리새파와는 어떤 유사점과 차이점이 있는지를 살펴봄으로써 바울의 독특한 신학의 결과물인 예수가 메시아라는 결론에 다다르게 된 해석학적 바탕과 원인을 고찰해 보고자 한다. 먼저 바울이 사용한 해석학적 방법론들을 살펴보고, 바리새인들과 차별되는 바울의 전제가 무엇이었는지를 다룬 후, 그의 독특한 구약성서 해석과 신학을 낳게 되는 데 결정적인 역할을 한 해석학적 요소는 무엇이었는지에 대한 답변을 찾아보게 될 것이다.

바울의 해석학적 방법론

Richard Longenecker는 1세기 유대적 해석법을 문자적(literal) 해석법, 미드라시(midrash), 페셔(pesher), 알레고리(allegory) 네 가지로 분류한다. Stanley Porter는 여기에 예표론(typology)을 추가한다. 바울은 교회에 보낸 서신서들에서 구약을 인용하면서 이러한 유대적 방법론들을 사용하여 구약을 해석하고 자신의 주장을 전개하여 가르치는 모습을 보이는데, 그 속에서 1세기 유대적 해석법에 매우 능숙함을 보여준다.

미드라시는 오늘날 주해(exegesis)에 비견되는 유대적 성서 해석법이다. 하지만 유사한 단어, 구, 절 등의 등장을 활용하여, 해석의 대상이 되는 독자들의 삶에 적용하는 방식을 취한다는 점에서, 1세기 삶의 정황(Sitz im Leben) 속 의미를 추구하는 현대적 주해와는 많이 다르다. 미드라시는 성서의 의미를 이해하고자 하는 지적인 추구가 아니다. 미드라시적 해석에 의한 성서의 의미는 원래의 텍스트의 의미를 넘어 독자들에게 확장되어 그들의 삶에 적용되는 의미이다. 힐레에게서 기원하는 일곱 가지 미도트(middoth)가 대표적인 미드라시적 성서 해석법인데, 바울 서신에서는 이러한 미도트가 적용된 해석법들이 자주 발견된다(고전 9:9; 고후 3:7-11; 딤전 5:18).

예표론(typology)은 구약의 사건, 사람, 사물, 제도 등이 구약의 맥락에서의 문자적, 역사적 의미를 가질 뿐 아니라 신약에 등장하는 인물이나 제도 등에 대한 예표와 복선으로서 작용한다는 성서 해석 방식이다. 예표는 앞으로 등장할 사람이나 사물에 대한 그림자일 뿐 본질이 아니며, 신약에 등장하는 본질에 해당되는 인물이나 제도, 사물 등이 구약의 예표의 성취와 완성이 된다. 예표(τύπος)라는 단어는 신약성서에서 총 6회 등장하는데(고전 10:6, 11; 롬 5:14; 벧전 3:21; 히 8:5; 9:24), 세 번이 바울 서신에서 사용되고 있다(고전 10:6, 11; 롬 5:14).

알레고리는 표면적 의미 이면에 감추어진 이차적인 의미를 찾아내는 해석법으로 그리스 철학자들, 스토아학파에 그 기원을 두고 있는 해석의 방법론이다. 1세기 유대인들 역시 그리스-로마 사회에 동화되어 살면서 알레고리 해석법을 성서 해석에 적용하였다. 알레고리는 유대문헌인 성서가 그리스-로마 사회에서도 적용되어질 수 있도록 현대화시키는 신학적 방법론이었다고 할 수 있다. 특히 그리스-로마 사회 속에서 살아가던 알렉산드리아의 필로(Philo)에 의해 채택되고 활용되었다. 바울 역시 그리스-로마 세계 속에서 디아스포라 유대인으로 살아가면서 이러한 해석법에 노출되어 있었을 뿐 아니라, 알레고리적 해석을 잘 이해하고 있었던 것으로 보인다. 바울은 특별히 갈라디아서 4장에서 사라와 하갈의 이야기를 알레고리적으로 해석함으로써, 사라와 하갈의 이야기가 표면적 의미가 아니라 옛 언약과 새 언약, 땅의 예루살렘과 하늘의 예루살렘이라는 영적 실체를 의미하는 것임을 밝혀 주었다.

페서(pesher) 해석법은 쿰란 공동체에서 구약성서를 해석하던 방법으로써, 종말론적인 해석과 아울러, 구약성서의 말씀을 자신들 공동체에게 하시는 말씀으로 적용했던 방법이다. 그들은 자신들이 살아가고 있는 시대를 종말의 시대로 상정하고, 구약의 말씀들이 종말에 실현될 터인데, 그것이 자신들에 의해 실현되고 있다고 믿고 있음을 사해문서를 통해서 보여주었다. 이러한 그들의 성서 해석법은 사해문서 중 여러 성경 주석서를 통해 전달되고 있다. 그들은 자신들이 마지막 때를 살아가고 있으며, 구약의 성경 말씀은 종말의 시대를 살아가고 있는 자신들을 위해 기록된 것으로 여기고, 자신들에게 적용하였다. 텍스트를 자신들에게 적용하는 해석의 과정에 매개로 작동하는 것이 그들에게 임하는 특별한 하나님의 계시이다. 따라서 페서 해석법은 계시적 해석법이라고 할 수 있다. 바울의 서신서에서도 이러한 형태의 페서 해석법이 적용된 구절들이 있는 것으로 여겨진다(롬 4:23 - 24; 15:4; 고전 9:9 - 10; 10:6, 11).

바울 해석의 기본 전제

바울이 1세기 유대인들이 사용한 성서 해석 방법론(methods)을 동일하게 사용하였음을 살펴보았다. 그렇다면 바울이 가지고 있던 해석의 전제(presuppositions)는 어떤 것이 있었는가? 그리고 그 전제는 1세기 유대인들이 가지고 있던 해석의 전제와 어떤 유사성 혹은 상이성을 보이는가?

유대신학과 바울을 포함하여 예수님을 따르던 제자들, 사도들은 근본적으로 구약성서를 하나님의 말씀으로 받아들였다. 구약성서는 하나님의 말씀, 신의 계시이며 선물이다. 동시에 하나님의 말씀은 단순히 과거에만 국한되는 것이 아니라, 오늘을 살아가는 사람들에게 말씀하시는 하나님의 계시이다. 그래서 그들은 동일하게 성서를 해석하며 자신들에게 적용하였다. 두 그룹 모두 집단적 정체성을 갖고 있어서 자신의 정체성을 자신들이 속한 집단에서 발견하였다. 두 그룹 모두 역사 속에서 앞으로 다가올 메시아의 시대에 대한 소망에서 구원의 의미를 찾았다. 그리고 하나님의 구속의 계획 속에서 역사는 패턴을 가지고 반복됨을 전제로 하였다.

유대 해석자들과 그리스도의 제자들이 달랐던 전제는 바로 기독론적이고 종말론적인 부분이다. 유대의 해석자들과는 달리 그리스도인들은 예수가 선지자들이 약속한 다가올 메시아 왕국의 메시아이심을 믿었다. 그래서 예수로 말미암아 구원의 메시아 시대가 이미 도래하였음을 믿었다. 메시아의 오심은 곧 종말, 다가올 시대, 메시아 시대가 구현되었다는 것을 의미했다. 예수 그리스도를 통한 메시아 예언의 성취, 종말론적 메시아 시대의 성취는 신약의 저자들, 예수 그리스도의 제자들이 공통적으로 가지고 있었던, 유대신학자들과 구분되는 믿음이자 해석의 전제였다. 바리새파와 쿰란 공동체는 이 메시아의 시대가 앞으로 도래할 것을 기대하였으나, 바울은 메시아의 시대가 이미 도래하였다고 선언하였다(고전 10:11). 그렇다면 가말리엘의 수하에서 바리새적인 신학 교육을 받은 바울이 이러한 기독론적, 종말론적 전제를 갖게 된 이유는 무엇인가?

고대 유대교에서 이방인이 유대교로 개종을 하려면 샤마임, 힐렐 학파와 관계없이 긴 배움의 과정이 필요했다. 이것은 바리새적 전통에 의하면 개종에 있어서 영적인 체험보다는 성경에 대한 이해의 과정에 훨씬 더 집중했음을 보여준다. 그런 면에서 1세기 유대교는 고대의 신비 종교보다는 그리스 철학과 유사했다. 달리 말하면, 바리새파는 영적인 경험에는 별 관심이 없었다.

반면에, 바울에게 있어서의 회심의 과정은 지난한 이해의 과정을 거치는 것이 아니라 급작스러운 단 한 번의 영적인 체험에 근거한 것이었다. 그에게 있어서 예수 그리스도는 감추어진 비밀이었다가 성령을 통해 드러났다(고전 2:6-13). 그는 성령의 가르침을 받고 영적인 진리를 해석했다(고전 2:13). 그는 "주의 마음(νοῦν κυρίου; mind of God)"을 알았다(고전 2:16). 바울에 의하면, 그는 성경과 그리스도를 성령을 통해 이해하게 되었다. 그래서 그의 성서 해석은 "영적" 해석이다. 그의 해석은 계시로만 가능한 것이었다. 그의 해석은 자신에 의한 지적인 노력과 성경 텍스트에 대한 연구의 결과물이 아니라 성령에 의해 계시로 주어진 것이다. James Aageson은 바울의 성서 이해를 이렇게 설명했다. "성서의 '진정한' 의미는 성령에 의해 인도함을 받고 변화된 사람들에게 주어지는 것이다. 성령께서 역사하시는 영역 바깥의 사람들에게 성서의 의미는 여전히 감추어져 있다."

결국 바울이 당대의 유대인들과 동일한 성서 해석 방법론을 사용함에도 불구하고, 전혀 다른 신학적 결과물을 갖게 된 것은 그의 해석의 전제가 달랐기 때문이었다. 그의 해석의 전제는 그리스도가 메시아시라는 사실이었는데, 이 전제는 다메섹 도상의 영적 체험을 통해 갖게 된 믿음이었다. 결국 그의 신학의 독창성의 기원은 해석의 방법론에 기원했다기보다는 회심에 의한 예수가 메시아라는 믿음, 그의 성서 해석의 전제에 근거한 것이었다.

결론

바울은 1세기 유대적인 방법론과 동일한 방법론을 사용하여 구약성서를 해석하였다. 문자적, 미드라시적, 페셔, 알레고리 등의 방법론은 1세기 바리새파, 쿰란 공동체 등이 사용한 방법론이다. 바울과 1세기 바리새파, 쿰란 공동체 등과 달랐던 점은 그가 가진 전제였다. 예수가 메시아시다는 사실을 바울은 받아들였고, 다른 유대신학자들은 인정하지 않는 부분이었다. 그러므로 바울은 예수는 메시아시다는 전제를 바탕으로 구약을 해석하였고, 다른 유대신학자들은 그렇지 않았다. 결국 바울의 신학의 결과물을 결정짓는 주요 요소는 해석의 방법론이 아니라 그의 전제였던 것이다. 예수가 메시아이시며, 그의 오심과 더불어 종말이 시작되었다는 그의 전제는 구약성서에 대한 해석을 통째로 바꿔 놓게 되었다. 그리고 그런 구약성서 해석의 변화를 가져온 예수는 메시아시다는 전제는 다마스커스 도상에서 예수를 만나는 개인적이고 영적인 체험에서 비롯되게 된 것이다. 바울은 당대의 신학적, 해석학적 방법론에 얽매이지 않았다. 바울에게 성서 해석은 지난한 연구의 결과가 아니라, 예수를 만나는 영적 체험의 결과물이었다. 그리고 그 영적 체험을 통해 알게 된 예수가 메시아시라는 믿음과 전제는 구약성경 전체를 해석하는 해석의 키가 되었다. 그 해석의 키, 예수 그리스도를 통해 구약 성서의 감추어진 의미가 풀리게 된 것이며, 구약성경은 예수 그리스도의 죽으심과 부활과 승천의 사건을 이해할 수 있도록 밝혀준다.

바울의 신학이 당대의 유대신학자들, 바리새파, 필로, 쿰란 공동체와 같은 해석적 방법론을 사용하면서도 다른 신학적 결론에 다다르게 된 이유는 그의 독특한 전제, 예수 그리스도가 메시아시라는 믿음 때문이었던 것이다. 예수가 메시아시고, 메시아의 시대가 이미 도래하였다는 영적 체험을 통해 갖게 된 믿음과 전제가 그의 구약성서 해석의 기준이 되어, 바울 서신에 등장하는 그의 신학을 낳게 되었다.

메시아는 누구신가?

장위경 전도사 (목회학 석사)

메시아는 누구신가?

장위경 전도사 (목회학 석사)

기독교 신앙은 예수를 하나님이 보내신 그리스도 즉, 메시아로 고백하는 데서 출발했다. 구약성서에서 메시아는 '기름부음을 받은 자'라는 뜻으로 하나님의 일을 위해서 선택받은 자로 구별해서 세웠다는 뜻이다. 기름부음을 받은 자는 왕, 제사장, 선지자들로 초월적인 존재가 아닌 사람 그 자체로 인식되기도 하였다. 이런 메시아 칭호의 기원으로 인해 예수가 메시아라는 사상은 다양한 학문적 견해와 더불어 예수의 공생애 기간은 물론 초기 기독교 시대에서도 많은 관심이 되었다.

오늘날 "메시아는 누구인가"라는 질문은 그리스도인에게 진지하게 숙고해야 할 필요가 있으며 이것은 그리스도인에게 구원과 신앙의 핵심 문제이기 때문이다. 성경이 증거하는 메시아는 역사 속에서 계시되고 완성되었다는 점에서 기독교 신앙의 특징을 알 수 있다. 즉, 메시아

사상은 역사 속에서 시작되었고 하나님의 때에 메시아 예수를 통해 완성되었다는 것이다. 그런 점에서 기독교 신앙은 역사 속에 뿌리를 두고 역사 속에서 완성되었다 할 수 있다. 또한 하나님을 거역하고 타락한 인간들을 버려두지 않으시고 찾아와 구원하시는 사랑의 하나님이심을 드러낸다.

성경의 핵심 주제는 메시아사상이며, 구약성경에서 이 사상이 어떻게 나타나는지를 살펴보는 것이 중요하다. 예수에 대한 정확한 이해는 기독교의 신앙과 세계관을 결정한다. 이를 위해 신약성경, 특히 복음서를 통해 예수의 본질, 성품, 사역 등을 탐구해야 한다. 복음서의 칭호들은 이러한 측면을 담고 있어, 그 배경과 의미를 연구하는 것이 예수를 올바르게 이해하는 데 중요하다. 특히 사복음서에서 나오는 메시아 칭호들은 예수의 참된 모습을 밝혀 주므로, 이 연구는 하나님과 예수에 대한 올바른 신앙을 세우고, 메시아로 오신 예수 그리스도를 세상에 증거하는 역할을 할 것이다. 또한 구약성서와 신약성서는 메시아 개념을 통해 연속성을 가지므로, 이를 이해하는 것이 중요하다.

연구의 목적은 구약성서와 신약성서에서 나타난 메시아의 개념과 활동을 탐구하는 것이다. 먼저 구약성서에서 메시아의 역할인 선지자, 제사장, 왕에 대한 칭호를 살펴보고, 이를 통해 예수의 대제사장으로서의 역할을 이해한다. 다윗의 자손, 인자, 여호와, 메시아 등의 구약 성서에서 나타난 칭호와 이들의 의미를 비교 분석하여 메시아에 대한 이해를 확장한다.

신약성서에 나타난 메시아 개념과 활동에 관한 이 연구는 구약성서에 기록된 메시아의 개념과 활동을 살펴보는 목적을 가지고 있다.

'기름부음을 받은 자' 메시아로서 왕은 가장 중요한 직분이라 할 수 있다. 비록 구약 시대의 왕들은 역사 속에 사라졌지만, 그들이 예표했던 메시아 왕, 예수는 오늘도 살아 이 세상을 통치하시고 그 백성을 위해 구원사역을 펼쳐 가신다. 이러한 직분을 가리키던 구약 성서 속에 나타난 여러 칭호들 중 대표적 칭호인 다윗의 자손, 인자의 의미를 살펴본다. 또한 구약 성서 속에 메시아를 예표하는 이런 칭호가 어떻게 이해되었는지 알아본다.

연구의 핵심은 공관복음에서 나타난 메시아 칭호가 구약성서에 나타난 메시아의 칭호와 어떻게 연결되며, 각각의 칭호가 갖는 의미를 살펴본 후, 구약과 신약의 메시아 칭호의 연속성을 조사하는 것이다. 또한 오늘날 메시아에 대한 이해를 살펴보고 복음서에서 나타난 예수님의 칭호를 통해 하나님이 우리에게 전하는 참된 의미를 발견하고자 한다.

구약성서에 나타난 메시아의 의미는 '기름부음을 받은 자'라는 뜻이다. 하나님의 거룩한 직분인 선지자, 제사장, 왕을 임명할 때 기름을 부은 것에서 기원한다. 연구의 주제인 공관복음서에 나타난 메시아 칭호를 알아보기 위해 구약의 배경을 알아본다. 구약성서에 나타난 여러 칭호들 중 대표적 칭호인 '다윗의 자손', '메시아 인자', 에 대한 의미와 개념을 알아본다.

먼저 다윗의 자손이 왜 메시아 칭호가 되는지 그 기원과 사상을 살펴본다. 이스라엘의 오랜 전통과 그들의 신앙 속에는 하나님을 왕과 통치자로 여겨왔으며 하나님이 직접 왕을 선택하셨다. 하나님이 이스라엘의 역사를 구현하시므로 백성들이 왕을 하나님의 대리자로 인식하였다(왕상 19:16). 이는 곧, 하나님과 선택된 왕 사이에 긴밀한 관계성이 있음을 의미한다. '기름부음을 받은 자'라는 의미가 훗날 구원자의 뜻으로 불리어졌다.

이것으로 보아 메시아사상은 다윗 왕조 역사에서부터 나타난 것임을 알 수 있다. 즉 다윗의 가문에서 메시아가 나타나리라는 것이다(삼하 7:12-13). 그것은 다윗을 통하여 나타난 이스라엘 왕권 사상의 영향이라 할 수 있다. 그렇기 때문에 다윗 왕조가 끊어진 바벨론 포로기에도 이스라엘을 구원하실 메시아 대망 사상이 백성들의 마음속에서 자리 잡게 되고, 다윗의 혈통을 통한 메시아의 출현을 고대하게 된다. "다윗 왕권의 영원성과 견고성"(삼하 7:13)을 여러 차례에 걸쳐 선포하고 있다. 다윗은 이 언약을 "영원한 언약"(삼하 23:5)이라 하였다. 이 언약은 하나님께서 다윗에게 성실하심으로 맹세하신 언약이며(시 89:3-4, 132:11 등), 파할 수 없는 언약이고(렘 33:20-21) "다윗에게 허락한 확실한 은혜"(사 55:3)였다. 메시아는 하나님의 약속대로 다윗의 혈통을 통해 이 땅에 오시게 되었다.

구약의 예언자들은 미래의 왕국은 메시아를 통해 이루어질 것을 예언하고 있다. 그들은 다윗 언약을 근거로 하나님이 보여주신 이상적인 국가관과 왕권의 이상을 보게 되었다. 다윗을 통한 국가의 부흥을 믿은 이스라엘 백성들은 하나님이 약속하신 다윗의 언약에 근거하여 억압과 핍박의 설움을 씻어줄 메시아가 반드시 오리라는 믿음을 버리지 않고, 다윗과 같이 정치·경제적으로 강력한 힘을 가진 다윗적인 메시아를 대망하게 된다. 당시의 백성들은 영혼을 구원할 그리스도를 기다리는 것이 아니라 지상의 왕을 기대했다. 그래서 그들에게 제일 중요하고 많이 부른 메시아 칭호는 다윗의 자손이었다. 다윗 언약에서 가장 중요한 것은 바로 '한 아들' 곧 다윗의 자손에 대한 약속이다. '자식'은 히브리어로 '씨, 자손'이라는 뜻으로 다윗의 아들 솔로몬을 가리키며, 구속사적으로 훗날에 오실 예수 그리스도를 가리키는 것이다.

'메시아' 칭호의 기원인 기름을 붓는 의식은 직책에 대한 하나님의 능력의 상징으로 중요한 의미를 가진다. 구약 시대에는 제사장(출 28:41)뿐만 아니라 왕(삼상 10:1)이나 선지자(왕상 19:16)의 임직식에서도 머리에 기름을 부었던 기록이 있다. 또한 이들은 여호와로부터 부여 받은 능력으로 하나님을 대표하는 자로 여겨졌다. 왕은 백성들의 구원자이며 하나님이 지상에 파견한 정의의 왕이며 백성들에게 행운을 가져다주는 축복의 전달자이다. 그래서 왕은 하나님과 그의 백성 사이에 중보자적 역할을 한다.

메시아라는 단어는 포로기 이후 문헌에서는 왕의 기능을 일부 담당했던 대제사장을 가리키는 말로 쓰였으며(단 9:25-26) 유대인들에게는 이들이 민족적 역경과 고난 가운데 구원과 역사의 궁극적인 목적을 지향하는 메시아 시대는 역사적인 다윗 왕조를 둘러싸고 발달하였다. 이 메시아 기대 사상은 항상 하나님의 영원한 다윗 언약에 대한 기대와 관련되어 있다(삼하 7:12-13). 포로기 이후 다윗 왕조가 끊어진 상황에서 제사장들이 유대민족의 지도자적인 권위를 가지게 된다. 구약 시대에 나타난 메시아 구절들은 단순히 정치적 모습을 가진 것뿐만 아니라 지상의 과업을 수행하기 위해 미래에 출현할 이상적 왕인 것은 사실이다. 구약성서의 유대교의 메시아사상은 왕과 관련되어 있으며 메시아사상의 본질적인 요소들은 이스라엘 왕권 사상과 결합되어 있다.

이처럼 메시아사상은 왕권에 기초하였다. 이방 나라의 왕도 하나님의 일을 수행할 때는 '기름부음 받은 자' 곧 메시아라고 불렀다. 이처럼 메시아에 대한 기대는 여호와 하나님의 통치가 언약의 백성들과 역사적 과정을 거쳐 성취될 것이라는 신앙에 기초한 것이다. 따라서 이는 여호와 하나님의 통치가 실현되는 것이다. 이 과정에서 왕들은 하나님의 도구로서 공의로운 왕권을 지상에 실현시키는 기름부음 받은 지상적 '메시아'였다.

하나님께서는 영원한 언약을 통하여 다윗 가문은 이스라엘 백성들의 미래를 밝혀 주었다(삼하 7:8-16). 그러나 다윗 이후 이스라엘과 유다의 모든 왕들은 새로운 시대와 삶을 불러오는 이상적 기대를 성취하지 못하였다. 유대교의 메시아는 정치적이며 지상적이고 이상적인 왕을 의미했다. 그러나 유다 왕국의 몰락이라는 절망적 상황과 현실 앞에서 정치적이고 지상적인 메시아에 대한 기대는 종말론적인 메시아사상으

로 발전하게 되었다. 결국 구약성서에 나타난 메시아는 유대인들에게
는 민족적 역경과 고난 가운데 구원과 해방을 가져다주는 구원자요 하
나님의 백성을 위한 새로운 시대를 여는 메시아로 오실 예수 그리스도
의 예표였다.

메시아 칭호인 '인자(Son of Man)'는 히브리어로, '사람의 아들'이라는
의미이며, 때로는 사람이라는 뜻으로, 때로는 자신(self)이라는 뜻으로
도 쓰인다. 이 단어는 하나님과 구별되는 인간을 의미하는 것으로 신약
성서에서는 예수가 자신에게만 사용한 자칭호였다. 다른 사람이 예수
를 인자라고 부른 적은 단 한 번으로 스데반이 본 환상이 유일하다(행
7:56). 후기 유대교 소수의 경건한 유대인 계층은 '인자'가 오기를 기다
렸다. 이 '인자'는 마지막 심판 후에 하나님으로부터 "세상의 통치권을
넘겨받으실 초월적 존재"로 가리킨다.

구약성서에 나타난 메시아 칭호 중 성서적 '인자' 개념을 알아보기 위
해 구약과 묵시 문학적 기원을 살펴본다. '인자'에 대한 성경상의 기원
은 구약성경 에스겔서와 다니엘서이며 에스겔서는 예루살렘 멸망을 눈
으로 목격한 선지자 에스겔이 받은 계시에 의해서 씌여졌다. 에스겔서
와 시편에서는(시 8:4) 하나님과 구별되는 사람이라는 의미이고, 다니엘
서의 '인자'는 천상적이고 초월적인 존재로 나타난다. 이러한 '인자' 개
념들은 신약 시대의 '인자' 개념에도 반영되었다.

다니엘서의 인자는 선지자 다니엘이 환상 중에 본 천상적 인물

(Heavenly-being)이라는 말로 표현하고 있다. 지금까지 많은 학자들은 '인자' 명칭의 기원을 다니엘서 7장 13절의 구름타고 오는 인자로부터 찾는 데 동의하고 있다.

여기서 '인자'는 인간의 형체를 가진 분으로 옛적부터 항상 계신 이 (하나님)에게로 인도를 받는다. 다만 사람과 비슷할 뿐 정확히 사람이라고는 지칭하고 있지 않으며, 짐승이나 다른 어떤 피조물과도 비슷하지 않다고 한다. 그러나 그가 오실 때에는 신성을 나타내는 하늘의 구름을 타고 오신다고 한다.

'인자' 개념의 기원은 다니엘서 7장에서 집합적(corporate personality)인 의미보다는 개인적 의미가 크다고 하였다. 따라서 다니엘서에 나타난 "인자 같은 이"는 개인적인 메시아를 의미하지만 집합적 의미로도(단 7:18 참조) 해석되어 초월적이며, 한 개인이라는 해석이 더 타당하다.

신약성서

신약성서의 핵심 중의 하나인 "그리스도는 누구인가?"라는 것은 그의 본성이 무엇인가를 뜻하는 것이 아니라 그의 기능이 무엇이냐를 뜻한다. 아울러 공관복음서에서도 메시아인 예수 그리스도를 다양한 칭호들로 설명하고 있다. 주로 사용된 칭호로는 '다윗의 자손', '그리스도', '인자', '하나님의 아들', '주'가 있다. 본문의 주제인 메시아 칭호 연구를 통해 예수는 자신을 어떻게 생각했으며, 초대 교인들이나 당시의 사람들이 그를 어떤 존재로 보았는가를 살펴보고자 한다. 그리고 주요 다섯 가지 칭호 중 두 가지 다윗의 자손과 인자 칭호의 배경과 의미 그리고 어떻게 사용되었는가를 살펴보기로 한다.

신약성경 맨 앞에 위치한 마태복음은 구약성경을 연결을 하는데 가장 적합한 책이다. 마태복음은 유대인 족보를 전통을 따라 기록하였으며 장차 인류를 구원할 메시아가 오신다는 구약 예언의 성취로써 '아브라함과 다윗의 자손 예수 그리스도'에 대한 계보로 시작한다. 동시에 이스라엘 역사의 뿌리는 아브라함과 다윗에게 두고 있으며 옛 언약에 근거를 두고 있는 복음임을 분명하게 밝히고 있다. AD 1세기 메시아사상은 로마제국의 정치적, 사회적 압제에서 메시아를 통한 궁극적인 구원을 갖고 오는 민족주의적인 종말론 사상을 가지고 있다. 그래서 그들에게 '기름부음을 받은 자'는 구원을 가지고 오는 '왕'으로 다른 어떤 초월적 존재가 아닌, 사람 그 자체였다. 이렇게 그들은 정치적이고 지상적인 인간 메시아를 기대하였고 다윗의 후손에서 올 것이라고 믿었으며(마 21:9; 22:42), 베들레헴에서 태어난다고 하였지만(마 2:5) 그는 어디에서 올지 모르는 태초에 근원이 있다고도 생각하였다(미 5:2). 유대인들에게 메시아는 다윗의 자손으로 다윗 왕국의 옛 영화를 재현하고 그들의 현실적 고난을 해결해 줄 왕으로 올 것으로 기대하였는데 바벨론 포로기 이후 유대는 왕이 끊어지고 왕이 없는 사회가 된다.

복음서에 신학적으로 가장 중요한 칭호가 '인자'라고 볼 수 있다. 이는 예수가 친히 자신을 가리키는 자칭호로 사용했기 때문에 그 의미는 매우 중요하다. 그러나 제자들을 포함하여 아무도 예수님을 인자라고 부른 적이 없다. 오직 예수님만이 자신을 '인자'로 불렀다. 복음서는 대체로 예수께서 자신을 '인자'로 부르셨고 하나님의 전권을 위탁 받아서 몸소 최후 심판을 주재하시는 분으로 천상적 메시아를 의미한다. 인자의 기원은 구약성경의 다니엘서에서 선지자 다니엘이 그가 본 묵시록적 인물을 "인자"라는 용어로 표현하고 있다. 여기서 '인자'는 옛적부터 계신 자와 함께 기능하시는 인간의 형체를 가지신 분이시다. 예수 그리스도의 인자의 근원은 예수 자신을 초월적인 영혼을 다루는 메시아로 생각했는데 유대인들은 지상의 왕으로 생각했다. 대부분의 유대인들은 부귀영화를 누리게 해 줄 다윗의 자손인 지상적 메시아를 생각했기에 인자 메시아에 익숙하지 않았다.

유대인들은 초월적(영혼 구원)인 메시아를 몰랐으며 소수의 사람만이 예수를 그리스도로 알고 있었다. 그들은 오직 로마의 지배 하에서 이스라엘을 구원하고 풍요로운 축복을 이루게 할 지상의 왕을 기대하고 있었다. 그러나 이 땅의 축복이 아닌 영혼을 다루는 인자이며 천상적인(Heavenly) 메시아인 예수께서 "내 나라는 이 땅에 속한 것이 아니라"(요 18:36)고 했을 때 그것을 몰랐기 때문에 유대인들은 모두 떠나갔다. 인자 칭호는 예수의 자기이해(self-understanding)에 있어서 가장 중요한 칭호라고 볼 수 있다. 사람들은 영광의 인자를 말하지만 예수님은 자신을 초월적 인자로서 고난을 받아야 하는 고난의 인자로 이해하셨다.

사람들이 보편적으로 기대하던 다윗적 메시아와는 달리 예수는 다니엘적 메시아로 나타나셨다. 인자 메시아 개념은 다윗적 메시아보다 훨씬 후대에 나왔다. 다니엘적 메시아의 특징으로는 예수는 초월적 존재로 인간의 죄 문제를 해결하여 영원한 생명을 주실 수 있는 왕 메시아를 말한다. 예수의 '인자' 칭호는 구약의 영광스러운 메시아 개념에 고난 받는 인자의 개념이 더 해진 것이다. 우리는 이것을 다니엘적 인자 메시아 소망이라고 부를 수 있을 것이다. 예수의 죽음은 대중들의 보편적인 다윗적 메시아사상과 다니엘적(인자) 메시아 상이 하나를 이루지 못하고 충돌한 것이다. 그들은 메시아가 다윗 가문에 와서 유대 민족에게 고통과 억압에서 해방시켜 주는 다윗과 같은 나라를 재현해 줄 지상적인 왕으로 기대했다. 그래서 예수 당시 유대교의 다윗적 메시아 개념과 예수님이 전하고자 했던 다니엘적 인자 메시아 개념이 충돌함으로써 그들은 예수 그리스도를 십자가에 못 박게 된 것이다.

예수의 인자는 구약의 구름 타고 오시는 영광 받는 초월적 인자와 동일하나 그것이 예수가 구약의 모든 칭호를 받아들이시면서도 사용하지 않으신 것은 영광의 주와 인자도 되시지만 그전에 고난을 받으셔야 하기 때문이었다. 왜냐하면 '인자'는 죄인의 중보자요 대속물이요, 섬기는 자이다. 그래서 인자 칭호의 가장 독특한 점은 자신을 대속물로 주는 것에 있다. 그 이유는 인자가 십자가를 통한 영광과 구속을 이루기 위함이었고 영광에 이르기 전에 지상에서 고난 받는 종이었던 것이다. '인자'는 고난과 십자가의 죽음을 이기시고 부활하여 하나님의 권능으로 다시 올 것을 선언한 것이다. 예수의 인자 말씀은 유대교의 전통적 메시아 개념에 고난 받는 종으로서의 메시아적 사명을 더한 것이었다.

예수의 '인자'되심은 그의 지상사역에서는 일반 유대인들에게는 물론 심지어 제자들에게까지도 인정받지 못했다. 그러나 예수가 십자가에 죽으시고 부활하심으로 비로소 예수는 '인자'로서 인정되고 하늘에서 누리는 권좌에 오르시게 된다(마 28:18-20). 예수께서 "인자가 다시 오신다"고 말씀하셨을 때 그는 마치 다른 사람, 제3자가 오는 것처럼 말씀하신다.

부활 이전에는 예수의 인자 발언은 암시적이었다. 그러나 부활하신 후에는 다시 사신 예수 말고는 그 누구도 다시 오실 '인자'가 될 수 없다(막 13:26, 막 14:62)는 사실이 입증된 것이다. 예수의 모든 행적에 있어서 그의 인자되심을 이해하는 결정적인 계기는 부활사건이었다. 예수께서 십자가에서 죽으시고 부활하심으로 그분이 진정 '인자'라는 사실이 확인된 것이다.

예수는 제자들에게 종말에 다가올 하나님 나라를 "인자의 날"로 말씀하신다. 그리고 오시는 자는 바로 이 세상에 대한 심판권을 지니고 있는 '인자'이며 천상적인 존재이다. 궁극적으로 '인자'는 하나님의 구속사적 은혜와 사랑을 보여준 예수의 영광을 나타내는 칭호로 해석할 수 있다.

결론

하나님의 역사의 흐름은 그가 택한 백성과 사람들을 통해 나타나며, 이를 통해 구원의 약속과 신성이 표현된다. 이 과정에서 나타난 메시아 기대는 고난과 역경을 겪는 이스라엘 백성들에게 소망을 안겨 주었고, 이 소망은 오늘날 예수 그리스도를 메시아로 고백하는 기독교인들의 삶에도 이어지고 있다.

예수 그리스도를 바르게 알고 고백하는 것은 기독교의 핵심이다. 이를 위해 그리스도의 사역을 성경적으로 이해하는 것이 중요하다. 예수는 당시 유대인들이 기대한 다윗적인 왕권과는 다른 메시아 상을 보여 주었다. 그는 유대인들의 예상과는 달리 정치적이거나 현실적인 메시아사상이 아닌, 영적이며 대속적인 메시아로 나타났다.

예수의 메시아성은 다윗의 자손, 그리스도, 인자, 하나님의 아들, 주 등의 칭호를 포함하여 구약에서 사용된 메시아 칭호와 일치함을 확인할 수 있다. 그의 고난과 십자가를 통해 이 땅에서 삶을 변화시키며, 영원한 생명을 주시는 참 메시아로 나타났다. 그는 오직 이 땅의 삶만을 채우러 온 것이 아니라, 고난을 통해 영원한 생명을 주시려고 하신 것이다.

예수 그리스도는 고난 받는 인자로서, 십자가를 지심으로 교회와 성도들에게도 영감을 주었다. 이는 고난을 통한 변화와 회복을 이끌어내며, 참 메시아로서의 길을 걸어야 하는 중요한 모습이다. 교회와 성도들은 예수 그리스도의 본 모습을 알고 깨우치며, 제자로서 그의 고난의 길을 따라 걸어야 한다.

예수 그리스도가 보여준 고난 받는 인자의 메시아 상은 오늘날 성도들에게도 동일하게 적용되어야 한다. 그의 본 모습을 알고 깨우치며, 성도들도 예수 그리스도의 고난의 길을 따라가는 제자의 길을 걸어야 하기 때문이다. 이는 참 메시아로서의 길을 걷는 것이며, 이를 통해 영원한 생명과 구원을 얻게 된다.

공관복음 속에 나타난 예수 그리스도 칭호 연구를 통하여 얻은 최종적인 결론은 다음과 같다.

당시 유대교의 메시아사상은 다윗적 메시아와 다니엘적(인자) 메시아로 나뉘었다. 유대인들은 지상적이고 정치적인 왕을 기대하며, 이를 다윗 가문의 자손으로 보는 다윗적 메시아사상과 함께 초월적이고 대속적인 존재로서 영원한 생명을 주는 인자 메시아사상이 충돌하게 된 것이다.

신·구약의 연속성과 긴밀한 관계성: 구약과 신약은 불가분의 관계를 이루며, 이들 간의 연속성과 긴밀한 관계성이 확인되었다. 신약은 구약을 바탕으로 전개되며, 두 성경 간의 끊임없는 연결성이 강조되었다.

구약의 예표성과 상징성: 구약은 예표성과 상징성을 통해 신약의 실체를 가리키고 있음을 알게 되었다. 성경에 나타난 예언과 상징은 그 의미를 실현하게 되며, 두 성경 간의 일관성이 확인되었다.

이사야서에 나타난 메시아 사역과 복음에 관한 예언은 예수 그리스도의 사역과 부합하며, 그를 참 메시아로 믿음으로써 올바르고 성서적인 메시아 개념을 이해하고 고백하는 것이 중요하다. 이를 통해 참 메시아를 믿음으로써 구원과 신앙의 핵심을 이해할 수 있었다.

미국 뉴욕, 뉴저지 이민가정에 회복탄력성과 기독심리학의 매개 효과

김미영 (교무과장, 상담학 석사)

미국 뉴욕, 뉴저지 이민가정에 회복탄력성과 기독심리학의 매개 효과

김미영 (교무과장, 상담학 석사)

Ⅰ. 서 론

우리는 살아가면서 크고 작은 시련과 역경을 만나고 겪으며 살고 있다. 질병, 사고, 이혼, 파산, 죽음 등 커다란 시련도 있지만 하루하루 일상의 작은 산을 넘어야 하는 어려움 속에서 살아가고 있다. 이민자의 삶도 그럴 것이고, 특히 이민 1세가 경험하는 어려움은 더욱 그럴 것이다.

많은 한인 이민자들은 한국에서 이룰 수 없었던 경제적, 사회적 신분 상승을 이루기 위해 이민을 오지만, 다른 문화와 언어 등으로 미국에서도 보다 나은 조건이나 기회를 얻기보다는 오히려 더 큰 어려움에 직면하는 경우가 많으며 한국 교육과 미국 교육과의 차이, 문화적 차이, 의사소통 문제, 소수민족으로서의 다른 민족의 차별과 편견들로 인해 직업도 전문직보다는 자영업에 종사하고 있다. 그러나 한국인 특유의 근면 성실성을 바탕으로 미국에 정착하고 있으나 이 과정에서 생긴 갈등과 스트레스로 인하여 부정적인 감정, 우울 등 높은 부적응 상태를 보이기도 한다. 그로 인하여 미국 한인 이민자들에게 우울증 발생은 가장 중요한 정신건강 문제 중 하나로 대두되었다.

이민자의 삶에서 사회적 적응으로 인한 어려움과 역경을 대처하는 반응은 다양하다. 어떤 사람은 부정 정서에 사로잡혀 절망 속에서 고통스러운 삶을 살아가는 반면, 어떤 사람은 오히려 어려움과 역경으로 인해 밑바닥까지 내려가는 삶 가운데에서도 긍정 정서로 말미암아 다시 튀어 올라 처음보다 더 높이 올라가서 꿋꿋하게, 고통과 아픔을 잘 이겨냄으로써 당당하게 자신의 삶을 더욱 성장시키기도 한다.

이러한 측면에서 긍정 정서는 이민 가정의 어려움과 역경에 대한 새로운 시사점을 준다고 본다. 이와 같은 맥락으로 회복탄력성이라는 개념에 주목하고자 한다. 회복탄력성은 외부의 스트레스나 역경과 고난에 적극적으로 대처하여 행복하게 살아가는 것과 밀접한 연관성이 있고 이민가정뿐만 아니라 모든 삶의 전체에 꼭 필요한 능력이라고 본다.

최근에는 '회복탄력성'에 대한 관심이 점점 증가하고 있는 추세이다. 초기 연구에서는 회복탄력성이 선천적으로 타고나는 것이며 개인의 성격적 특성으로 보았으나 후기에는 회복탄력성은 특정한 시기가 아닌 전 생애에 걸쳐 학습과 훈련을 통해 발달이 가능한 유동적인 개념이라고 주장되면서 여러 연령층을 대상으로 활발한 연구가 이루어져 오고 있다.

심리학자들에 의하면 마음의 힘은 '근육'과 같아서 사람마다 다르며, 제한된 능력도 다르고, 견딜 수 있는 무게도 다르다고 한다. 그러므로 우리 각자의 다른 몸의 근육을 체계적인 운동과 훈련을 통해서 키우듯이 사람마다 다르게 가지고 있는 마음의 근육, 즉 회복탄력성도 체계적인 노력과 훈련을 통해 키워나갈 수 있다고 말하고 있다.

한인 이민사회에 대두되고 있는 정신건강 문제에 있어서 한인 이민 가정에서 회복탄력성을 구성하고 있는 하위요인을 살펴보아 역경과 어려움 속에서 융통성 있게 잘 적응하고 마음의 근육인 회복탄력성을 강화시켜 주고 향상시켜 줄 수 있는 프로그램의 연구가 필요함을 알 수 있다. 기독상담학 분야에서도 회복탄력성에 대한 연구는 시작 단계로, 그 회복탄력성 척도를 바탕으로 특정 대상들이 보이는 회복탄력성에 대한 연구들이 진행되고 있다. 그러나 아직까지 그 수가 많지는 않다.

기독교상담 분야에서 이처럼 회복탄력성이라는 척도나 용어를 사용한 연구는 시작단계이며, 심리학적 척도나 이해를 적용하여 기독교인 대상 또는 종교적, 신학적주제와의 상관성을 연구하는 논의가 대부분이다. 하지만 인간이 위기와 어려움에 처했을 때 어떻게 견디고 회복하고 성장하는지에 대한 연구와 논의들은 비록 회복탄력성이라는 용어나 척도의 사용은 없었지만 기독상담학 분야에서 종교적, 신학적, 영적인 주제들과 연관하여 지속적으로 논의되어지고 있다.

본 연구의 목적은 한인 이민가정의 어머니들을 대상으로 회복탄력성의 하위 구성요소인 자기조절능력, 대인관계능력, 긍정성을 회복탄력성 척도를 통해 한인 이민가정의 어머니들의 회복탄력성을 살펴보고 회복탄력성을 높일 수 있는 프로그램을 위한 기초 자료와 이민자 가정에 회복탄력성과 기독교 심리학의 상호의존관계에서 감사하기가 어떤 영향을 미치는지에 대해 연구하고자 한다.

이론적 배경

1. 기독교 심리학

기독교 심리학에서 인간의 기본 성격은 그 자체로 존재하기보다는 애착하는 대상과의 관계를 통해 존재한다고 본다. 어려운 환경 속에서 꿋꿋이 제대로 성장한 카우아이 섬 아이들에 대한 연구에서처럼 무조건적으로 이해해 주고 지지해 주는 단 한 사람으로 인해 불우한 환경을 극복하고 삶을 회복할 수 있게 된다. 이처럼, 기독교 심리학에서는 하나님과 인간 사이 친밀한 관계에서의 사랑, 곧 안전한 애착관계는 곧 삶의 커다란 회복탄력성으로 연결되고, 나아가 이웃을 향한 사랑이 되어 다른 이를 일으키고 살리는 힘이 될 수 있게 된다. 다시 말해서 하나님으로부터 온 사랑의 힘인 회복탄력성이 인간이 어려움을 극복하여 하나님의 사랑에 대한 감사하는 삶을 통해 기독교의 궁극적인 목표인 하나님께 영광을 돌려드리는 삶을 살 수 있게 되는 것이다.

2. 긍정심리학

긍정심리학은 개인의 긍정적인 측면을 개발, 증진함으로써 최적의 행복감을 증진시키고 삶의 질을 향상시키고자 하는 접근으로써, 행복심리학이라고도 불린다. 긍정심리학은 인간의 긍정적인 심리적 측면과 미덕과 성격적 강점을 과학적으로 연구하여 인간의 결점과 부정적인 감정만큼이나 인간의 강점과 긍정 감정에도 관심을 가져 긍정심리를 확장시켜, 역경을 이겨내고, 스스로 행복을 만들 수 있도록 돕는 학문으로 발전했다. 기독교 심리학자인 폴 비츠(Paul Vitz)는 긍정심리학이 제시하는 여섯 개의 핵심 미덕—지혜와 지식, 용기, 사랑과 인간애, 정의감, 절제력, 영성과 초월성—이 기독교의 '성령의 열매'(살전 5:22-23)를 떠올리게 하고 긍정심리학의 움직임을 기독교 심리학의 희망적인 일로 여기고 있다. 따라서 긍정심리학은 매사에 감사하는 마음으로 긍정 정서를 확장시켜 나간다.

3. 회복탄력성

회복탄력성은 심리학에서 주로 '정신적 저항력'을 의미하는 말로 다시 튀어 오르거나 원래 상태로 되돌아온다는 뜻이다. 자발적인 능력 또는 역경을 성숙한 경험으로 바꾸는 내적인 능력 등으로 정의되기도 한다. 회복탄력성은 시간의 흐름에 따라 변하며 어느 정도는 유전적인 요인도 있다. 회복탄력성은 모두에게 필요한 힘이고 특별히 많은 한인 이민가정에 꼭 필요한 에너지이다.

회복탄력성이라는 개념은 카우아이 섬의 종단연구를 한 Werner 교수를 통해 확립되었다. 카우아이 섬에서 1955년 태어난 신생아 833명을 30여 년 동안 가정, 사회 및 경제적 환경이 이들에게 어떠한 영향을 얼마만큼 미치는가에 대해 연구 결과 불우한 환경 속에서도 대체로 훌륭하게 자라난 이들의 공통점이 인생의 험난한 시련과 어려움에도 흔들리지 않는 굳건한 힘의 원천이 되는 능력이 있었다는 것이다. Werner는 이 능력을 '회복탄력성'이라고 명명했다. 다른 사람들의 사랑을 받는 정서적 지지가 회복탄력성의 핵심요인이며, 인간관계를 통한 사랑과 감사가 그의 인생의 '완충 보호 장치'인 셈이며 회복탄력성의 근원이다.

회복탄력성을 높이기 위해서는 먼저 충족되어야 하는 자기조절능력, 대인관계능력, 긍정 구성요소가 있고, 그 중 자기조절능력과 대인관계능력을 증진시키는 요인으로 긍정성이 있다. 또한 기독교 심리학과 긍정 정서의 관계에서 감사도 중요한 요소이다.

1) 자기조절능력
회복탄력성을 구성하는 첫 번째 요소인 자기조절력은 스스로의 감정을 인식하고 그 감정을 조절하는 능력이다. 역경이나 어려움을 성공적으로 극복해내는 사람들의 공통적인 특징이기도 하다. 그리고 자신이 처한 상황을 객관적이고도 정확하게 파악해서 대처 방안을 긍정적으로 찾아낼 수 있는 원인분석능력이 있다.

2) 대인관계능력

대인관계능력은 타인과 원만한 인간관계를 맺고 이를 잘 유지해가는 능력으로 사회성이라고도 한다. 기독교 심리학에서의 하나님과의 애착관계에서 애착이론가들은 어린 시절에 부모와 불안정한 애착관계임에도 불구하고 제2의 애착 인물(다른 친척, 교사, 또래…)을 통해 안정을 갖게 될 수 있다고 한다. 하나님을 통해 불완전한 부모—자녀 관계로 인한 불안전한 관계가 회복될 수 있다. 하나님을 신뢰하고 긍정적인 관계를 갖게 되는 안정적인 애착으로 다른 이웃하고도 건강한 관계를 가질 수 있다. 그러므로 영이신 하나님을 말씀과 기도를 통하여 안정적인 애착을 형성하는 것이 중요하다고 하겠다.

대인관계능력에 영향을 주는 하위요인으로 소통능력, 공감능력, 자아확장력이 있다.

소통능력은 타인과 관계를 돈독히 맺고 오래도록 지속하는 능력이다. 공감능력은 다른 사람의 심리나 감정 상태를 잘 느끼고 알아챌 수 있는 능력으로 인간관계를 잘 유지하고 타인을 설득하기 위한 기본적 자질로 상대방의 표정이나 목소리 톤, 몸짓이나 자세 등을 통해서 그 사람이 어떠한 생각이나 느낌을 갖고 있는지 읽어내는 능력이다. 자아 확장력이란 자신에 대하여 타인이 자신을 어떻게 인지하는 정도를 평가하는 능력을 말한다. 자아 확장력은 공감능력의 원천이다. 또한 자아 확장력의 핵심은 모든 각각의 인간관계에 있어서 '서로 사랑하라'는 예수님의 가르침과 일맥상통한다.

II. 본론

본 연구에서는 양적, 질적 혼합 연구 방법을 이용한 조사 연구를 하였다. 설문지를 통한 양적 조사 연구로 2022년 1월 30일부터 2월 14일까지 미국 뉴욕(웨체스터, 퀸즈)과 뉴저지에 거주하는 이민자 가정의 40-50대 어머니 61명을 대상으로 하였다.(하워드 가드너가 말하는 대인지능은 "안정적인 애착"을 갖게 되는 부모와의 관계가 중요하다는 이론에 따라 주양육자인 어머니를 대상으로 선정하였다)

조사 내용은 회복탄력성 척도 설문지 조사였다. 회복탄력성 척도를 구글 설문지 프로그램과 종이 설문지를 통하여 인터넷과 전화로 조사하였다. 대면으로 하는 설문지 조사는 코비드-19으로 인해 대면 대신에 전화로 하였다. 두 주 동안 구글 서비스를 통하여 56명이 응답을 하였고, 2명은 이메일 오류로 받지 못했고, 1명은 응답을 하지 않았다. 그리고 2명은 전화로 종이 설문지에 대답을 하였다. 이를 바탕으로 한 설문지 결과와 심층인터뷰를 통해 질적 자료를 분석하여 이를 확인하고자 1가지 주제가 이상치로 도출되었다.

본 연구에서는 연구자를 포함하여 다른 이민자들이 역경과 시련 속에서 좌절을 딛고 열심히 살아가는 모습을 보면서 과연 그들 안에 어떤 원동력이 있어 그들을 이끌어 가는지를 연구하고자 하였다. 이민자로서 한국 교육과 미국 교육과의 차이, 문화적 차이, 의사소통 문제, 소수민족으로서의 다른 민족의 차별과 편견들로 인해 겪을 수밖에 없는 어려움들을 극복해 나가는 힘을 연구하고자 했다. 그것이 회복탄력성이라는 것을 전제로 회복탄력성이 이민가정에 미치는 영향을 기독심리학의 매개효과인 감사에 대하여 연구하고자 한다. 회복탄력성의 가장 중요한 하위요인 감사가 기독심리학과 밀접한 관계가 있으며 감사하기, 긍정 정서가 회복탄력성을 높이는데 중요한 역할을 하는 것을 연구하고자 한다.

본 연구는 회복탄력성 설문지 조사를 통하여 회복탄력성의 구성 요소의 하위요인 중 높고 낮게 나온 요소에 대한 이유를 찾아보고 개선할 수 있는 구체적인 프로그램이 필요성을 제시하고자 한다.

연구 결과의 중요 요인—감사하기

본 연구는 회복탄력성 척도에 중요한 요인을 찾아보고자 질적 연구를 통해 회복탄력성 척도 설문지 조사를 바탕으로 다른 항목들 간의 관련성을 찾아보았고, 양적연구 결과를 바탕으로 질적 연구를 통해 이상치를 알아보고 회복탄력성 척도의 중요 요인을 '감사하기'로 다음과 같이 결론을 논의해 보고자 한다.

인간은 누구나 하루하루를 살아가며 어려움에 직면하기도 한다. 특별히 이민자의 가정은 교육·문화적 차이, 의사소통 문제, 가치관의 차이 등의 어려움을 겪으면서 살아가고 있음을 본 연구를 통해 알 수 있었다. 이러한 이민자의 생활 속에서 느끼는 부정적 정서로 인한 불안은 삶을 좌절로 몰아가기도 한다. 그러나 이런 역경과 시련을 긍정적인 마음과 감사하는 마음으로 어려움을 극복하고 더 높이 올라설 수 있는 성장의 기회로 삼을 수도 있다. 자신의 삶을 긍정적으로 회복시키려는 힘, 어려운 환경과 여건 속에서도 다시 일어서려는 강한 의지가 곧, 회복탄력성이다.

회복탄력성은 심리학에서 주로 '정신적 저항력'을 의미하는 말로 다시 튀어 오르거나 원래 상태로 되돌아온다는 뜻으로 학자들에 의해 스트레스나 역경을 극복하고 적응에 성공할 수 있는 긍정적인 힘, 정신적인 면역성, 내·외적 자원을 효과적으로 응용할 수 있는 자발적인 능력, 혹은 역경을 성숙한 경험으로 바꾸는 내적인 능력 등으로 정의되고 있다.

III. 결론

본 연구의 결과로 이민자의 사회적, 경제적, 문화적 차이가 있는 어려운 여건 속에서 생활만족도가 낮게 나타났음에도 감사한 마음으로 긍정성을 갖고 살아갈 때 회복탄력성이 크게 나타남을 알 수 있다.

회복탄력성은 기독교 심리학의 감사하기와 중요한 상호의존관계가 있음을 알게 되었다. 기독교인의 감사 즉, 우리가 하나님의 피조물임을 인정하고 예수 그리스도로부터 받은 구원을 기억하며 창조주 하나님께 순종할 때 우리는 성화된 삶을 살게 되어 하나님이 주신 능력으로 회복을 하게 된다. 이러한 연구 결과로 감사하기는 회복탄력성을 높이는 아주 중요한 요인임을 알게 되었다.

인간은 하나님의 형상으로 지어졌으며 우리는 결국 창조주 하나님을 의지하고, 믿는 자로 하나님의 목적으로 사는 삶을 위하여 그리고 그에게 영광을 돌리는 삶을 살기 위하여 존재한다. 인간은 하나님의 말씀에 거역하는 타락한 존재가 되었지만 하나님의 무조건적인 사랑하심으로 하나님의 구속의 역사인 예수 그리스도를 통하여 구원을 받게 된다. 그리스도가 우리 안에서 온전히 거하시고 우리의 삶은 하나님의 영광을 드러내므로 하나님과의 관계를 회복되는 것이다. 이러한 회복의 중요한 요인 중에 하나가 감사하기인 것이다.

본 연구를 통해 이민자의 삶에 있어서 감사하기가 회복탄력성을 높이는데 얼마나 중요한지를 설문지 조사를 분석한 결과를 통하여 알게 되었다. 본 연구자도 이 논문을 쓰는 동안 성경말씀을 읽고 묵상을 하면서 감사하기를 위한 부단한 노력을 한 바 개인적으로 나에게 닥친 어려운 일들을 회복하는 데 많은 도움이 되어 실증적인 증명의 한 예가 되었다. 우리 삶에서 감사하는 방법은 여러 가지가 있겠으나 나의 모든 것을 삶의 매순간마다 감사하는 이야기로 만든 스토리텔링 기법을 통해서 기도하는 습관이 회복탄력성을 높여준다는 것을 확인하는 계기가 되었다. 이런 방법은 크리스천에게 회복탄력성을 높이는 데 위로와 도전이 될 것으로 본다.

본 연구결과의 적용 방안을 살펴보면 아래와 같다.

긍정적인 신념 체계를 바탕으로 현재 자신이 마주한 상황에 대하여 낙관적이면서 객관적인 스토리텔링을 해낼 수 있어야 하며, 강한 회복탄력성을 유지하기 위해서는 긍정적인 방식으로 스토리텔링을 하는 습관을 훈련하여야 한다. 내게 닥친 여러 가지 어려운 상황에 대해 하나님의 선하신 인도하심을 전적으로 신뢰하며 항상 감사함으로 긍정적으로 스토리텔링을 하는 습관을 기르고, 긍정의 스토리텔링이 우리의 신앙생활에 감사 기도가 되어 하나님의 뜻을 구하고 그 뜻이 내 삶에 적용될 수 있는 성숙된 삶을 살아야 할 것이다. 우리는 하나님이 창조하신 피조물임을 항상 기억하고 감사하여 예수 그리스도를 통한 구원의 선물을 우리에게 주심을 감사하고 하나님께 영광과 찬양을 올려 드려야 한다.

우리는 하나님의 형상을 본받아 지어졌으로 항상 창조주 하나님을 의지하고, 믿는 존재가 되어야 할 것이다. 인간은 하나님의 말씀에 거역하는 타락한 존재가 되었지만 하나님의 무조건적인 사랑으로 하나님의 구속의 역사인 예수 그리스도를 통한 구원을 받은 우리가 예수 그리스도 안에서 성화를 이루며 우리의 삶을 통하여 하나님의 영광을 드러냄으로써 비로소 하나님과의 관계가 회복될 것이다.

기독교인은 장애를 어떻게 이해해야 할까?

정 화 (기독교 상담학 석사)

기독교인은 장애를 어떻게 이해해야 할까?

정 화 (기독교 상담학 석사)

인류 역사 이래 장애는 인간에게 고통을 가져다주는 문제로 누구나 피하고 싶어 하지만 자신의 의지와 상관없이 장애를 가지고 살아가거나 장애인을 돌보는 삶을 살아갈 수밖에 없는 사람들이 있다. 전능하신 하나님으로 우리를 그토록 사랑하시는데 왜 하나님은 그의 자녀의 장애를 치유하시지 않으실까 하는 생각을 하는 사람이 많을 것이다. 그런 상황에 놓인 기독교인은 장애를 어떻게 이해해야 할까?

세상에는 장애가 고통스럽고 불행한 것이고 부끄러운 것이라 여기고 심지어 장애를 갖는 것이 재앙이라고 생각하는 사람들도 있다. 비록 기독교인이라고 해도 그렇지 않게 생각하는 사람은 많지 않을 것이다.

성경에서 사람은 '하나님의 형상'대로 지음 받았다고 한다. 그러므로 장애인도 분명 하나님의 형상임에 틀림이 없다. 하지만 많은 기독교인들은 오히려 장애를 죄 때문이라고 생각하거나 믿음이 부족해서라고 생각하기도 한다. 구약시대에는 장애에 대해서 죄의 결과라고 생각되는 경우가 많았다. 그러나 모든 장애를 죄의 결과라고 생각하기에는 그렇지 않은 경우도 적지 않게 찾아볼 수 있다.

"모세가 여호와께 아뢰되 오 주여 나는 본래 말을 잘 하지 못하는 자니이다 주께서 주의 종에게 명령하신 후에도 역시 그러하니 나는 입어 뻣뻣하고 혀가 둔한 자니이다 여호와께서 그에게 이르시되 누가 사람의 입을 지었느냐 누가 말 못 하는 자나 못 듣는 자나 눈 밝은 자나 맹인이 되게 하였느냐 나 여호와가 아니냐"(출애굽기 4: 10-11)

모세는 스스로를 '본래 말을 잘 못하는 자', '입이 뻣뻣하고 혀가 둔한 자'라고 하였다. 이에 하나님은 나 여호와가 사람의 입을 지었고 말 못하는 자나 못 듣는 자나 맹인을 지었다고 하셨다. 모세는 태어날 때부터 언어장애를 가지고 있었으며 이 장애는 하나님의 계획 속에 있었음을 알 수 있다.

"하나님이 이르시되 내가 반드시 너와 함께 있으리라 네가 그 백성을 애굽에서 인도하여 낸 후에 너희가 이 산에서 하나님을 섬기리니 이것이 내가 너를 보낸 증거니라"(출애굽기 3:12)

모세가 애굽에서 이스라엘 백성들을 구해낼 때에 하나님은 함께하실 것을 약속하셨고 이스라엘 백성들이 하나님을 섬기게 될 것임을 알려 주셨다. 장애를 가진 모세가 애굽의 왕 바로와 소통하고 이스라엘 백성을 애굽에서 인도해내는 전체 과정은 하나님의 계획 속에서 이루어졌다.

"이스라엘이 여호와께서 애굽 사람들에게 행하신 큰 능력을 보았으므로 백성이 여호와를 경외하며 여호와와 그의 종 모세를 믿었더라" (출애굽기 15:31)

하나님은 모세를 통하여 기적을 일으키고 이스라엘을 애굽의 손에서 구하셨고, 그 능력을 보고 이스라엘 백성들은 여호와와 모세를 믿었으며, 여호와를 찬송하고 여호와를 아버지 하나님으로 높였다.

신약 성경에서 장애인은 주로 예수님이 기적을 행하여 치유하는 대상으로 등장한다. 예수님이 다니는 곳에는 늘 아픈 사람들과 장애인들이 있었고, 예수님은 그들을 고쳐 주심으로써 하나님이 하시는 일을 나타내고 하나님을 증거하고 하나님께 영광을 돌렸다. 요한복음 9장의 날 때부터 맹인인 사람을 고치신 사건은 그 중의 대표적인 사건이라고 볼 수 있다.

"제자들이 물어 이르되 랍비여 이 사람이 맹인으로 난 것이 누구의 죄로 인함이니이까 자기니이까 그의 부모니이까 예수께서 대답하시되 이 사람이나 그 부모의 죄로 인한 것이 아니라 그에게서 하나님이 하시는 일을 나타내고자 하심이라"(요한복음 9:2-3)

제자들은 시각장애를 가진 사람을 보고 이 사람이 '왜 날 때부터 맹인이 되었는지' 물은 것이 아니라 바로 '누구의 죄로 인한 것'인지를 질문한다. 이는 그 시대에 장애는 일반적으로 죄의 대가로 보았음을 설명한다. 그러나 예수님은 이는 누군가의 죄로 인한 것이 아니라 하나님이 하시는 일을 나타내려고 하는 것이라고 제자들에게 답하신다. 이어 예수님은 침으로 흙을 이겨 그 사람의 눈에 바르고 실로암 못에 가서 씻게 하여 눈을 뜨게 하신다. 예수님이 맹인을 고쳐 줌으로써 하나님을 증거하고 고침을 받은 사람은 예수가 하나님의 아들임을 믿게 되었다.

예수님의 제자인 베드로도 나면서부터 걷지 못하는 사람과 8년간 중풍으로 누워 있던 사람을 고침으로써 복음을 전파하였다. 베드로는 사람들에게 개인의 권능과 능력으로 치유한 것이 아니니 놀라지 말라고 하며, 우리의 악함을 버리게 하고 복을 주시려고 하나님이 그의 종 예수를 보내주셨음을 증거하였다.

신약성경에는 장애인의 치유를 통해 복음이 전파됨을 설명하는 구절이 다수 등장한다. 그 중의 한 구절은 다음과 같다.

"예수께서 이르시되 너희가 가서 보고 들은 것을 요한에게 알리되 맹인이 보며 못 걷는 사람이 걸으며 나병환자가 깨끗함을 받으며 귀먹은 사람이 들으며 죽은 자가 살아나며 가난한 자에게 복음이 전파된다 하라"(누가복음 7:22)

위의 구절에서도 알 수 있듯이 예수님은 장애나 불치병을 가진 사람들을 치유함으로써 복음을 전파한다고 하셨다. 실제로 사복음서에는 예수님이 시각장애인, 신체장애인, 청각장애인, 중풍병환자, 나병환자 등을 고쳐 주심으로써 그 장애인들 당사자뿐만 아니라 많은 사람에게 복음을 전파한 내용이 대거 등장한다. 즉 장애는 하나님의 하시는 일을 나타내려고 하는 것이다.

장애는 또한 복을 주기 위한 것이라고 예수님은 말씀하셨다.

"심령이 가난한 자는 복이 있나니 천국이 그들의 것임이요 애통하는 자는 복이 있나니 그들이 위로를 받을 것임이요"(마태복음 5:3-4)

일반적으로 장애인은 심령이 가난하고 애통하여 즐거움이나 기쁨이 없게 된다. 그러나 예수님은 천국이 그들의 것이고 위로를 받을 것이니 복이 있다고 하셨다.

예수님은 장애에 대하여 죄와는 거의 연결을 짓지 않고 복을 받을 일, 하나님의 영광을 나타내는 일 등으로 인도하여 주셨다. 현시대에는 예수님이 직접 기적적으로 장애를 치유함으로써 하나님의 영광을 나타내시는 일은 극히 드물다. 일부 기독교인들의 간증에는 믿음의 기도로 기적적으로 장애가 치유되었다는 내용도 있지만 이는 극히 드문 일이며, 일반화 하면 안 된다. 그런 간증으로 인하여 열심히 기도를 하여도 치유를 얻지 못하는 기독교인들은 자칫 자신의 믿음에 회의를 느끼고 오히려 하나님과 멀어질 수도 있으니 많은 주의가 필요하다.

전지전능하신 하나님이시지만 대부분의 경우 현시대의 하나님의 자녀는 특별한 초능력이나 기적으로가 아닌 일반 은사로 하나님이 하시는 일을 나타내게 된다. 장애가 치유가 되든 되지 않든 현재 예수님은 여전히 성령으로 임하셔서 장애를 통하여 하나님의 영광을 나타내고 장애인 또는 그 가족이나 그들을 돌보는 사람들에게 복을 주심을 기독교인들은 믿어야 한다.

실제로 장애를 겪으면서 심령이 가난하고 애통하여 위로 받을 곳을 찾다가 하나님을 인격적으로 만나게 되는 사례는 매우 많다. 그들은 기적같이 장애를 치유를 받아서가 아니라 장애를 통해 예수님이 우리의 구원자이심을 알게 되고 하나님의 무한하고 크신 사랑을 느끼고 천국이 자기들을 기다리고 있음을 알게 되어 복을 받았다고 깨닫게 되는 것이다.

평생 독립할 수 없는 장애인을 돌보아야 하는 부모들은 어떻게 복을 받는가? 모든 부모는 자녀를 사랑하고 자식을 잘 키워서 자녀가 행복한 사람이 되기를 원한다. 그리고 대부분 부모들은 자녀가 남 보기 부끄럽지 않게 잘 커서 부모의 자랑거리가 되고 효도하기를 바란다. 즉 소위 잘 성장한 자녀가 독립하고 효도하여 부모에게 드리는 보상을 받으면서 보람을 느낀다. 장애인 자녀의 부모는 효도와 보답을 기대하지 못할 뿐만 아니라, 죽는 순간까지도 독립하지 못하는 장애인 자녀를 걱정하고 돌보아야 하는 장애인 자녀의 부모는 세상적으로 볼 때는 고달프고 보람이 없는 일생일 수 있다.

예수님은 갚을 것이 없는 사람에게 베푸는 것이야말로 복을 받는 일이라고 하셨다. 그러므로 아무런 갚음을 받을 수 없는 장애인 자녀를 키우는 일은 하나님이 주시는 복을 받는 일인 것이다. 즉 바라는 것 없이 장애인들을 돌보는 사람들의 앞에는 천국이 그들을 기다리고 있는 것이다. 또한 하나님이 우리를 아무런 대가 없이 사랑하시듯이 아무 바람 없이 장애인 자녀를 사랑함으로써 거룩한 아가페적 사랑의 아름다움을 누릴 수 있다.

언어장애를 가진 모세는 하나님의 능력을 나타내는 과정에 세상 사람들과의 소통에 당연히 어려움이 있을 수 있었고, 모세도 그 점을 매우 걱정하였다. 그러나 하나님은 장애를 극복할 수 있게 모든 계획을 세우고 계셨다.

"모세가 이르되 오 주여 보낼 만한 자를 보내소서 여호와께서 모세를 향하여 노하여 이르시되 레위 사람 네 형 아론이 있지 아니하냐 그가 말 잘 하는 것을 내가 아노라 그가 너를 만나러 나오나니 그가 너를 볼 때에 그의 마음에 기쁨이 있을 것이라 너는 그에게 말하고 그의 입에 할 말을 주라 내가 네 입과 그의 입에 함께 있어서 너희들이 행할 일을 가르치리라 그가 너를 대신하여 백성에게 말할 것이니 그는 네 입을 대신할 것이요 너는 그에게 하나님 같이 되리라"(출애굽기 4:13-16)

하나님은 하나님의 능력을 나타내기 위하여 모세의 언어장애를 고쳐 주지는 않으셨다. 대신 말을 잘하는 아론을 보내 모세를 대신하여 말을 하게 함으로써 모세의 장애를 극복하게 하셨다. 하나님은 장애를 치유하시지 않으시더라도 장애를 극복할 수 있는 길을 예비하고 계심을 알 수 있다.

장애를 가진 모세의 일생은 하나님께 순종하며 하나님의 영광을 나타내고 하나님의 백성들이 하나님을 경외하도록 하는 삶이었다. 하나님은 모세의 일생에 언어장애를 주셨지만, 모세가 120세에 돌아갈 때까지 시력의 노화가 오지 않고 기력이 쇠하지 않는 특별한 축복을 주셨다. 부족한 부분이 있더라도 다른 부분에서 뛰어난 사람을 우리는 많이 본다. 하지만 현시대 사람들은 모세를 떠올리면 하나님의 선지자, 사명자로만 생각하지 그 역시도 연약한 언어장애인이었다고 생각하는 사람은 거의 없을 것이다.

마태복음 10장 29절과 30절에서는 하나님이 허락하시지 않으시면 참새 한 마리도 떨어지지 않고, 하나님은 우리의 머리카락까지 다 세고 계신다고 하였다. 하나님은 우리의 일거수일투족을 알고 계시고 우리의 모든 것을 계획하고 계신다. 즉 하나님의 자녀에게 의미 없는 장애는 없고 의미 없는 고난은 없다. 본인이 장애를 가졌든지 아니면 장애인을 돌보아야 하는 자리에 놓였든지 거기에는 하나님의 계획과 뜻이 있다. 고난, 어려움, 기쁨, 행복 등 모든 상황과 감정에는 하나님의 뜻이 있고, 이 모든 것들이 협력하여 선을 이룰 것이다. 우리는 어떻게 협력하여 어떻게 선을 이루도록 할 것인가?

"구하라 그리하면 너희에게 주실 것이요 찾으라 그리하면 찾아낼 것이요 문을 두드리라 그리하면 너희에게 열릴 것이니"(마태복음 7:7)

고난에 마주하였을 때, 고난 속에 있는 하나님의 뜻이 무엇인지 하나님이 직접 음성으로 들려주시지 않는다. 반드시 스스로 찾고 두드려야 한다. 성경 읽기, 말씀 듣기, 묵상하기, 기도하기, 하나님의 관점에서 상황을 이해하기, 영적 지도자의 조언을 구하기 등을 통하여 하나님의 뜻이 무엇인지 찾고 두드려야 한다. 그래야만 성령의 도움으로 현재 겪고 있는 고난과 어려움이 하나님의 나라에서 어떤 의미가 있는지 알게 되고 하나님이 기뻐하시는 방향으로 고난을 헤치고 나가게 되며 예수는 구주이심을 확인하게 될 것이다.

본인 또는 가족이 장애인이라는 사실을 직면한다는 것은 헤쳐 나가기 어려운 고난과 받아들이기 힘든 위기를 만나는 일이다. 위기 앞에서 우리는 절망하여 주저앉지만 않으면 긍정적인 성장과 변화를 일으킬 수 있다. 찾고 두드리는 과정을 통하여 장애라는 고난과 위기는 하나님을 모르던 사람에게 하나님을 만날 수 있는 기적의 통로가 될 수 있고, 하나님을 알고 있던 사람에게도 하나님의 사랑을 더 깊이 이해하고 하나님의 섭리를 알게 되는 긍정적인 기회가 될 수 있다. 즉 하나님은 위기를 사용하여 우리를 하나님께로 얼굴을 돌리게 하시고 하나님께 더욱 가까이 오게 하시며 오직 예수만이 구원자라는 진리의 복음을 깨닫게 하실 것이다.

그러므로 인간이 보기에 위기이지만 하나님이 보시기에는 위기가 아니라, 복음을 깨닫게 하는 과정이라는 것이다. 하나님이 보시기에 위기는 사람들이 하나님을 모르고 그가 보내신 이 예수가 구원자이심을 모르는 것밖에 없다. 장애라는 문제는 모든 다른 문제와 마찬가지로 하나님 안에서 이해하고 풀어가려고 하면 하나님은 잘 엮어서 선을 행하시고 하나님의 영광을 나타내실 것이다.

(*편집자 주: 정화(Zheng Hua) 동문은 중국 길림 출신으로 그곳에서 자라 대학을 졸업 후 뉴저지로 이주하여 살면서 본 대학 기독교상담대학원 석사 과정을 수료하였다. 정화 동문은 자폐증세의 장애를 갖고 있는 아이의 엄마이다. 정화 동문은 자녀의 이런 문제를 적극적으로 해결하고 동시에 비슷한 문제에 직면한 사람들에게도 복음으로 힘을 주고자 석사학위 논문으로 "자폐 스펙트럼 장애 아동의 부모를 위한 기독교 상담학적 프로그램 개발"에 대한 연구를 수행하여 최우수 졸업 논문상을 수상하였다.)

이민교회의 정신건강 향상을 위한
집단치료적 상담 프로그램 개발 및 효과 검증

김병용 박사 (상담대학원 교수)

이민교회의 정신건강 향상을 위한 집단치료적 상담 프로그램 개발 및 효과 검증

김병용 박사 (상담대학원 교수)

1. 연구의 필요성

한국인의 높은 자살률은 이미 잘 알려져 있다. 미주 한인들의 자살률 또한 타 인종에 비해 월등히 높은 것으로 알려져 있다. 자살 원인의 90%가 우울증 때문인 것도 잘 알려져 있다. 이는 미주 한인들의 정신건강이 타 인종에 비해 월등히 낮다는 증거가 된다. 그럼에도 정신질환을 수치로 여기는 한인들의 독특한 문화적 특성 때문에 정신질환을 감추려고 한다. 교회를 포함한 한인 이민사회가 정신질환자들을 격리의 대상으로 여긴다. 결국 정신질환자들이나 그들의 가족들이 사회뿐만 아니라 교회에서조차 소외가 된다.

교회는 건강한 신앙생활을 종교적 영역으로만 제한시키지 말아야 한다. 정신질환을 질병으로 여기면서 정신건강에 대해 관심을 가져야 한다. 교회가 한인 이민사회의 정신건강을 향상시키는 역할을 담당하기 위해서는 교회 공동체부터 건강한 마음을 가져야 한다. 교회 공동체가 정신질환에 대한 무지함에서 벗어나야 한다. 정신질환의 원인과 증상과 치료에 대한 정확한 이해를 가져야 한다. 정신질환을 두려움의 대상이나, 소외의 대상으로 여기기보다는 치유의 대상으로 여길 때, 한인 이민사회의 정신건강이 회복될 수 있을 것이다.

2. 연구의 목적과 방향

정신질환 중에서 가장 흔한 질환이 우울증이다. 우울증은 불안을 동반하며, 때로는 분노로 나타나기도 한다. 우울증은 여러 질병의 증상으로 위장되어 나타나기도 한다. 따라서 본 연구에서는 교회 공동체에서 우울증과 동반되어 나타나는 불안, 분노, 그리고 스트레스 등을 4가지 정신건강 변수로 삼는다. 우울증 치료를 위해 개발된 프로그램(필링굿클럽)을 바탕으로 우울, 불안, 분노, 스트레스 등의 정신적 문제를 해결하기 위한 8주간의 집단교육적 상담 프로그램(psycho-education program)인 '건강한 마음'을 개발한다. 그리고 사전 검사 및 사후 검사를 통해 해당 프로그램이 정신건강 향상에 유의미한 효과가 나타나고 있는지를 검증하기 위해 SPSS version 20 통계 프로그램을 사용한다.

연구 모집단을 '뉴저지장로교회'로 선정하고, 3개 구역원 27명을 통제집단으로 선정한다. 1차 실험집단으로 8명을 선정하고, 2차 실험집단으로 23명을 선정한다.

각 집단에서 얻게 된 4가지 정신건강 변수들의 사전 검사 결과를 '독립표본(independent sample) t-test'를 통해 각 집단 간 동질성 여부를 확인한다. 동질성 여부가 확인이 되면 각 표본집단들이 전체 모집단을 대표하는 것으로 확인한다.

프로그램에 참여하지 않은 통제집단의 사전 · 사후 검사 결과와, 프로그램에 참여한 1차 실험집단, 2차 실험집단의 사전 · 사후 검사 결과를 '대응표본(paired sample) t-test'를 통해 사전 · 사후에 유의미한 변화가 있는지를 확인한다. 통제집단에서는 사전 · 사후 검사 결과에 유의미한 변화가 없으나, 실험집단에서는 사전 · 사후 검사 결과에 유의미한 변화를 확인함으로써 프로그램의 효과를 검증한다.

우울, 불안, 분노, 스트레스 등의 4가지 변수들 간의 상관관계를 발견하기 위해 '상관관계 분석(correlation analysis)'을 통해 확인한다.

3. 연구 설계

본 연구에서는 8회기의 프로그램(건강한 마음)에 참여한 실험집단 1과 실험집단 2를 선정하여 우울, 불안, 분노, 스트레스의 4가지 진단 도구로 사전·사후 검사하였다. 프로그램에 참여하지 않은 통제집단에 대해서도 같은 진단 도구로 사전·사후 검사하였다.

본 연구의 실험 설계의 모습은 다음과 같다.

통제집단	R	O1	O2			
실험집단 1	R	O3	X1	O4		
실험집단 2	R				O5	X2	O6

R :　　　　　각 집단을 무작위로 추출함.
O1, O3, O5 : 각 집단의 사전 검사에서 종속변수에 대한 초기 값을 측정함.
O2, O4, O6 : 각 집단의 사후 검사에서 종속변수를 다시 측정함.
X1 :　　　　　실험집단 1의 처리가 부여됨.
X2 :　　　　　실험집단 2의 처리가 부여됨.

4. 연구 변수 구성과 측정

본 연구를 위해 개발된 집단치료 프로그램의 처치가 정신건강 향상에 유의미한 효과가 있을 것이라는 가설을 검증하기 위해, 프로그램 수강 여부를 독립변수(원인변수)로 한다. 프로그램 수강 여부에 따라 변화되는 정신건강 지수들을 종속변수(결과변수)로 한다. 종속변수는 우울지수, 불안지수, 분노지수, 스트레스지수의 4가지로 한다.

5. 집단교육적 상담 프로그램(psycho-education program) 개발

본 연구를 위해 개발된 프로그램은 정신적 어려움을 겪고 있는 사람들뿐만 아니라 정신적으로 더욱 건강함을 유지하기 원하는 사람들에게도 도움을 주기 위함이었다. 또한 긍정적인 사고와 감사하는 습관을 갖게 하기 위함이었다.

제 목	내 용	목 표
1주 생령의 건강	■ 몸과 마음은 하나이다. ■ 정신질환자에 대한 낙인과 소외시키는 현상 ■ 감정 이해와 정신건강 진단	■ 증상의 원인 이해 ■ 증상의 대처 방안
2주 마음의 자유	■ 회복탄력성 향상 ■ 인생의 역경 극복 ■ 자기조절능력 향상과 대인관계 능력 향상	■ 긍정성 강화 ■ KRQ-53 테스트 (회복탄력성 수준 측정)
3주 왜곡된 믿음	■ 감정은 사건을 이해하고 해석한 결과이다. ■ 마음의 길 ■ 건강한 슬픔 ■ 긍정적 감정 활성화	■ 인지왜곡 ■ 인지치료 ■ 역기능적 태도 척도 테스트 (심리의 아킬레스건)
4주 무기력	■ 행동이 감정과 생각에 영향을 미친다. ■ 학습된 무기력 ■ 선택된 주의 집중	■ 행동활성화 치료 ■ 좋은 습관 ■ 세로토닌 활동 촉진
5주 마음의 반추	■ 인생의 스토리텔링 ■ 삶은 내가 만드는 이야기 ■ 반추하는 마음은 부정적 사고를 활성화 시킴 ■ 현재를 향한 마음	■ 마음챙김 기반 인지치료 (MBCT) ■ 건포도 먹기 ■ 바디스캔 ■ 호흡 공간

6주 리모델링	■ 뇌의 리모델링 기능 (신경가소성) ■ 걱정과 염려의 차이 ■ 걱정 불안의 원인과 증상	■ 불안 대처 ■ 마음챙김 ■ 현재에 집중
7주 네 탓이요	■ 누가 분노하게 만드는가? ■ 분노는 자신의 생각에 의해 만 들어짐 ■ 화병의 원인과 증상 ■ 분노 표출	■ 분노 대처 방식 ■ 분노 다스림
8주 감사와 행복	■ 거짓된 가면을 벗자! ■ 열린 마음 ■ 스트레스 호르몬 ■ 행복 호르몬	■ 건강한 자기방어 ■ 새로운 성격 형성 ■ 긍정적 생각으로 긍정 호르 몬 분비

6. 연구 결과

본 연구는 연구 모집단의 정신건강 상태와 개발된 프로그램의 정신
건강 증진 효과를 평가하기 위해 SPSS version 20 통계 프로그램을 사
용한다. 프로그램 참여자 집단과 미참여자 집단을 임의추출하여, 각 집
단 내에서의 우울, 불안, 분노, 스트레스 등의 상태를 분석한다.[1] 이들
자료를 통해 각 집단들의 동질성 여부를 평가한다.

개발된 프로그램의 정신건강 향상 효과를 평가하기 위해 프로그램
참여자 집단에 대한 사전 · 사후 검사 결과로부터 통계학적으로 유의미
한 변화 여부를 평가한다. 또한 우울, 불안, 분노, 스트레스들 간의 상

---

1) 우울지수 측정: 한국판 'Beck Depression Inventory'.
　불안지수 측정: 한국판 'Beck Anxiety Inventory'.
　분노지수 측정: 한국판 'Novaco Anger Scale'.
　스트레스지수 측정: 한국판 'Perceived Stress Scale'.

관관계를 통계학적으로 평가한다.

개발된 프로그램의 참여 여부가 우울, 불안, 분노, 스트레스 등에 어떤 인과관계를 갖게 되는지를 파악하기 위해서 이들 4가지 변수를 종속변수(결과변수)로 취한다. 종속변수는 비율척도가 된다. 이러한 종속변수들의 원인이 되는 변수를 독립변수(원인변수)로 삼는다. 우울, 불안, 분노, 스트레스 등의 변화를 야기시키는 개발된 프로그램의 참여 여부가 독립변수가 되며, 명명척도가 된다.

독립변수와 종속변수들과는 인과관계가 성립한다는 전제하에 종속변수들 간의 상관관계를 확인할 필요가 있다. 우울증이 있을 때 불안함을 느낄 수도 있고, 불안증이 있을 때 우울해지기도 하기 때문이다. 우울증이 있을 때 분노가 일어나기도 하고, 분노로 인해 우울해지기도 하기 때문이다. 스트레스로 인해 심각한 정신질환이 일어나기도 하기 때문이다.

따라서 종속변수들 간에 어떤 식의 상관관계가 일어나는지를 확인해 봄으로써, 정신건강을 향상시키기 위해 어떤 방식의 접근법이 필요한지를 알 수 있게 된다.

SPSS 통계 프로그램을 이용하여 상관관계 분석(correlation analysis)을 한다. 먼저 4개의 종속변수들 간의 상관관계계수(correlation coefficient) 분석과 유의도를 검증한다. 상관관계 분석은 변수들 간의 밀접성 정도를 보여주는 상관관계계수를 통해 두 변수 간의 관계를 검증한다.

1) 통제집단

통제집단의 사전 검사 응답자는 총 27명이었으나, 4가지 정신건강 진단 테스트에 모두 응답한 것은 아니었다. 우울증 검사에는 26명이 응답하였고, 불안 검사에는 23명이, 분노 검사에는 25명이, 그리고 스트레스 검사에는 21명이 응답하였다(〈표 1〉 참조).

통제집단의 우울 평균 점수는 11.73점으로 가벼운 우울 상태로 평가된다. 최저점수는 2점이고 최고점수는 35점이다. 35점은 즉시 전문가의 도움을 받아야 할 것으로 평가되는 높은 점수이다. 평균적으로 우울 상태가 양호하지만, 약 27%가 중한 우울 상태 혹은 심한 우울 상태인 것으로 평가된다.

통제집단의 불안 평균 점수는 8.83점으로 거의 불안하지 않는 상태로 평가된다. 최저점수는 1점이고, 최고점수는 33점이다. 33점은 즉시 전문가의 도움을 받아야 할 것으로 평가되는 점수이다. 최고점수를 가진 1명을 제외한 나머지는 불안하지 않은 상태로 평가된다.

통제집단의 분노 평균 점수는 34.52점으로 분노나 짜증이 매우 적은 상태로 평가된다. 최저점수는 5점이고 최고점수는 59점이다. 59점은 일상의 짜증스러움에 보통 수준의 분노로 반응하는 것으로 평가되는 점수이다.

통제집단의 스트레스 평균 점수는 16.81점으로 정신질환으로 발전될 가능성이 높은 상태의 초기 단계 수준이다. 최저점수는 7점이고, 최고점수는 26점이다. 26점은 전문가의 도움을 받아야 할 정도의 심한 스트레스 상태이다. 전체 응답자의 52.4%가 정신질환으로 발전된 가능성이 높은 스트레스 상태인 것으로 평가된다.

〈표 1〉 통제집단 사전 검사 결과

	N	Minimum	Maximum	Mean	Std. Deviation
Depression	26	2	35	**11.73**	7.862
Anxiety	23	1	33	**8.83**	7.673
Anger	25	5	59	**34.52**	14.964
Stress	21	7	26	**16.81**	4.546
Valid N (listwise)	19				

2) 실험집단

본 연구의 실험집단은 2개의 집단으로 선정한다. 1차 실험집단의 사전 검사 결과는 〈표 2〉와 같다. 2차 실험집단의 사전 검사 결과는 〈표 3〉과 같다.

〈표 2〉 실험집단 1의 사전 검사 결과

	N	Minimum	Maximum	Mean	Std. Deviation
Depression	8	4	14	**10.50**	4.036
Anxiety	7	3	18	**11.57**	6.133
Anger	7	15	49	**31.86**	13.108
Stress	8	10	23	**14.75**	4.166
Valid N (listwise)	7				

<표 3> 실험집단 2의 사전 검사 결과

	N	Minimum	Maximum	Mean	Std. Deviation
Depression	23	2	19	**8.70**	4.724
Anxiety	22	1	37	**8.32**	8.202
Anger	22	12	55	**34.32**	12.729
Stress	22	8	24	**16.27**	4.322
Valid N (listwise)	22				

실험집단 1의 우울 평균 점수는 10.50점으로 가벼운 우울 상태로 평가된다. 통제집단과 평균값에서는 특별한 차이가 없지만, 심각한 수준의 우울 상태인 사람은 실험집단 1에는 없다. 실험집단 2의 우울 평균 점수는 8.70점으로 우울하지 않은 상태로 평가된다.

실험집단 1의 불안 평균 점수는 11.57점으로 거의 불안하지 않은 상태로 평가된다. 통제집단보다는 평균값이 더 높지만, 그럼에도 불안의 문제로 염려되는 사람은 실험집단 1에는 없다. 실험집단 2의 불안 평균 점수는 8.32점으로 거의 불안하지 않은 상태로 평가된다. 통제집단이나 실험집단 1보다는 평균값이 상대적으로 낮지만, 실험집단 2에는 극심한 불안 증상을 보이는 사람이 있다.

실험집단 1의 분노 평균 점수는 31.86점으로 분노나 짜증이 매우 적은 상태이다. 실험집단 2의 분노 평균 점수는 34.32점으로 분노나 짜증이 매우 적은 상태이다.

실험집단 1의 스트레스 평균 점수는 14.75점으로 단순히 스트레스의 영향을 받고 있는 상태로 평가되는 수준이다. 통제집단에서처럼 전문가의 도움을 받아야 할 정도의 심한 스트레스 상태의 사람도 있다. 실험집단 2의 스트레스 평균 점수는 16.27점으로 단순히 스트레스의 영향을 받고 있는 상태로 평가되는 수준이다. 정신질환으로 발전될 가능성이 높은 상태의 참가자들이 전체 실험집단 2의 36.4%이다.

3) 동질성 여부 확인

통제집단, 실험집단 1, 그리고 실험집단 2로부터 얻은 사전 감사 결과가 연구 모집단 전체를 대표한다고 판단할 수 있기 위해서 각 집단들 간의 동질성 여부를 확인한다. '일원변량분석(one-way ANOVA)' 결과, 각 종속변수들의 p 값들이 모두 $p < 0.05$이었기에, 3개 집단의 모집단은 같다고 판단한다.

이러한 판단에 근거하여 연구 모집단의 정신건강 평균치를 판단할 수 있게 된다. 교회 교인들의 불안지수, 분노지수는 정상 수준 이하이지만, 우울지수와 스트레스지수는 정상 수준을 벗어나 염려가 되는 상황인 것으로 판단한다.

4) 사전 · 사후 유의도 검사

실험집단 1과 실험집단 2의 사전 · 사후 유의도 검사를 위해 '대응표본 t-검증(paired sample t-test)'을 사용한다. 유의도 수준을 $p < 0.05$로 정했을 때, 각 집단마다 종속변수들의 유의확률이 $p < 0.05$보다 작기 때문에, 유의미한 변화가 있다고 판단한다.

그러나 통제집단에서는 우울지수의 평균값이 11.52점에서 11.09점으로 감소한다. 불안지수의 평균값은 7.89점에서 5.63점으로 감소한다. 분노지수의 평균값은 33.74점에서 29.68점으로 감소한다. 스트레스지수의 평균값은 17.16점에서 18.16점으로 증가한다. 평균값의 변화는 있지만, 유의도 확률을 검사한 결과, 모든 종속변수들의 평균값이 유의미한 변화가 없다고 판단한다.

개발된 프로그램(건강한 마음)의 효과가 실험집단 1과 실험집단 2에서 유의미하게 나타나고 있지만, 통제집단에서는 유의미한 변화가 없기 때문에, 개발된 프로그램의 수강 여부가 정신건강 향상에 유의미한 효과가 있다고 판단한다.

5) 상관관계 분석

통제집단의 사전 검사 자료를 통한 우울, 불안, 분노, 스트레스의 상관관계를 'correlation analysis'을 이용하여 살펴본다. 그 결과 오직 불안과 분노만이 정적 상관관계를 가진다. 즉 불안이 증가하면 분노도 함께 증가한다고 판단한다. 그러나 사후 검사 자료를 통한 상관관계분석 결과는 오직 불안과 스트레스만이 정적 상관관계를 가진다. 즉 불안이 증가하면 스트레스도 증가한다고 판단한다.

전체 실험집단의 사전 검사 자료를 통한 상관관계분석 결과 오직 우울과 불안이 정적 상관관계를 가진다. 사후 검사 자료를 통한 상관관계분석 결과도 오직 우울과 불안이 정적 상관관계를 가진다.

7. 정신건강 프로그램 효과 검증

실험집단 1과 실험집단 2 그리고 통제집단 간의 동질성 여부를 확인한 결과, 같은 모집단으로 판단할 수 있었다.

우울, 불안, 분노, 스트레스 등의 정신적 어려움을 효과적으로 치유하기 위해 개발된 8주간의 집단치료적 상담 프로그램(건강한 마음)이 연구 모집단인 교회 교인들의 정신건강을 향상시켰다. 실험집단 1에서 프로그램 실시 전과 종결 후의 검사 결과를 비교했을 때 모든 분야에서 유의미한 향상이 있었다. 실험집단 2에서도 실시 전과 종결 후의 검사 결과를 비교했을 때 모든 분야에서 유의미한 향상이 있었다.

그러나 프로그램을 수강하지 않았던 통제집단에서는 모든 분야에서 유의미한 향상이 나타나지 않았다. 따라서 8주간의 프로그램(건강한 마음)이 교회 교인들의 정신건강을 유의미하게 향상시켰다는 결론을 얻게 되었다.

가인의 핵심감정과 공격성을 다루시는 하나님의 치유에 대한 소고

임옥순 박사 (상담대학원 교수)

가인의 핵심감정과 공격성을 다루시는 하나님의 치유에 대한 소고

－멜라니 클라인과 위니캇을 중심으로

임옥순 박사 (상담대학원 교수)

서론

인간이 낳은 최초의 사람 가인은 왜 동생 아벨을 살해하였는가? 성서는 이 사건에 대해서 간략하게 기록하고 있어 그의 살해 동기를 밝히는 것은 극히 제한적이다. 동생을 죽이도록 한 동인을 가인의 핵심감정이 모습을 드러낸 공격성으로 가정하고 대상관계 심리학자들의 시선으로 살펴보려 한다. 성서 기록이 극히 적지만 두려워하는 가인을 다루시는 하나님의 숨결을 살펴보려 한다.

본론

생명은 잉태되는 순간부터 관계적 존재가 된다. 아이는 가족 구성원들과의 상호관계성 속에서 영향을 주고받으며 성장한다. 대상관계 심리학에서 대상(object)은 아이의 주 양육자(주로 어머니)를 지칭하고, 표상(representation)은 어떤 것에 대한 이미지를 의미한다. 대상과의 관계는 인간의 내면에 자기 표상(self-representation)을 만든다. 대상과의 관계에서 무의식 세계에 그려진 대상(주 양육자)의 이미지(mental image)를 대상표상이라 한다. 즉 자기표상은 대상표상(object representation)이 자기화 되어 자기의 이미지로 만들어진 표상으로 대상과의 관계를 지속시켜 나가는 무의식 세계의 자기를 의미한다. 즉 양육자인 어머니와 아이와의 관계에서 경험된 느낌들이 아이의 무의식의 세계에 이미지로 전환되고, 이후 사건을 이해하고, 해석하고, 반응하는 기준(준거, 틀, 패턴, frame of reference)이 된다.

가인은 부모인 아담과 하와의 양육을 받은 첫 인간으로 가인은 대상인 아담과 하와의 삶이 주는 느낌을 표상을 받아들여 가인 자신의 자기표상을 만들었다. 가인은 아담과 하와 품에서 심리적으로 탄생했다. 그렇게 만들어진 자기표상으로 가인은 아벨을 만나고, 하나님과 관계를 맺었다.

Ⅰ. 핵심감정 연구

1. 핵심감정

'핵심감정'이라는 용어는 1970년에 발표한 〈한국인 정신치료에 관한 연구〉라는 논문에서 이동식 박사가 처음으로 사용해 문헌상에 등장했다. 핵심감정이란 한 사람의 말과 행동과 사고와 정서를 지배하는 중심 감정이다. 핵심감정은 사람을 자주 넘어뜨리고, 자연스럽지 못하게 만들고, 편안하지 못하게 하는 인간의 가장 깊이 있는 감정이다. 핵심 감정은 외부자극에 대해서 반복적으로 작용하는 느낌이며, 사랑받고 싶고, 인정받고 싶은 욕구가 좌절되었을 때에 주로 일어나는 느낌 자체이다(《이제는 부모 자격증 시대》, p.138).

핵심감정은 정신역동치료에 있어서 융의 콤플렉스, 레온 사울의 아동기 정서적 패턴, 중심 갈등, 중심역동, 핵심역동, 핵심감정군(nuclear emotional constellation), 중핵감정(core emotion)과 비슷한 개념이라 할 수 있다(《도정신치료》, p.29). 핵심감정은 인정받지 못할 때에 밀려오는 감정들로 답답함, 소외감, 무가치감, 슬픔, 서러움, 처절함, 비참함, 억울함, 긴장감, 허무, 허전함, 쓸쓸함, 무력감, 부담감, 미안함, 두려움, 공포, 적개심 등으로 표현된다(《이제는 부모 자격증 시대》, p.156).

2. 핵심감정(nuclear feelings)의 형성 배경

레온 사울(Leon J. Saul)은 핵심적인 아동기 감정 양식은 초기 발달 단계에서 아동기의 경험과 정서적 영향에 대한 선천적, 신체적, 그리고 사회적인 다양한 요소들과 관계된 반응에서 생긴다고 했다. Freud는 아동기의 핵심적인 감정은 선천적인 본능적 충동과 반응, 그를 양육하는 인물이나 그에게 중요한 인물과의 감정적 상호작용으로 0-6세 사이에서 형성되며, 6-7세에 이르러 그 기초가 어느 정도 고착되어 개인의 독특성을 만들어 낸다고 했다(Leon J. Saul, pp.28,29).

핵심감정은 개인의 능력과 성장 배경, 집안 내력과 사회적, 학습 경험, 주변 인물과의 교류 경험으로부터 영향을 받아 형성된 감정이다(한국 정신치료학회). 즉 가인의 핵심감정은 그를 양육한 아담과 하와의 관계 경험으로 만들어졌다는 의미이다. 성서는 한 문장으로 이를 말씀한다. "너희가 이스라엘 땅에 대한 속담에 이르기를 아비가 신 포도를 먹었으므로 아들의 이가 시다고 함은 어찜이뇨."(겔 18:2)

II. 가인에게서 드러난 핵심감정

아담과 하와의 삶의 역동, 가인과 아벨의 관계에 대한 기록이 성서에 거의 없어 연구에 제약이 있다. 선악을 알게 하는 나무 열매를 따 먹은 후 아담과 하와가 서로에게 책임을 미루었다. 가인이 동생 아벨을 돌보는 것에 대한 불만이 기록되었다. 따라서 가인의 핵심감정은 일반적인 핵심감정과 대상관계 학자들의 이론을 통해 보편적 가능성을 추론할 수밖에 없다.

1. 제사와 가인의 핵심 욕구의 좌절

인간은 미숙하게 태어나 전적 돌봄을 받아야 생존할 수 있기에 양육자에게 사랑받고 싶은 원초적 욕망은 생존 욕구로 필수적이고, 욕망을 갖는 것은 자연스럽다. 즉 인간의 미숙함은 결핍감의 뿌리이다. 가인의 이런 결핍감은 사랑받고 싶은 욕망으로 나타났지만, 부모와의 불편한 관계, 열납되지 않은 제사로 욕망은 좌절되고, 좌절된 욕망은 가인의 핵심감정으로 자리 잡았고, 공격성으로 나타난 것으로 보인다.

2. 가인의 핵심감정

1) 가인의 시기심과 질투

미숙하게 태어나 생존경쟁에 던져진 인간에게 시기심은 보편적 감정이라 할 수 있다. 시기심은 수치심과 열등감을 넘어 파괴성이라는 특성을 갖는다. 사랑받고 싶지만 미숙한 인간은 완벽한 선함을 따라 갈 수 없다. 이 때에 선함에 대한 갈망으로 인해서 시기심이라는 감정이 발현한다. 가인의 핵심감정은 동생에 대한 시기심으로 나타났고 그의 시기심은 하나님께 열납된 제사를 지낸 아벨, 하나님의 선하심을 싫어하게 되었다. 바리새인들이 예수님을 싫어한 심리적 이유와 같다.

2) 가인의 시기심
(1) 형제 갈등과 열등감

형제는 같은 부모, 같은 공간, 같은 자원을 공유한다. 형제는 부모로부터 더 많은 사랑을 받기 위해 서로 경쟁하게 된다. 형제들은 관심과 애정으로 서로 돌보며 지지하는 따스함을 보이기도 하지만, 논쟁하고 싸우고 거부하는 갈등을 보이기도 한다(《형제 갈등의 해결 과정과 어머니의 역할》, p.78). 가인은 하나님이 열납하시는 제사를 드린 아벨을 시기하였고 곧 열등감이 자리 잡았다.

(2) 장자 상속권과 가인의 열등감

장남으로 태어나 자연스럽게 부모의 사랑을 독차지한 가인은 부모의 기대를 내면화하여 자기 것으로 받아들인다(《자녀의 출생 순서에 따른 어머니의 기대수준》, p.2). 당연히 자신의 모든 행위는 하나님께 인정받아야 한다고 생각하였을 것이다. 가인의 제사가 거부되고 아벨의 제사가 열납되었을 때에 가인은 장자권의 상실 같은 절망을 맛보았을 것이다. 이런 열등감은 적개심으로 발전한다.

3) 가인의 적개심

적개심은 특히 어린 시절에 사랑과 인정과 신뢰받으려는 욕구가 충족되지 않을 때 원망, 화, 분노, 폭력, 그와 유사한 공격적인 충동 등을 억압하였을 때 생긴다. 억압된 적개심은 불합리하고 병리적이며 적대적인 행동화(acting out)로 표현된다(《아동기 감정 양식과 성숙》, p.180). Leon J. Saul과 이동식은 사랑받고 싶은 대상에게 적개심이 생겨도 그 대상에게 버림받을까 봐 적개심을 표현하지 못해 억압되어 불안, 우울이나 여러 가지 증상이 나타난다고 했다(《도정신치료 입문》, p.278).

적개심은 화를 내게 만드는 자극이나 위협에 대한 신체의 생리적인 반응으로 투쟁-도피의 심리기제의 일부이다(Saul, 1976). 가인은 부모에 대한 원망, 동생에 대한 적개심, 하나님에 대한 불평 등으로 억압하면서 적개심이 증폭되어 공격성으로 드러났다. 가인의 적개심은 죄의식과 보복에 대한 두려움을 낳고, 자신에게 돌려져 자기 자신을 비하하였다.

4) 가인의 공격성
(1) 대상관계 이론과 가인의 공격성
① 멜라니 클라인(Melanie Klein)

멜라니 클라인은 편집-분열적 자리(paranoid-schizoid position, 偏執-分裂)라는 개념으로 공격성을 설명한다(《대상관계이론 입문》, pp.64,65). 아이가 태어나 일정 기간은 어머니를 통합적으로 이해하지 못한다. 유아는 엄마의 젖가슴을 둘(부분대상, part-object)로 분열(splitting)로 인식한다. 배가 고플 때에 바로 젖을 주는 어머니의 젖가슴을 사랑으로 가득 차 있는 '좋은 젖가슴'으로 인식한다. 아이는 '좋은 젖가슴'을 사랑하고, 감사를 느낀다. 반면 배가 고픈데 젖이 잘 나오지 않거나 젖이 주어지지 않을 경우에 유아는 '나쁜 젖가슴'으로 받아들이고, '나쁜 젖가슴'으로부터 박해와 고통을 받는다고 인지해 불안을 느낀다(박해불안, persecution anxiety). 아이는 배가 고픈 것을 아프다, 공격받는다고 느낀다고 한다.

유아는 '나쁜 젖가슴'을 미워하며 보복하고 싶은 환상에 사로잡힌다. 여기서 환상이라는 용어는 어린 유아의 현실적이지 않은 생각이기에 환상이라 표현한다. 클라인은 아이가 어머니의 젖가슴을 좋은 젖가슴과 나쁜 젖가슴으로 나누어 인식하고, 나쁜 젖가슴을 향한 감정을 공격성의 뿌리로 보았고, 공격성의 첫 시작점을 편집-분열적 자리라고 보았다. 분열된 어머니의 젖가슴은 현실 검증 능력이 생겨나기 전에 형성된 것으로 무의식적이다. 아이는 이 시기에 강렬한 불안을 경험하고 유아가 자신의 부정적인 감정을 나쁜 젖가슴에 투사(projection)하고, 부정적인 감정의 투사가 공격성으로 드러난다. 편집-분열적 자리는 미숙하게 태어난 아이가 성장하면서 누구나 피할 수 없지만 좋은 젖가슴에 대한 경험이 나쁜 젖가슴에 대한 경험보다 풍부하면 공격성은 감소한다. 아담과 하와 가인이 편집-분열적 자리에 있을 때에 나쁜 젖가슴에 대한 느낌을 더 많이 주었다는 의미로 읽힌다.

② 위니캇(Donald W. Winnicott)

위니캇은 인격(personality)이 통합되기 전부터 공격성은 존재한다고 보았다. 그런데 위니캇은 공격성은 파괴성이 아니라 운동성(motility), 또는 활동성으로 설명하였다. 신생아들은 인격이 완성되기 전부터 생명 충동으로 살아 있는 운동성을 보인다. 유아의 생물학적인 본능을 만족시켜 주는 유아의 생기발랄한 운동성에 양육자가 어떻게 관계를 맺고 반응하느냐에 따라 성격 발달이 달라진다. 생애 초기에 유아의 활동성을 이해하고 적절하게 반응할 때에 성격 발달과 자아의 통합을 이루는 참자기(true self)가 형성되는데 매우 직접적이고 중요한 요인이 된다(《대상관계이론과 상담》, pp. 56,57). 즉 유아의 깨물고, 밀치고, 던지고, 발로 차는 등의 활동성은 본능이고, 자연스러운 행동인데 이때에 이미 가치관과 기준을 가지고 판단하는 어머니(가족, 세상)의 반응을 감정으로 내면화한다. 이런 유아의 운동성에 엄마가 역기능적으로 반응하면 공격성으로 발전한다고 본 것이다.

유아는 절대적 의존기에서 상대적 의존기로 발달하면서 유아가 공유하는 주변의 현실에 적응함으로 자아의 통합을 이루어간다(《성숙과정과 촉진 환경》, 서울: 한국심리치료연구소, pp.118-132). 유아는 공유하는 현실에 적응하는 과정에서 유아의 운동성/공격성이 충분히 좋은 환경을 통해서 받아들여지면서 자신의 공격성이 위험한 것이 아니라는 경험을 하게 되고 자아의 한 요소로 통합이 된다. 그리고 이러한 충분히 좋은 환경 안에서 성취해야 할 과제를 공격적인 운동성과 성애적 요소(필자 주, 생존욕망)가 통합을 이루는 것이다(《성숙과정과 촉진 환경》, p.210). 공격적 충동과 성애적 충동이 조화롭게 융합되지 못한 상태는 개인의 존재감, 혹은 현실감을 강화하지 못하게 되고, 결국은 자아 통합을 이루지 못하여 거짓자기로 살게 된다. 위니캇은 공격성이 사랑 충동에서 기원되는 태생적인 것이라 정의하였고 이 생태적 본능이 충족되지 않으면 반동적으로 나타나게 된다고 하였다. 유아기에 양육자가 어떻게 받아들이고 돌보느냐에 따라 공격성이 창조적으로, 또는 파괴적으로 변형될 수 있다는 것이다(《박탈과 비행》, pp.39-41). 이 시점이 가인과 아벨이 갈리는 부분이다.

클라인과 위니캇은 공격성의 원인은 개인의 심리 내적 요소보다는 외부적인 요인(부모의 양육 태도)이 개인의 인지적인 능력의 결합 여부에 달려 있다고 보았다. 부정적인 환경, 환경에 노출 정도, 불유쾌한 사건, 경험과 자극 등의 외부적인 환경이 개인의 인지 능력, 연상 능력, 정보를 처리하는 능력에 따라 공격성을 유발하고, 공격성의 빈도 및 정도를 결정한다고 주장했다. 엄마 품에서 가인의 운동성을 아담과 하와가 적절하게 반응하지 못해서 가인의 운동성은 길을 잃고 동생에게 공격성으로 표현되었다

(2) 기타 이론과 가인의 공격성
공격성의 형성에 관한 다양한 이론 중에 3가지만 간략하게 다루려한다.

① 공격성의 원형(archetype)으로써의 가인의 공격성
인간은 관계 속에서 생태적으로 시기심, 수치심, 열등감 등등 부정적 감정이 올라온다. 그런데 올라오는 부정적 감정을 표현하여 다루지 못하고 억압하였을 때에 적개심이 일어난다. 이런 생태적인 운동성, 열등감, 수치심, 적개심 등은 양육 환경에 따라 공격성으로 드러난다. 가인의 공격성은 공격성의 원형을 보인다.

② 형제 갈등과 가인의 공격성
형제 관계는 긍정적인 면도 있지만 여기서는 갈등관계를 다룬다. 형제 갈등의 경우 출생 순위에 따라 두 형제 중 누가 먼저 갈등을 시작하는지 연구가 진행되었는데 첫째 아이가 둘째 아이보다 더 자주 갈등을 시작한다고 밝혔다. 첫째 아이가 둘째 아이를 더 자주 때리고 장난감을

빼앗는 등 공격적인 행동을 먼저 시작하며 둘째는 수용적이다(〈형제 갈등의 해결 과정과 어머니의 역할〉, p.10). 출생 순서와 무관하게 부모의 관심을 받던 유아는 동생이 태어나면 부모의 관심과 사랑 상실로 인해 동생에 분노와 부모에게 원망을 갖게 된다. 가인은 하나님께 인정받고 싶었는데 아벨이 하나님의 사랑까지 빼앗아갔다고 느껴 동생에 대한 분노가 공격성으로 드러났다(〈형제 갈등의 해결 과정과 어머니의 역할〉, pp.14,15). 놀부는 대부분의 문화권에서 발견된다

③ 사회 학습이론 및 정보처리이론과 가인의 공격성

사회 학습이론은 공격성은 그가 속한 공동체와 사회에서 억압된 감정을 처리하는 방식을 학습하면서 드러난다는 이론이다. 아담과 하와가 범죄 한 후에 책임을 서로 떠맡기는 모습을 가인에게 보였다. 아담과 하와의 가정에서 가인은 부모의 적개심, 폭력성을 학습하였을 수 있다. 또한 가인은 자신을 둘러싼 사회에서 폭력성을 처리하는 방식, 즉 감당하기 힘든 감정을 타인 탓으로 돌리는 정보처리방식을 내면화 한 것으로 보인다. 가인의 공격성은 출생 순서와 부모의 삶, 정보처리방식의 영향을 받았을 가능성이 크다.

III. 핵심감정을 다루시는 하나님

1. 상담가로서 하나님

성숙한 상담가는 좌절된 욕구가 만든 핵심감정으로부터 내담자를 해방시키는 것에 목적을 가지고 있다(《소암 이동식 선생의 치료개입 특성에 대한 질적 사례 연구》, p.45). 하나님은 수치심, 시기심, 열등감, 경쟁심, 적개심 등을 불러일으킨 핵심감정에 사로잡혀 불안에 떨고 있는 가인의 마음을 헤아리시고 불안에서 벗어나게 하셨다.

2. 가인을 회복시키는 하나님

1) 하나님의 공감적 접근

상담에는 내담자의 문제나 상태를 진단하고, 상담의 구조화 단계가 있다. 가인의 수치심과 두려워 떨고 있는 마음 상태를 아신 하나님께서 가인의 공격성을 다루실 상담 구조화를 마치시고 다가가셨다.

2) 하나님의 공감

상담에서 내담자와 공감하는 능력이 상담의 성패를 좌우할 만큼 중요한데 하나님은 인생들이 안고 있는 아픔과 상처를 알고 함께 아파하신다. 시편에 나타난 하나님은 인간의 원망, 탄원 등등 고통을 들어주신다. 탄원시, 저주시가 성서에 들어간 것은 공감하시는 하나님이시기에 가능하다. 공감의 표상은 성육신이다. 하나님이 인간의 몸을 입으셨다는 것 이상의 공감은 존재할 수 없다. 하나님은 가인의 두려움을 아시기에 그에게 안전보장 표를 주셨다.

3) 핵심감정을 담아 주시는 하나님

월프레드 비욘(Wilfre Bion)은 내담자가 쏟아내는 감정을 상담사가 들어주는 과정을 담는 것(the container)과 담기는 것(the contained)이라는 개념으로 설명했다. 상담사는 내담자의 전이 감정, 투사 감정 등을 담아 주고, 내담자는 상담사라는 그릇에 담기는 경험을 하게 해야 한다고 했다. 아이가 스스로 담아낼 수 없는 불안이나 좌절과 같은 감정을 표현할 때에 엄마가 바로 되돌려주지 않고, 그대로 받아들이고 견뎌 주어야 정서적으로 건강하게 성장한다. 담아주기는 부정적 사고와 부정적 감정을 변형시켜 주는 공감 과정이다(《대상관계이론과 상담》, p.431). 하나님께서 가인에게 공감적 접근을 하자 가인은 하나님에게 따진다. "내가 내 동생을 돌보는 자입니까?" 하나님은 되받아치지 않으셨다. 하나님은 두려워 떨고 있는 가인이 하나님의 사랑에 담기는 경험을 하게 하셨다. "그렇지 않다. 만나는 누구에게든지 죽임을 면케 하시니라." 두려움에 떨고 있는 간음한 여인을 예수께서 담아주셨다. "나도 너를 정죄하지 않노라."

결론

하나님은 아비가 포도를 먹어 아이의 이가 시리다는 속담을 멈추게 하시겠다고 말씀하셨다. 가인의 핵심감정으로 인한 공격성을 멈추게 하시려 가인을 담아 주시고 그가 감당할 수 없는 폭력을 멈추도록 평온한 마음을 갖도록 표로 돌려주셨다. 인류 첫 가정에서 담긴 가인의 공격성으로 드러난 핵심감정을 하나님께서 소망으로 돌려주셨다. 하나님의 치유에서 기독교 상담가들은 치유의 길을 찾는다.

참고문헌

가요한 · 문은영 공저, 《대상관계이론과 상담, 호모렐라티우스 되어가기》, 학지사, 2022
Lavinia Gomez 저, 김창대 · 김진숙 · 이지연 · 유성경 공역, 《대상관계이론 입문》, 2008
H. Segal, 이재훈 역, 《멜라니 클라인: 멜라니 클라인의 정신분석학》, 한국 심리치료연구
　　소, 2009
도널드 위니캇 저, 이재훈 역, 《성숙과정과 촉진적 환경》, 한국심리치료연구소, 2000
서울: 동서심리상담연구소, 김경민, 《이제는 부모 자격증 시대》, 학지가, 2006
Leon J. Saul 저, 인근후 · 박영숙 · 문홍세 공역, 《인격형성에 미치는 아동기 감정적
　　성숙》, 하나의학사, 1998
Jay Greenberg & Stephen Mitchell 저, 이재훈 역, 《정신분석학적 대상관계 이론》, 한국심
　　리치료연구소, 1999
김계현, 《카운슬링의 실제》, 학지사, 2002
윤영애, 이화여자대학교 교육 대학원, 〈자녀의 출생 순서에 따른 어머니의 기대수준〉,
　　석사학위 논문, 1987
박소라, 〈형제 갈등의 해결 과정과 어머니의 역할〉, 이화여자대학교, 석사 학위 논문,
　　2001
이문희, 〈소암 이동식 선생의 치료개입 특성에 대한 질적 사례 연구〉, 심리학 박사 학위
　　청구 논문, 이화여자대학, 2008
한국 정신치료학회 제6회 전공의를 위한 정신치료 워크숍, 2004년 5월 29일, 서울대학교
　　병원 치과 병원 8층 대강당, 정신치료학회

독서치료에 대한 성서적 이해와
독서치료의 치유사역 사례 연구

양진희 박사 (상담대학원 교수))

독서치료에 대한 성서적 이해와
독서치료의 치유사역 사례 연구

양진희 박사 (상담대학원 교수)

1. 들어가면서

고대 그리스 터배의 도서관 입구에는 "영혼을 치유하는 곳"이라는 간판이 있었다. 오래전부터 책은 인간의 영혼을 치유하는 기능을 했음을 알려주는 글귀다. 현대인들은 몸의 건강뿐만 아니라 마음과 영의 치유에 대한 갈급한 욕구가 있다. 편리를 위해 발달시켜온 문명이지만 인간의 혼과 영을 황폐하게 만드는 요소들이 더 많음을 누구나 실감하는 시대를 살고 있다. 현대인의 갈급한 욕구가 된 마음과 영의 치유에 관한 해법으로 독서치료를 대안으로 제시하고자 한다.

이 글에서는 독서치료가 무엇인지, 성경에서는 독서치료가 어떻게 나타나는지 살펴본다. 독서치료를 교회에 어떻게 적용할 것인지 살펴본다. 필자의 오픈 카톡 독서 모임 운영에 관한 실제 사례를 간단하게 보고하는 형태로 설명한다.

2. 독서치료란 무엇인가?

1) 독서치료의 어원

독서치료(Bibliotherapy)는 "책"이라는 뜻을 가진 Biblion과 "돕다, 병을 고치다"라는 의미의 그리스어 Therapeia 두 단어가 결합된 단어다. 성경을 뜻하는 Bible도 같은 어원에서 비롯된 단어다.

2) 독서 치료의 효용성

독서치료는 책을 통해 사람의 감정과 사고와 행동의 문제를 치료하는 임상 상담의 한 분야다. 아주 오랜 세월 동안 책은 사람들에게 조용한 상담자로서 역할을 했다. 사람들은 책을 통하여 자신의 편협하고 이기적인 관점을 뛰어넘고 확장되고 이타적인 삶으로 나아갈 수 있었다. 이런 자기 이해와 세상에 관한 통찰은 독서치료의 중요한 목표 가치다.

또한 독서를 통해 드러난 인물과 사건을 거울삼아 자기를 성찰하는 독서를 "거울 독서"라고 이름 한다. "거울 독서"란 독서 과정에서 자신의 문제나 심리 상태, 생활 문제를 잘 표현해 주는 이야기를 만날 때 독자들은 마치 자신의 이야기를 거울로 보는 듯한 느낌을 받는다. 이때 자기 문제에 대한 객관화와 해결의 실마리를 찾는다.

3. 성경에서의 독서치료

1) 구약—다윗을 통한 예

구약성경 전체에서 비유라는 문학 기법을 통해 상대방의 잘못을 깨우치고 바른 삶의 방향으로 이끌어 준 대표적 인물은 나단 선지자다.

사무엘하 11장에서 당대 절대 지존이었던 다윗 왕의 간음과 살인을 기록한다. 다윗 왕이 충직한 우리아의 아내인 밧세바를 탐하고 임신을 하자 자신의 잘못을 없애려 노력하다가 좌절되자 우리아를 죽음으로 내몬다. 다윗 왕의 범죄가 완전하게 덮어지는 것처럼 보인다. 그때 하나님은 선지자 나단에게 다윗의 잘못을 지적하라는 위험한 사명을 부여하신다. 왕으로서 해서는 안 될 간음과 살인죄를 범한 잘못을 왕의 면전에서 지적하라고 명령하신 것이다. 당시 절대 권력자 왕에게 이런 직언을 하고 살아남을 것이라고 장담할 수 없었다.

이 위험한 사명을 받은 나단은 다윗을 찾아가 왕의 잘못을 직언하는 대신 한 편의 이야기를 들려준다. 등장인물은 부자와 가난한 사람의 암양 새끼 한 마리의 쟁탈에 관련된 이야기였다. 부자는 자기 집에 손님이 오자 자신 소유의 많은 양과 소를 두고 가난한 사람이 딸처럼 키운 암양 새끼 한 마리를 잡아 손님을 대접했다는 이야기를 한다. 이 이야기를 하고 멈춘 나단을 향해 다윗은 마치 자신이 가난한 사람의 입장을 대변이라도 하듯 흥분해 그 사람은 마땅히 죽을 자라고 소리친다(삼하

12:5-6). 그가 불쌍히 여기지 아니하고 이런 일을 행하였으니 양 새끼를 네 배나 갚아 주어야 한다고 소리친다.

나단이 다윗에게 들려준 이야기에서 부자에 대한 분노, 가난한 자에 대한 연민이 일어났던 이유는 어쩌면 이 이야기 속에서 자신을 보았기 때문이다. 자신의 잘못을 느끼는 순간 그것을 회피하기 위해 더 흥분해서 반응한 것이다. 자신의 죄를 은폐하기 위해 더 과장되게 부자에 대한 분노를 표현한다. 이때 나단은 이것을 놓치지 않고 다윗에게 그 부자가 바로 당신이라고 직언하며 하나님의 진노와 징계의 메시지를 전달한다.

만약 이런 서사(이야기)의 과정 없이 나단이 다윗에게 직언을 했더라면 무슨 일이 벌어졌을까? 우리아 사건을 제외하고는 하나님 앞에 신실했던 다윗일지라도 직언하는 나단을 어찌 처리했을지 아무도 모른다. 자칫 이 일은 다윗의 2차 범죄로 이어질 수 있는 상황이었다. 나단은 서사 구조인 이야기를 통해 사명을 완수하고 왕이 자신을 죽이는 2차 범죄를 막고 하나님 앞에 회개하는 반응을 이끌어낼 수 있었다. 나단은 직설법 대신 완성도 높은 이야기를 만들어 다윗 왕에게 들려주고 그 이야기를 거울로 삼아 자신을 비춰볼 수 있도록 했다. 이는 성경에서 독서치료에서 사용하는 거울 효과를 이미 나단이 활용하고 있었음을 보여주는 대목이다.

2) 신약-예수님의 탕자 비유

누가복음 15장에서 누가는 예수님이 비유로 말씀하신 내용을 들려준다. 이 비유 역시 서사 구조를 가지고 있다. 여기서 화자는 예수님이고, 청자는 서기관과 바리새인, 제사장들 그리고 세리와 죄인들이다.

예수님이 들려주신 이야기에 등장하는 인물은 아버지와 첫째 아들과 둘째 아들이다. 둘째 아들은 죽기 전에 유산을 청할 수 없다는 규례를 어기고 유산을 달라고 한다. 자신의 몫을 받아 먼 나라로 가서 허랑방탕한 삶으로 다 허비한 후 흉년의 때에 집으로 돌아온다. 아버지는 돌아온 아들에게 신을 신기고 옷을 갈아입힌 후 가락지를 끼우고 아들의 신분을 회복시킨다. 그리고 잔치를 베푼다. 들판에서 일하다가 종들의 이야기를 듣고 집에 돌아온 첫째 아들은 이 장면을 보고 화를 낸다. 늘 순종하며 일하던 자신을 위해서는 아무것도 안 하다가, 재산을 창기와 함께 써버린 자가 돌아오니 살진 송아지를 잡아 잔치하냐며 화를 낸다.

예수님은 청중에게 이 이야기를 들려준다. 세리와 죄인들 그리고 유대 지도자 바리새인과 서기관들이 듣고 있다. 그들은 예수님의 비유에 등장하는 첫째 아들과 둘째 아들이었다. 이 이야기를 통해 세리와 죄인들은 위로를, 바리새인과 서기관들은 분노와 살기가 더욱 가득해졌다. 누가복음을 저술한 이방인 출신 누가도 데오빌로에게 이 이야기를 전하며 둘째 아들에 속하는 자신이 얻은 구원에 감사하고 있었다. 예수님은 비유를 통해 말씀을 전하셨다. 비유 속에서 각자에게 이야기 속 인물의 거울이 되어 스스로 돌아보게 하셨다. 예수님도 비유를 통해 거울 효과를 활용해 메시지를 전하셨다.

4. 독서치료의 치유사역 실제 적용사례

1) 교회에 오픈 카톡 독서방을 열게 된 이유

필자는 오랫동안 사람의 마음을 변화, 회복시키고 치료하는 방법을 연구했다. 오랜 연구와 경험을 통해 사람은 독서와 글쓰기를 통해 효과적으로 변할 수 있음을 확신했다. 그래서 섬기는 교회에 제일 먼저 독서와 글쓰기를 접목해 독서치유에 관한 사역을 하고 싶었다. 온라인 시대가 되면서 한국에서 열리는 독서 모임에 여러 모양과 형태를 접할 수 있는 기회가 있었다. 그 경험 중 미국적 상황과 필자의 교회의 상황을 고려해 가장 부작용이 없는 방법을 골라 선정한 오픈 카톡 독서 모임을 작년 9월에 교회에 시작했다.

교회 규모가 크지 않고 평소 잘 알고 지내던 사람들과 책을 읽고 대면하여 자신의 이야기를 솔직하게 나누기에는 부담감이 다소 있었다. 같은 책을 읽되 익명성이 보장되는 모임 형태를 고민하다가 오픈 카톡을 이용하기로 했다.

2) 오픈 카톡의 특성과 장점 활용

오픈 카톡은 기존의 카톡과 다른 차별 요소가 있다. 일단 리더가 목적을 설정하고 방을 만든다. 그리고 설정된 링크를 참여를 원하는 사람들에게 보낸다. 오픈 카톡은 본인의 동의를 먼저 구할 수 있다는 장점이 있다. 방에 입장을 자신의 의지로 하는 것이다. 그리고 익명성이 보장된다는 장점이 있다. 방에 입장할 때 본인의 아이디로 입장할 것이냐 카카오톡 이모티로 입장할 것이냐는 질문이 뜬다. 그때 카카오톡 이모티 버튼을 누르면 그 사람이 누구인지 모임의 리더조차 알 수가 없다. 익명성이 보장된다. 그리고 또 하나의 장점은 모임에 모인 사람들끼리 사적인 톡을 주고받을 수 없다. 사적인 대화가 불가능하다는 특징이 있다.

3) 오픈 카톡 독서 모임 방식

필자는 오픈 카톡의 장점을 활용하여 이것을 독서치료와 접목을 했다. 먼저 오픈 카톡을 열고 책을 선정하고 신청자를 모집했다. 광고 시간에 전체 광고를 한 후 개별적으로 카톡에 읽을 책과 참여 방식을 설명하는 내용과 오픈 카톡 입장 링크를 보냈다.

첫 모임 선정 도서는 교회 성도들 가운데 사춘기 아이들과 갈등하는 부모들의 고민을 반영해 김종원 작가의 《부모의 말》을 선택했다. 사춘기 아이들과 대화하는 것을 힘들어 하는 부모들을 돕고 싶었기 때문이다. 하지만 선정 도서가 대화법에 관련된 책이라서 그런지 연세가 있으신 권사님들과 여전도회원들의 참여도 있었다. 익명과 이름을 밝히는 것은 본인들의 선택으로 남겨 두었다. 연세가 비교적 높은 분들은 본인의 이름으로, 젊은 부부 청년들은 익명으로 참여했다.

책을 5주 분량으로 나누어 진도표를 교회에서 나누어 주었다. 월-금요일까지 정해진 분량의 책을 읽고 토요일에는 일주일 읽은 책의 감상

문을 적는 형태로 진행을 했다. 참가비는 책값 20불과 오픈 카톡 입장료 20불을 받았다. 5주간 매일 인증을 하면 환불해 준다는 조건을 내걸었다. 필자가 이전에 돈을 미리 내고 인증을 완료하면 돌려받는 방식의 독서 모임을 참여했을 때 돈을 환급받고 싶은 마음에서라도 하루도 인증을 빼지 않고 열심히 참여한 경험을 살려 그런 규칙을 만들었다.

책을 읽는 분량은 한 책을 4-5주로 나누어 하루 3챕터씩 읽는 것을 원칙으로 진행한다. 진도에 정해진 분량을 읽고 인상적인 구절을 적고 자신의 소감을 짧게 적는다. 그리고 공책에 적는 분들은 책 사진과 느낌을 쓴 노트를 찍어 올린다. 카톡에 그대로 적는 분들은 그날 읽은 책 사진과 책을 읽고 느낀 점을 올린다.

주말마다 인증 현황 출석표를 만들어 배부하고 읽지 못한 부분 읽고 인증할 수 있도록 독려한다.

4) 그동안 진행되었던 오픈 카톡 독서 모임

차시 및 일자	저자 및 선정 도서	참가인원
1차시 2023, 7-8	《부모의 말》(김종원)	12명
2차시 2023, 8-9	《부모인문학 수업》(김종원)	13명
3차시 2023, 10-11	《이어령의 마지막 수업》(이어령)	12명
4차시 2024, 1-2	《태도, 믿음을 말하다》(조명신)	14명

5) 교회 내 오픈 카톡 독서 모임의 장점
함께 읽기의 힘을 느낄 수 있다. 4-5주 동안 같은 책을 읽고 소감을

나눈다. 평균 13명 정도 참여하는데 각자의 소감을 나눈 것을 다시 읽으며 책이 사람마다 다른 감동을 주는 것을 함께 느낄 수 있다.

거울 효과를 누린다. 자신이 깨달은 것은 남에게 감동이 되고 남이 깨달은 것은 다시 자신에게 감동으로 다가오는 것을 경험한다. 그 경험은 각자에게 또 다른 거울 효과를 누리게 한다. 자신을 돌아보고 반성하게 된다.

저항감이 거의 없다. 책을 읽고 어떤 것을 느끼고 깨달아야 하는지 간접 학습의 경험이 된다. 누군가가 말로 하면 정죄 받는 느낌을 받을 수 있는데 책을 읽으며 스스로 깨닫기 때문에 변화에 대한 저항감이 줄어든다. 편안한 마음으로 자기 변화를 경험한다.

성취감을 느낀다. 하루에 10분이면 읽을 수 있는 분량을 정한다. 티끌 모아 태산이라고 한 달이 지나면 어느새 한 권의 책을 다 읽는 성취감을 경험한다. 필자도 그 성취감이 좋았다. 참여자들도 그 성취감을 느끼며 스스로 기뻐한다.

이탈률이 거의 없다. 초반에 수첩을 나눠 주고 한 페이지를 책 내용과 감상으로 채우는 원칙을 주었다. 필자의 의욕이 앞섰다. 몇 년 만에 처음 책을 접한다는 사실을 알지 못했다. 한 달 열심히 한 후 카톡방에 입장하지 않고 혼자 읽겠다고 하는 사람이 생겼다. 그것도 인정했다. 다양한 방식으로 책 읽는 것을 인정할 필요가 있었다. 처음 시작한 인원이 계속 유지되고 있다.

감동은 번진다. 한 해의 독서 모임을 마무리하면서 참가자 중에 가장 열심히 책을 읽고 나눔을 했다고 생각되는 분이 회중들 앞에 나와서 그동안 책을 읽고 변화된 자신의 모습을 간증하는 시간을 가졌다. 책 모임에 참석하지 않았던 분들이 간증을 듣고 놀라워했다.

날마다 성숙해지는 모습을 발견한다. 사람은 잘 안 변한다고 한다. 하지만 책을 통해 다른 지식과 삶을 경험하면 자기 객관화와 타인에 대한 수용성이 넓어진다. 예전에 일일이 찾아서 상담해야 할 일들도 책을 읽으며 스스로 깨닫고 성찰하는 모습을 본다.

신앙이 자란다. 10년 동안 신앙생활을 해도 신앙의 전진이 없는 성도님들도 있었다. 하지만 《이어령의 마지막 수업》책을 읽으며 하나님에 대해, 내세에 대해 새로운 관점이 설정되는 모습을 볼 수 있었다. 젊은 사람들에게 죽음 이후의 세계가 경험되면서 신앙생활에 열심을 내는 모습을 보았다. 평생 자신의 지성을 믿으며 살던 분이 딸과 손자를 앞세우며 딸의 전도를 받아 신앙생활을 하며 죽음을 준비하던 이어령 선생님의 모습은 신앙생활을 오래한 필자에게도 많은 도전과 새로운 시각을 주었다.

6) 교회 내 오픈 카톡 독서 모임의 한계와 비전
필자는 이 오픈 카톡 독서 모임을 시작하면서 온라인(Zoom) 모임은 고려하지 않았다. 가장 영향력이 적은 모임을 구상했었다. 그 이유는 이런 오픈 카톡 독서 모임이 우리 교회뿐만 아니라 여러 교회에 확대될 수 있기를 기대하는 마음이 컸기 때문이다. 필자는 오랫동안 독서 모임 인도자로 일을 했고 많은 경험을 했다. 나에게 맞는 독서 모임을 운영하기보다 누구나 교회 지도자라면 할 수 있는 독서 모임 운영을 기본으로 틀을 짰다.

온라인 모임을 하면 더 많은 효과를 거둘 수 있지만, 오픈 카톡으로 한계를 두었다. 부담은 줄이고 최대한 오래도록 독서하는 습관을 만드는 것을 목표로 했기 때문이다. 교회에 작은 변화들이 온다. 크고 작은 다툼은 여전히 있다. 하지만 본인 스스로 자신을 돌아본다. 매일 책을 읽으면서 자신을 돌아본다. 온라인 모임은 각 교회의 형편에 따라 실시하면 된다고 생각한다.

5. 나가면서

필자는 기관에 속하여 독서 모임을 인도하는 일을 했다. 필자와 독서 모임을 한 사람들 대부분이 1회부터 참석해서 3년이 지난 지금까지 모임을 같이 하는 사람이 70%가 넘는다. 이제는 어떤 책을 선정하느냐 보다 책 모임이 시작되면 무조건 참여하게 된다고 말을 한다. 그 이유는 독서를 통해 계속 성장하는 자신을 경험했기 때문이라고 한다. 시야가 넓어지고 자녀와 가족과 대화가 원활해지기 때문이라고 말한다.

우리에게 문자가 없었더라면 어떤 삶을 살았을까? 다른 여느 피조물과 다르지 않은 삶을 살았을 것이다. 창세기 3장에 하나님이 인간을 만들면서 "우리의 형상대로 사람을 만드시고"라는 구절이 있다. "하나님의 형상"이라는 단어 안에 "언어"적 요소가 있음을 발견했다. 세 분이신 하나님도 언어를 통해 소통하시면서 창조 사역을 하셨다. 그 언어를 인간 안에 주셨다. 다른 피조물에는 없는 특징이다. 인간은 언어인 말과 글을 통해 하나님을 닮아갈 수 있다. 이것이 피조물인 우리에게 Bible을 주신 이유일 것이다.

참고문헌

김현희, 《독서치료의 이해 및 기독교 독서치료의 적용 실제》, 《교회와 신앙》
송광현, 《독서를 통한 성숙과 영적 치료》, 《교회와 신앙》, 2003
이영애, 《치유가 일어나는 독서 모임》, 조이선교회, 2007
이영식, 《문학치료의 성경적 근거》, 이영식의 독서치료 연구실 , 2008
조셉 골드, 《비블리오테라피》, 북키앙, 2003

시니어의 목회적 돌봄

박종구 장로 (목회학 박사과정)

시니어의 목회적 돌봄

박종구 장로 (목회학 박사과정)

Ⅰ. 서론: 시니어를 위해 어떤 목회를 할 것인가

미 동부 NJ주, Bergen County 내의 senior분들의 영적 상황은 대부분 자본주의 경제 원리를 축으로 산업화·도시화 과정 속에서 핵가족화, 개인주의 가치관 변화로 인해 사회 속에서 소주민족 안에서도 일부 소외 시 되는 경향이 있다. 이러한 노인문제가 커다란 사회 이슈로 등장하고 있음에도 교회 내에서는 이를 해결하기 위한 제도가 체계화되어 있지 않고 복지 차원에서도 제대로 실행되고 있는 것이 거의 없는 실정이다.

하나님께서 노인들에게 환상을 보게 하며 아름답고 존귀하게 살게할 책임을 갖고 있는데 시간이 저절로 흘러가기만을 기다리는 세대는 아니다. 교회는 노인들에게 기도하라고만 요구하는 것이 아니라 위로와 용기를 얻고 기쁨을 가질 수 있도록 돌봄이 필요한 것이다.

그런 의미에서 시니어 데이케어가 최근에 그 역할을 감당하고 있어서 그에 대한 목회적 연구의 필요성이 지속적으로 절실히 필요하게 되어 연구 주제로 선택하게 되었다.

시니어 데이케어는 많은 노인분들이 모여서 좋은 프로그램과 자기의 인생의 의미를 발견할 수 있도록 참여와 역할을 감당하고 영성 교육과 목회적 돌봄을 통해 성경 공부와 간단한 봉사와 전도, 노인합창단, 미술치료, 식사제공, 의료 검진, 소셜 워커 서비스 및 교통편의 제공 등으로 노인들이 활기차고 재미있게 지낼 수 있도록 관심을 갖고 실제 생활에 필요한 일들을 돌봐 드리는 역할을 잘 감당하고 있다.

미래에 노인목회에 대한 사명을 교회들이 다 같이 인식하고 다양하면서도 실제적인 프로그램 개발을 통해 노인들이 모이는 데이케어에서도 목회 활동이 활발히 이루어지도록 모색해 나가야 할 것이다.

이를 뒷받침하는 최근 미국 인구조사 2010 Census에 따르면 뉴저지 인구 중 65세 이상의 노령층이 2000년 인구조사에서 나온 13.2%보다 조금 올라간 13.5%를 차지하고 있다. 또한 2000-2010년 사이 Bergen County 안에서만 65세 이상의 노년의 증가 비율은 1.7%로, 노년의 증가율이 18세 미만의 아이들 증가율의 2배가 넘는다. 우리가 살고 있는

NJ주 Bergen county에 시니어를 위한 29 Assisted Living Facilities 와 31 Nursing Homes가 있는 것으로 나타난다.

이들 시설을 위한 또 다른 목회적 연구가 필요하다고 판단되어 실제로 적용할 수 있는 프로그램을 연구해 본다.

II. Senior Adult의 특징 연구

1. 연령과 신체적 비율

데이케어에 나올 수 있는 분들의 연령은 제한하지 않지만 보편적으로 신체가 불편하시거나 혹은 사회활동을 하지 않으시는 65세 이상이 많고 메디케이드 보험을 가지고 있으면서 보험회사에서 인정한 분들이다. 그중에서 신체적으로는 혼자서 활동에 크게 지장이 없는 분들도 있으시지만 성인병과 정신적 질병을 가지고 있는 분들도 해당이 되는 상황이다.

아울러 Assisted Living or Nursing Home의 인원과 신체적 조건은, 보고에 따르면 2000년에 85세 이상의 남성 중 42%가 신체적으로 장애가 있으며, 38%가 외출 장애가 있어 혼자 밖으로 나갈 수 없으며, 30%가 감각 장애가 있고, 22%가 정신 장애, 20%가 자가 돌봄이 불가능한 상태인 것으로 보고되었다.

2. 노년학(Gerontology)에 대한 준비

노년학은 고령화 과제를 해결할 수 있는 학문이다. 기본 개념은 고령화사회에 새로운 가치관 형성을 도와주는 학문이다. 고령화의 다양한 과제를 해결하기 위한 기초 지식을 제공하는 학문으로 《도쿄대 고령사회 교과서》란 책도 노년학의 주요 분야를 체계화한 것이다. 우리에게 친숙한 학문이 아니므로 노년학의 명칭 제론톨로지(Gerontology)를 번역한 것이다. 학문 특성상 장수학, 노인학, 노화학, 가령학, 인간 연륜학, 장수사회의 인간학, 인생의 미래학 등으로 번역하기도 한다. 제론톨로지는 노인을 의미하는 그리스어 Geront에 학문을 나타내는 접미어 ology가 붙어서 만들어진 말이다. AGING(노화. 고령)이 주요 연구 주제로 나이가 들어가면서 나타나는 인간의 생리적 변화를 연구하고, 고령사회에서 발생하는 개인과 사회의 다양한 과제 해결이 주요 목적이다. 여러 분야의 학문이 결합하며 다양한 성격을 지니고 발전해 왔기에 이제는 고령사회 종합 연구로 부르는 것이 가장 적절할지도 모르겠다.

1) 노년학의 연구 역사

제론톨로지는 1903년 프랑스 파스퇴르 연구소의 메치니코프 박사가 자신의 장수 연구를 그처럼 지칭한 데서 비롯되었다. 미국에서는 1938년 미시간대학이 연구소(Institute of Human Adjustment)를 설립하여 노화와 고령자에 관한 체계적인 연구를 시작하였고, 1965년 제정된 '고령자 법(The Older Americans Act)'을 통해 노년학이 크게 발전하였다. 그 결과 현재 미국에서는 약 300개에 이르는 대학과 연구기관에서 노년학 관련 교육과 연구를 진행하고 있다. 유엔은 1981년 '세계 고령사회 회의'를 개최하고 각국 정부에 노년학 교육 및 연구 추진 장려를 권고하였다.

일본은 세계를 대표하는 장수국가이자 고령화 선진국이다. 연구기관으로는 1972년에 설립한 도쿄도 노인종합연구소(현재 도쿄도 건강장수의료센터)가 오랫동안 일본의 노년학 연구를 이끌어 왔다. 2004년에는 국립장수의료센터(현재 독립행정법인 국립장수 의료 연구센터)가 아이치 현에 설립되었다. 교육기관으로는 2002년 오비린 대학 대학원에 노년학 전공(2008년부터 노년학 연구과로 변경)을 개설했고, 2009년 도쿄대에 '고령사회 종합연구소(Institute of Gerontology, IOG)'가 설립되었다. 유럽이나 미국보다 늦은 일본의 노년학 연구는 이제 막 시작된 초기 단계라고 할 수 있다

2) 고령화 과제를 해결할 노년학

노년학은 실험실이나 연구실 책상 위에서 이루어지는 학문이 아니다. 초고령사회와 장수사회의 문제 해결을 목적으로 하는 '실천적' 성격이 강한 학문이다. 따라서 지역사회나 산업계, 행정조직과 밀접한 연계가 필요하다. 노년학 연구 및 교육기관의 활동을 살펴보면 적극적으로 지역, 산업계 등과 연계하여 과제 해결을 위한 구체적인 행동에 나서고 있다는 사실을 알 수 있다. 노년학은 하나의 학문 영역을 뛰어넘어 공통의 가치관을 형성하고 협동하는 현장 활동 중심의 학문이다.

3) 아름답게 나이 드는 법

(1) 100세 인생을 어떻게 보낼 것인가

이는 21세기를 살아가는 우리에게 주어진 새로운 과제이자 커다란 기회이다. 우리는 이 질문에 어떻게 대답할 것인가? 하루하루가 힘들고 한치 앞을 상상할 수 없다. 삶의 방식도 사람마다 다를 것이다. 다만 인생은 지금보다 더욱 풍요로운 삶을 자기 스스로 만들어 가는 것이며 다른 사람에게 배우거나 흉내 낼 수 없다고 생각하는 사람도 있다. 철학자 소크라테스는 "인생에서 가장 중요한 점은 그저 주어진 대로 사는 삶이 아니라 더욱 풍요로운 삶을 사는 것"이라고 말했다. '100세 시대의 인생 설계 "더욱 풍요로운 삶" 설계'를 위해서는 다양한 지식과 많은 정보가 필요하다. 장수라는 특혜를 최대한 누리기 위해서는 무엇보다 늘어난 후반기 인생, 즉 노년기의 삶을 확실하게 준비해야 한다.

노년기를 다음과 같이 3단계로 나누면 100세 시대의 인생 설계를 전체적으로 이해하는데 도움이 될 것이다.

첫째, 자립 생활기-단순한 삶의 방식에서 여행과 젊은 체력을 유지하여 90% 정도는 다른 사람 없이 자립생활이 가능하다는 것이다

둘째, 자립도 정하기 - 완만하게 늙어가는 시기로 연령상 75세 이후가 된다. 신체적 노화는 피할 수 없다. 자립도의 변화를 보면 남성의 70%, 여성의 90%는 70대 후반부터 서서히 쇠약해진다. 이 시기에 활동적인 생활로서 데이케어에 나갈 수 있다면 더욱 허약해지는 노화를 육체적 정신적으로 유지하며 충실하도록 준비가 될 수 있다

셋째, 요양이 필요한 시기—돌봄이나 요양이 필요한 시기이다. 어디서 어떻게 노년을 맞이할 것인가에 대한 대책과 준비가 필요한데 그 대안으로 자기답게 늙어갈 수 있는 사회(Aging in Place) 만들기를 준비하는 일이 중요하다. 현재 운영되고 있는 시설로는 시니어 데이케어, 복지회관, Nursing Home, Assist Living 등이라고 볼 수 있다.

(2) 성공적인 노화(Successful Aging)가 목표다

자기다운 삶, 더욱 풍요로운 삶에 참고가 되는 개념이 '성공적인 노화(Successful Aging)'라고 볼 수 있다. 성공적인 노화의 모습이나 개념에 관한 논의는 노년학의 오랜 연구 주제로 시대 표현으로 번역되기도 하지만 의미가 추상적이고 다의적이기 때문에 영어 표현 그대로 사용하기도 한다.

성공적인 노화의 개념 정의

i) 수명 연장에서 QOL(Quality of Life)로 변화

20세기 후반의 수명 혁명으로 연구 목표가 어느 정도 달성되어 인간은 오래 살 수 있게 되었지만, 병에 걸려 누워 있기만 하는 고령자나 퇴원 후에 할 일 없이 무위 생활에 빠진 고령자가 증가하는 새로운 문제가 발생했다. 이제 고령자 연구의 목표는 수명을 양적으로 연장하는 일에서 고령자의 삶의 질(QOL, Quality of Life)을 향상하는 일로 바뀌었다.

ii) 성공적인 노화의 등장. 1987년 노년 의학자 존 로위와 심리학자 로버트 칸이 학술지 《사이언스》에 발표한 '성공적인 노화'라는 개념이

전 세계에 커다란 관심을 불러 모았다(Rowe & Kahn, 1987). 성공적인 노화의 개념은 생산 활동에서 은퇴하고 체력과 기력도 쇠약해져 결국 사회에서 소외된다는 기존의 고령자 관념을 뒤집는 것이었다. 이를 계기로 유럽과 미국(특히 미국)의 프로테스탄트 문화권에서 인간의 가장 기본적이고 중요한 가치로 인정하는 '자립(independent)과 생산(productive)' 활동을 전 생애 걸쳐 유지할 수 있다는 주장이 확산되었다. 이에 따라 중년기의 삶을 인생 최후의 순간까지 연장하기 위한 성공적인 노화 연구가 활발히 진행되었고 미국에서는 연구 성과를 바탕으로 다양한 고령자 정책을 연달아 발표하고 시행하고 있는 것이다. 그중에 하나가 Medical Adult day care라고 볼 수 있다.

(3) 후기 고령기의 성공적인 노화이론

i) SOC 모델

밸티스 부부(Paul Baltes & Margaret Baltes)가 주장한 SOC(Selective Optimization with Compensation) 모델이다. 이 이론이 후기 고령기를 지지하는 가장 성공적인 노화 이론이라고 인정하는 사람이 많다. SOC 모델은 나이가 들어 나타나는 다양한 기능 저하를 인정하고, 성공적인 노화란 남아 있는 기능이나 자원을 효율적으로 활용하면서 충실한 생활을 보내는 것이라고 주장한다. SOC 모델은 선택, 최적화, 보상의 세 가지 프로세스가 서로 밀접하게 연관되어 있다.

첫째, 선택—지금까지 해 왔던 많은 활동 영역 중에서 자신에게 중요하고 의미 있는 영역을 선택하여 현실에 맞게 새로운 목표를 세우고 방향을 설정한다.

둘째, 최적화—선택한 활동 영역 또는 남아 있는 기능이나 자원을 집중적으로 투입하여 새로운 목표 달성을 위해 노력한다.

셋째, 보상—잃어버린 기능은 다른 기능이나 자원으로 새롭게 대체하여 목표를 달성한다.

ii) 노년 초월

또 다른 이론은 노년 초월(Gerotranscendence)이다. 에릭슨은 인간은 태어나서 죽을 때까지 끊임없이 사회와 상호 작용하면서 자아가 성장한다는 일관된 관점으로 심리사회적 발달 8단계를 이론화하였다. 에릭슨이 80세를 맞아 노화로 인해 피할 수 없는 체력 저하, 심리적 능력 상실 및 붕괴에 어떻게 적응하고 타협해 나갈 것인가에 대한 비유를 어미 고양이를 무조건 신뢰하고 팔다리의 힘을 빼고 모든 것을 맡기는 아기 고양이처럼 궁극적인 해방(letting go)의 상태에 도달하는 것이 가장 이상적이라고 에릭슨은 설명한다.

iii) 사회 정서적 선택이론

세 번째는 사회 정서적 선택이론(Socio-Emotional Selectivity Theory)이다. 후기 노년기에는 신체적 쇠약이나 질병 등으로 자립생활 유지가 곤란해진다. 배우자나 형제자매, 친구 등 오랜 기간 친하게 지내온 사람들의 죽음이나 수입 감소와 같은 다양한 상실을 경험한다. 그러나 고령자의 주관적 행복감은 젊은 사람과 비교해 절대로 뒤지지 않고, 오히려 높다는 연구 결과도 많다. 카르스텐센(Carstensen)은 고령자의 주관적인 마음 적응력에 주목하여 사회 정서적 선택 이론을 발표했다. 고령자는 친하고 마음이 맞는 사람과 만나 교류하기를 원한다. 따라서 고령자의 인간관계는 친한 사람 몇 명으로 한정되는 사례가 많다. 이러한 변화는 모두 생활에 적응해서 살아가기 위한 선택적 시도이다. 우리는 평생 본인의 신체를 포함하여 환경 변화에 적응하며 살아간다. 사회 정서적 선택 이론은 노년기의 심리적 특성을 적응 관점에서 설명한 이론이다.

4) 삶의 질(QOL)이 중요하다

노년기 생활의 중요한 키워드가 Quality Of Life(QOL, 삶의 질)이다. QOL이란 무엇인가? 인생 100세 시대를 맞이하여 누구나 장수의 가능성을 손에 넣었다. 이제 현대사회의 과제는 인간의 수명을 더욱 늘리는 일이 아니라, 20~30년에 이르는 노년기를 어떻게 하면 더욱 풍요롭게 지낼 수 있는가에 있다. 즉, 우리의 주요 관심은 수명 연장이라는 양적 과제에서 더욱 살기 좋은 생활을 추구하는 질적 과제로 크게 바뀌었다. 여기에 등장하는 주요 키워드가 바로 QOL(Quality Of Life)이다. WHO(세계보건기구)는 QOL의 개념을 "어느 개인이 생활하는 문화나 가치관 안에서 목표나 기대, 기준, 관심에 대한 본인의 생활 인식 수준"으로 정의한다.

5) 고령자에 대한 오해와 진실

고령자라고 해도 개개인의 건강 상태나 생활 방식은 무척 다양하다. 고령자는 '약자'라고 생각하는 일방적인 선입관이 고령자의 QOL을 떨어뜨린다. 고령자의 QOL 향상이라는 목표에 가장 큰 장애물은 바로 고령자를 바라보는 잘못된 인식이다. 잘못된 고정관념을 지니고 있는 것은 젊은이만이 아니다. 고령자들 사이에도 널리 퍼져 있다.

인생 100세 시대의 장수는 종종 마라톤에 비유한다. 출발은 같지만 골인 지점에 다 다를수록 그 모습은 한결같지 않다. 빠르거나 느리거나 하는 속도의 차이가 아니라 건강 상태, 경제 상태, 축적한 경험이나 경력, 가치관이나 생활 방식까지 폭넓은 다양성이 드러난다.

고령자를 규정하는 연령도 정년 제도가 대표하듯이 고령자의 다양성을 무시한다. 우리 모두 고령자와 연령에 대한 편견이나 선입관(에이지즘, ageism)에 대한 인식을 전환할 필요가 있다.

인구 3명 중 1명이 고령자인 초고령사회가 본격화되면서, 고령자와 고령화 현상을 어떻게 이해할 것인가 하는 기본적인 인식과 자세는 앞으로 미래사회의 모습을 좌우하는 가장 중요한 핵심이다. 역사적으로 시대 변화와 함께 고령자의 사회적 가치는 끊임없이 바뀌었으나, 고령자의 사회적 가치를 새롭게 재평가해야 하면서 이제는 신앙을 통한 기쁨과 감사가 있는 공동체로 인도되어야 하는 역할도 감당해야 하는 소명이 있다고 본다.

Ⅲ. 시니어 종교적인 배경과 구성

1. 배경과 구성

Journal of the Korean Housing Association에 실린 미 동부의 시니어 데이케어와 Nursing Home의 설문 조사를 통한 결과를 보면, Nursing Home에 거주하는 100명의 시니어분들 중에 개신교가 81.8%로 가장 많았고, 무교와 가톨릭은 각각 9.1%로 현저한 차이를 보인다.

기독교인이 월등히 많으나 85세 이상의 고령의 시니어분들은 거동이 불편하거나 특히 외출 시 혼자 다니는 것이 불편한 분들이 많아서 일요일에 교회에 가고 싶어도 갈 수 없는 경우가 대부분이다. 다행히도 한인교회에서 한인 시니어들이 많이 계시는 Nursing Home에 정기적으로 찾아가 봉사활동을 하고 있는 것으로 알려져 있고 Nursing Home 거주자들도 아주 만족하고 있다고 조사되었다.

가족이 함께 사는 문화에 익숙하다 보니 시설에 사시는 데 외로움을 많이 느끼신다. 언어적으로도 한국어에는 익숙하나 영어가 불편하기에 한국 시니어분들이 많이 계시는 곳에는 한인 시니어들끼리 모이는 경향이 있고 그렇지 못한 곳에 계시는 분들은 상대적으로 고립될 수 있다. 데이케어마다 운영하는 분에 따라 예배가 드려지고 안 드려지는 곳으로 구분이 되지만, 이곳에도 복음이 전파되어져야 하고 정기적인 예배가 드려져야 한다.

크리스천들은 물론이고 크리스천 아닌 분들도 간접적으로라도 예배를 접할 수 있는 기회와 복음을 접할 기회가 될 것이며 예배를 통해 하나님 안에서 한 형제와 자매됨으로 하나 됨을 경험할 수 있다. 또한 예배 후에 개인적인 만남을 통해 구원의 확신과 믿음을 심어 주고 믿지 않는 자들을 전도하여 함께 예배드리는 것을 목표로 한다.

2. 심리적 특징

데이케어에 특성상 인생의 풍부한 경험을 가지고 있기에 지내온 환경과 어떤 일을 했느냐에 따라 각양각색의 특성을 가지고 있다. 여자 노인의 심리적 그리고 정신적 고통은 남자 노인보다 2배가량 높다. 그 이유는 여성의 경우 매일 매일의 삶과 전 생애를 통해 불안, 우울, 또는 죄의식을 더 많이 경험한다. 왜냐하면 여자 노인은 이러한 경우가 더 많이 일어나기 쉬운 상황에 있다. 남자보다 어린 자녀들과 더 많이 접촉하고 낮은 교육 수준, 낮은 지위와 신분, 시어머니와 며느리와의 갈등, 경제적 의존성 등은 여자 노인을 남자 노인보다 더 큰 위험에 두게 한다.

대표적인 만성 질병은 남·여 노인에게 있어서 다르게 나타나는 것을 볼 수 있다. 예를 들면, 남자의 경우 위궤양과 위염, 충치, 근육과 뼈, 고혈압, 오랫동안 혼자 지내는 것이 익숙한 분들의 대부분은 우울증으로 사회성이 부족하고 낯선 이들과 대화하기가 힘들어 불화가 되기고 하고, 육체적 통증에 시달리는 분들은 날카로워져 있어 다가가기가 어려운 분, 열심히 가족의 경제를 책임졌던 분들은 남는 음식과 물품들이 아까워 다 싸가지고 가시는 분들, 평생을 공직자나 직장생활을 하고 은퇴하신 분들은 체계적으로 모든 프로그램에 참여하여 자신의 필요한 것을 습득하고 룰에 따라 긍정적인 생각으로 협조를 잘 해 주시고, 또 목회를 하시고 은퇴하신 분들은 늘 남을 배려하고, 가르치고 함께 하려는 긍휼한 마음을 가지고 봉사까지 마다하지 않으시는 직업에 따른 심리적 성향이 다르게 나타난다. 이에 맞는 목회적 돌봄이 필요한 것이다.

IV. 효과적인 시니어 케어 프로그램

1. 신체적 돌봄 프로그램

Activitiy program은 데이케어의 시설과 공간 활용에 따라 많은 것들을 시행할 수 있다. 기본적으로 즐거움과 건강을 제공하는 모든 프로그램은 다 할 수 있다.

-각종 게임 : 빙고, 앉아서 하는 체조, 그림 그리기, 서예, 탁구, 당구, 레크레이션, 노래교실, 요가, 영어 회화, internet 사용법, 장기, 바둑 등등으로 신체적으로 정신적으로 지속적인 즐거움을 제공한다.
-야외 활동 : 쇼핑과 마트 및 소풍, 영화구경, 단풍 구경 등
-기타 필요시에 따라 진행

2. 정신적 기능 활성화 프로그램

−퍼즐 게임. 빙고게임, 숨은 그림 찾기.
−건강 세미나 : 각 시즌 별 감염과 질병 예방책 및 진료, 전문인 세
  미나, 교양과 문화강좌
−상담 진료

3. 목회적 돌봄으로

−예배 드림 : 월 2회 외부 목사님 방문, 말씀과 찬양
−성경공부 프로그램 : 주 1회 은퇴 목사님의 인도
−개별 전도 : 데이케어에서 만난 친구를 교회로 전도, 자체 예배 참
  여 권면 등
−중보기도와 섬김의 본, 실천 신앙 : 휠체어 밀어 주기, 아픈 분들을
  위해 서로 중보기도.
−심방 : 입원한분들 병원 방문 기도와 사랑을 전함

V. 목회적 돌봄의 효과

1. 신체적 정신적 효과

본인이 하고 싶고 즐거운 일에 몰입하는 경우가 많기에 육체적 정신

적 큰 변화가 이루어지고 있다. 직접적인 참여로 자신감을 얻게 되고, 노인들이 위치와 지위를 더욱 향상시킴. 말씀으로 은혜 받아 기쁨으로 통증과 아픔을 잠시 잊게 해줌. 충분한 휴면과 몸의 균형을 유지하게 됨. 서예를 통해 손 흔들림이 줄어들고, 몸의 떨림이 없어지는 상황임. 그림 그리기를 통해 집중력과 성취감, 재능 개발 등 다양한 색채의 완성을 통해 자아만족과 작품에 몰입하게 됨으로 정신적 안정감을 주는 큰 효과가 있다.

2. 신앙생활의 효과

"내가 진실로 너희에게 이르노니 너희가 여기 내 형제 중에 지극히 작은 자 하나에게 한 것이 곧 내게 한 것이니라"(마태 25:40). 모든 것이 주님이 하시는 것이기에 우리는 작은 일부터 준비하면 된다. 인생의 후반기를 보내는 시니어분들이 하나님만이 영원한 동반자가 되심을 믿는 믿음이 완성되어져가는 age라고 볼 때 이제는 필요하고 절박한 심정이다. 예배의 소중함과 중보 기도의 활성화, 서로를 위해 비슷한 상황이고 같은 age분들이 함께 모여 아침에 가벼운 가방으로 출근해서 양손으로 무겁게 가득한 가방과 함께 퇴근하게 되는 광경을 종종 본다.

데이케어에서 제공하는 여러 가지 생활용품과 식사 등을 모아두었다가 가족들에게 나눠주는 기쁨과 무언가를 줌으로 부모의 체면이 가정에서도 질서가 유지되어 가고 있다. 냉장고에 항상 먹을 것과 나눌 것이 쌓여 있기에 집에 손님들이 와도 대접할 준비가 되어 있다 보니 시니어분들의 마음에 여유가 있어졌다.

"나의 평안을 너에게 주노라"(요한복음 14장 25) 그러나 이 평안은 그냥 주어지는 것이 아니다. 가족 중에 누군가는 인내를 해야 평안이 이루어진다. 또 누가 가족 중에 희생을 해야 평안이 이루어진다. 누군가 십자가를 짐으로 가정은 평안해 진다고 볼 수 있다. 목회적 돌봄을 데이케어에서 제공하게 됨으로 '믿음의 부모의 마음이 편하게 된다면 가정이 편안하다' 할 것이다. 부모님의 희생이 가족으로 흘러가지만 그 부모는 십자가에서 피 흘리신 예수님의 구원의 은혜로 천국백성의 소망을 받게 된다. 이런 상황을 많이 만들어 주는 사역이 끊임없이 지속되어야 하고 누군가는 희생을 하게 되는데 데이케어가 큰 역할을 감당하고 있고 그 효과가 일어나고 있다.

VI. 목회적 돌봄의 완성

앞에서 서술한 것처럼 구성원들이 소중하고, 삶의 후반기에 누군가의 도움이 육체적 정신적으로 절실히 필요한 상황에 의지할 것은 "하나님의 복음이다"는 결론이다. 쉽게 접근 할 수 없고 연령과 신체적 특성을 이기고, 평생을 믿어 왔던 세상적인 즐거움, 신앙의 모습을 다시 전문적인 돌봄 프로그램과 system을 바탕으로 복음의 말씀으로 인내하며 개척해 나가야 한다는 것이다. 이를 위해 서술한 "목회적 돌봄에 대한 시니어 데이케어에 대한 연구"는 이 시대에 너무 소중한 목회사역이다.

우리는 예수님만 바라봐야 한다. 예수님은 어제나 오늘이나 영원토록 변함없이 우리를 사랑하신다. 예수님을 믿는 자는 감사와 기쁨과 평강의 축복이 끊임없이 솟아오르는 영생의 샘물처럼 흘러 넘쳐난다고 하였다. 진정한 감사는 그리스도 예수 안에서 이루어진다는 사실을 시니어분들은 꼭 기억해야 한다. 오늘보다 좋은 내일을 바라보며 달려갈 때 만족함이 있고 기쁨 가운데 우리 영혼은 범사에 충만한 감사로 채워지게 된다.

예수 안에 거하는 인생은 살아도 죽어도 감사뿐인 삶이 된다. 그러므로 그리스도 예수 안에서, 늘 범사에 감사함으로 영혼에 하나님 주시는 참 평화와 기쁨을 누리는 시니어 분들이 되시길 소망하며, 아울러 우리에게는 예수님께 모두 맡기고, 하나님의 뜻을 구하며 음성을 듣고 시니어에게 다가가는 돌봄이 필요하다는 것을 잊지 말아야 한다.

참고문헌

고령화 사회에서 노인을 위한 대응방안 내용 중, google search docx
유기성 목사. 〈예수님과 동행하는 시니어 교회〉
이경화. 〈효과적인 노인 목회를 위한 연구〉
최예은 옮김. 《도쿄대 고령화사회 교과서》

참 예배에 대한 성서적 이해에 대한 연구

김성애 박사

참 예배에 대한 성서적 이해에 대한 연구

김성애 박사

Ⅰ. 서론 : 동기와 목적

하나님께서는 아담의 타락 이후 하나님을 만나는 방법으로 예배를 주셨다. 그러므로 오늘날 예배는 하나님의 백성으로서 마땅히 드려야 할 행위이며, 교회의 기능 중 가장 중요한 것으로 사람의 삶을 변화시키는 역할을 한다. 그러므로 교회의 사역 중 예배가 가장 중요한 요소라고 볼 수 있다.

그러나 오늘날에는 팬데믹을 시작으로 유튜브 등을 통해, 언제든지, 어디서나 온라인으로 예배하는 것을 볼 수 있다. 이렇게 가다 보면, 예수님의 몸 된 교회가 모두 사라지는 것을 피할 수 없게 될 것이다. 그러므로 지금 우리가 가장 먼저 해야 할 일은 교회를 세우는 것이라고 생각된다.

　이렇게 교회를 바로 세우기 위해서는 가장 먼저 예배가 바로 세워져야 한다. 그러기 위해서는, 예배가 무엇이며 어떻게 드려야 하는지를 알아야 한다. 왜냐하면, 예배의 목적은 예배를 통해 하나님의 형상이 회복되어 하나님의 공동체의 모습으로 변화되는 것이기 때문이다.

　그런데 예배에는 하나님이 받으시는 예배와 받지 않으시는 예배가 있다고 성경은 말씀한다(창 4장). 이 말은 현재 우리가 드리는 예배가 하나님께 바르게 드리고 있는지 깊이 생각하게 한다. 그러므로 이 논문은 오늘날의 예배를 바로 세워 공동체에 들어온 하나님의 백성들의 삶을 바로 세우고자 한다.

II. 본론

1. 예배란 무엇일까?

1) 예배의 의미

　예배의 어원은 하나님께 '엎드리다', '절하다'라는 말에서 시작된 것으로 영어로 'worship'이라고 한다. 이 'worship'이라는 단어는 앵글로색슨어인 'weorthscipe' 즉, '가치'의 뜻을 가진 'worth'와 '신분'이란 뜻을 가진 'ship'의 합성어로 '존경과 존귀를 받을 가치가 있는 신분(자)'라는 뜻을 가지고 있다. 결국, 이 단어가 의미하는 것은 '여호와의 이름에 합당한 영광을 그에게 돌릴지어다'라고 하는 시 96:8절처럼 '하나님께 최대한의 존경으로 최상의 가치를 돌리는 것'을 말한다.

2) 예배의 기능과 역할

예배란 예수님께서 이 땅에 오신 목적이며, 타락해서 죄 속에서 죽어가는 우리들에게 새롭게 하나님과의 관계를 회복할 수 있는 수단으로 주셨다. 그러므로 예배는, 예수님이 이 세상에 오셔서 십자가에 달리시고 돌아가심으로 우리를 구속하셔서 다시 회복시키는 통로로 주신 수단인 것이다.

구약의 창조주와 이스라엘과의 언약을 지키시는 하나님은, 신약에서 그의 아들 예수 그리스도의 인격과 사역으로 그의 뜻을 나타내셨다. 갈보리 십자가의 죽으심은 구약에서는 제사로 드려졌던 예배의 모습이었다. 이렇게 사람의 죄를 사하는 수단으로 드려졌던 제사라는 제도가 구약에서의 예배의 형태였던 것이다.

이러한 제사제도가, 그리스도께서 육신으로 세상에 오심으로 유대교의 제사와 의식이 끝나게 되었고, 그 대신 그리스도의 탄생, 생애, 죽음과 부활을 중심으로 한 역사적 사건이 구약의 제사제도를 충족시켜 그리스도의 구속 역사를 중심으로 한 예배가 되었다.

2. 왜 예배해야 하는가?-예배는 우리의 의무이자 삶의 목적이기 때문이다

처음 사람은 하나님만 높이며 섬기도록 창조되었다. 그러나 타락해서 하나님 대신 자신을 높이고자 함으로 하나님과의 관계가 끊어졌다. 그러나 하나님은 그대로 내버려두지 아니하시고, 하나님과 회복할 길을 계획하시고 열어 주셨음을 창 3장에서 볼 수 있다.

창 2장 17절의 "선악을 알게 하는 나무의 열매는 먹지 말라 네가 먹는 날에는 반드시 죽으리라 하시니라"는 이 말씀에서 알 수 있듯이 '하나님의 명령을 거역함으로 선악과를 따 먹으면 죽는다'는 말씀은 하나님의 신실하심을 보여준다. 그러므로 사람은 반드시 죽게 된다.

그러나 하나님께서는 우리 피조물을 사랑하셔서 살길을 열어 주셨는데, 그것은 창 3:15절 "내가 너로 여자와 원수가 되게 하고 네 후손도 여자의 후손과 원수가 되게 하리니 여자의 후손은 네 머리를 상하게 할 것이요 너는 그의 발꿈치를 상하게 할 것이니라 하시고"에서 확실하게 알 수 있다.

이것을 출애굽기에서 더 확실하게 증거해 주는데, 그것은 출 8:1 "여호와께서 모세에게 이르시되 너는 바로에게 가서 그에게 이르기를 여호와의 말씀에 내 백성을 보내라 그들이 나를 섬길 것이니라"라고 하신 말씀에서 알 수 있다. 즉, 하나님을 섬기게 하기 위해 애굽에서 구하셨다는 것이다.

그러므로 모든 인간은 하나님 앞에서 자기의 자주성을 버리고 그의 뜻을 따르며 섬겨야 할 존재임을 알고, 경배와 복종의 생활이 예배자들의 중요한 삶의 근본이 되어야 한다. 이것이 진정한 예배일 것이다. 이렇게 하나님을 예배하는 것이 '우리의 의무'이자 '삶의 목적'인 것이다.

3. 예배의 대상—그렇다면 우리는 누구를 숭배하는 것이며 예배해야 하는가?

니케아 신경은 우리가 "하나님, 즉, 천지를 지으신 분, 보이는 것과 보이지 않는 모든 것을 지으신 분, 전능하신 아버지를 믿는다"고 고백한다. 또한, 십계명에서 "하나님만을 섬기라"고 한 것(출 20:1~5)과, 마 4:10에서 예수님께서 마귀의 유혹을 받을 때 하신 말씀처럼 하나님만을 경배하고 섬겨야 한다.

사실, 사람은 어떤 형태로든 어떤 대상에게 예배하며 살고 있다. 사람들은 누구나 무엇인가 섬길 것을 찾아 이리저리 발길을 옮기는 것을 볼 수 있는데, 이러한 것을 철학에서는 '유신론적 실존들의 발길'이라고 이름 하였다. 특별히 키에르케고르는 현대라고 하는 무대에서 윤리적 실존으로서의 좌절의 의미를 터득한 사람들은 언제나 절대자를 찾게 마련이고 그 앞에서 유한적 자기를 발견하게 되며, 스스로를 종교적 실존으로 규정하게 된다고 말한 바 있다.

이와 같이 어떤 사람은 돈을, 권력을, 어떤 자신이 추구하는 것들을 예배하고 있다고 할 수 있다. 그러나 딤전 6:10에서는 "돈을 사랑하는 것이 일만 악의 뿌리"라고 했고, 마 6:24에서는 "사람이 두 주인을 섬 길 수 없다"고 했다. 이 말은 우리는 진정 우리들의 삶 속에서 추구하 는 것이 무엇인지 깊이 생각해야 한다는 것을 말해 주며, 천지 만물을 말씀으로 창조하시고 사람을 그의 형상대로 빚으신 창조주 하나님만을 높이며 섬겨야 함을 말씀하는 것이다. 그러므로 인간은 하나님을, 하나 님만을 예배해야 한다.

III. 어떻게 예배를 드려야 하는가?

1. 예배자의 자세

예배는 신자와 교회의 가장 우선적인 과업으로 기본적인 믿음을 세 우는 일로써 "예배하고, 동행하고, 일하는 것"이란 의미이다. 하나님의 백성은 하나님을 섬기기 위해 존재한다. 그러므로 하나님을 예배하는 것보다 더 큰 섬김은 없다. 예배는 교회의 기능에 지나지 않는 것이 아 니라 교회의 궁극적 목적이다. 그러므로 교회의 궁극적인 목적인 예배 를 드리기 위해서는 하나님의 은혜와 도우심인, 성령의 조명하심과 능 력이 절대적으로 필요하다.

우리가 모든 거짓 신들, 참된 하나님을 나타내는 모든 형상 그리고 제멋대로 드리는 모든 예배를 제거한다 하더라도 우리의 마음의 태도가 옳지 않다면 우리의 예배는 여전히 받아들여지지 못할 것이다. 이런 부류의 받아들일 수 없는 예배는 우리의 상태를 정확하게 묘사한다.

우리는 성경에 따라 예배하려고 노력한다. 그러나 우리 각자는 스스로 '나는 올바른 태도를 갖고 있는가?' 하는 질문을 던져볼 필요가 있다. 만약 올바른 태도를 갖고 있지 않다면, 그것은 하나님이 받으실 수 없는 것이기 때문이다.

그렇다면 성경에서 말하는 예배자에 대한 기본자세는 무엇인가?

예배자는 믿음이 있어야 한다.
예배자는 하나님을 위한 존재들이다.
예배자는 지적인 이해를 갖추어야 한다.
예배자는 영적인 세계의 이해와 도움을 필요로 한다.
예배자는 언제나 자기 결핍을 느껴야 한다.

이렇게 5가지로 꼽을 수 있다. 성경에서 찾아볼 수 있는 위와 같은 5가지 요소를 우리들의 선조들의 예속에서 찾아보고 예배의 모델로 삼고자 한다.

2. 구약에서 볼 수 있는 예배

구약에서는 대표적으로 가인과 아벨의 제사와 아브라함의 제사를 통해 하나님이 받으시는 예배는 어떠한 것인지를 찾아볼 수 있었다.

1) 가인과 아벨의 제사(창 4장)

가인과 아벨의 제사는 우리가 잘 알고 있는 제사로 어떤 자세로 예배를 드려야 하는지 대표적인 것으로 설명하고 있다. 여기에서 놀라운 것은 하나님께서 아벨의 제사는 받으셨는데, 가인의 제사는 받지 않으셨다는 것이다. 이 말은 예배는 형식과 제물이 중요한 것이 아니라 어떠한 마음과 중심으로 예배하는지가 중요함을 보여준다.

여기에 대해서 에릭 사우어는 《세계구속의 여명》이라는 책에서 "가인은 육의 종교로, 자기 의지에서 나온 예배며, 행위에 의한 자기만족적인 칭의며, 불순종의 자기 구속이다"라고 했다. 반면, 아벨은 죄는 사망을 가져온다는 사실을 겸손히 인정하며, 하나님이 친히 정하신 희생제물에 죄책을 받기며, 영원한 목적을 위해 핍박을 견디며, 여인의 추손을 통한 하나님의 구속의 승리를 기대하는 것을 나타내 준다. 바로 이러한 점을 말씀하는 것이다.

에릭 사우어는 아벨이 최고로 완전하게 된 상태가 그리스도로, 그리스도의 표상으로 이야기했다. 여기에서 아벨이나 가인이 가져온 제물보다는 아벨과 가인 그 자신 즉, 예배드리는 사람을 주목하셨다는 것을 알 수 있다. 하나님께서는 제사의 제물 그 자체에 관심을 가지고 계신 것이 아니고 예배드리는 자의 자세를 보신 것이다. 즉, 히브리서 기자의 해석처럼 믿음에 있음을 선언함으로 타 종교의 제사와 분명히 구별된다. 하나님은 언제나 제물보다는 사람을 먼저 보신다. 하나님이 가인보다 아벨을 편애하신 것이 아니라, 아벨은 하나님께 대한 감사한 마음과 신뢰하는 믿음으로 더 나은 제사를 드렸음을 보여주는 구약에서의 대표적인 예이다.

2) 아브라함의 제사(창 12, 22장)

아브라함도 하나님 앞에 제사를 드리면서 나아갔던 것을 성경에서 찾아볼 수 있는데, 먼저는 하나님께 부르심을 받고 하나님의 백성으로 출발하면서 드렸던 세겜 땅 모레 상수리나무에서의 제사(창 12:7-8)가 있다. 이것은 하나님의 언약만을 믿고 온갖 세속적 이해타산을 버린 채 즉각 가나안으로 이주한 믿음의 결단과 순종 위에서 행해졌던 예배라고 할 수 있다.

좀 더 자세히 살펴보면, 세겜 땅 모레 상수리나무에서 드린 제사는 하나님이 아브라함에게 일방적인 함께하시겠다고 하신 언약을 받고 그 언약에 전적인 믿음으로 나아가겠다고 결단하는 예배인 것이다. 즉, 창 12:1 말씀인 "여호와께서 아브람에게 이르시되 너는 너의 고향과 친척과 아버지의 집을 떠나 내가 네게 보여 줄 땅으로 가라"는 하나님의 명령을 아브라함은 갈 바를 알지 못하고 본토 아버지 집을 떠나가라는 말씀만 의지해서 나갔다는 것을 히브리서 기자가 히 11:8-10에서 증거해 주었다. 여기에서의 아브라함의 신앙은 아직 성숙되지 아니한 것을 바라보는 신앙이다.

두 번째, 창 22:9-10에 나타나 있는 모리아 산에서의 예배에서는 하나님의 명령에 하나밖에 없는 가장 소중하게 생각하는 아들을 아낌없이 드림으로 전적인 순종으로 나아가는 예배임을 보여준다. 이것을 종합해 볼 때 아브라함은 순전한 믿음과 순종으로 하나님을 섬겼음을 보여주는 예라는 것을 우리는 성경을 통해 알 수 있다.

3. 신약에서 볼 수 있는 예배

신약에서도 찾아볼 수 있는데 요 4장에서 예수님과 사마리아 여인의 대화와, 로마서 12:1에서 예배자의 자세에 대해서 찾아볼 수 있다. 자세하게 살펴보면 다음과 같다.

1) 요 4:14-24

내가 주는 물을 마시는 자는 영원히 목마르지 아니하리니 내가 주는 물은 그 속에서 영생하도록 솟아나는 샘물이 되리라 여자가 이르되 주여 그런 물을 내게 주사 목마르지도 않고 또 여기 물 길으러 오지도 않게 하옵소서 이르시되 가서 네 남편을 불러오라 여자가 대답하여 이르되 나는 남편이 없나이다 예수께서 이르시되 네가 남편이 없다 하는 말이 옳도다. 너에게 남편 다섯이 있었고 지금 있는 자도 네 남편이 아니니 네 말이 참되도다. 여자가 이르되 주여 내가 보니 선지자로소이다. 우리 조상들은 이 산에서 예배하였는데 당신들의 말은 예배할 곳이 예루살렘에 있다 하더이다. 예수께서 이르시되 여자여 내 말을 믿으라 이 산에서도 말고 예루살렘에서도 말고 너희가 아버지께 예배할 때가 이르리라 너희는 알지 못하는 것을 예배하고 우리는 아는 것을 예배하노니 이는 구원이 유대에게서 남이라 아버지께 참되게 예배하는 자들은 영과 진리로 예배할 때가 오나니 곧 이때라 아버지께서는 자기에게 이렇게 예배하는 자들을 찾으시느니라 하나님은 영이시니 예배하는 자가 영과 진리로 예배할지니라(요 4:14-24)

이러한 말씀에 나타나 있는 예수님과 사마리아 여인의 대화 속에서 신령과 진정으로 드리는 예배를 말씀하셨는데, 이 말씀은 예배는 드리는 장소가 어디인지가 중요한 것이 아니라, 그 속에 성령님이 이끄시며, 예수님의 구속의 말씀 위에서 예배가 드려지는 것이 중요함을 말씀하고 있다.

2) 롬 12:1
그러므로 형제들아 내가 하나님의 모든 자비하심으로 너희를 권하노니 너희 몸을 하나님이 기뻐하시는 거룩한 산 제물로 드리라 이는 너희가 드릴 영적 예배니라

이 말씀은 예배의 본질을 말해주는 말씀으로, 예배란 하나님을 경배하고 찬양하는 것과 함께 우리 자신을 하나님 앞에 산 제물로 드리는 것이다. 결론적으로 예배자의 자세는 하나님 앞에 겸손한 마음과 온전히 순종하는 마음으로 하나님 앞에 드려야 하는 것임을 알 수 있다.

4. 예배의 방법

사실 성경에는 예배를 어떻게 드려야 하는지에 대해서 잘 기록하고 있는데, 구약에서는 제사라는 제도였다. 왜냐하면 아담이 죄를 범함으로 하나님 앞에 설 수 없었기 때문이다. 그러므로 하나님께서 짐승을 대속물로 사람이 하나님 앞에 설 수 있도록 하셨던 것이다.

그렇다면, 구약과 신약에서 예배는 어떻게 나타났으며 어떤 방법으로 드렸는지 살펴본다.

1) 구약에서의 예배

먼저 구약에서는 제사라는 제도로 하나님을 섬겼다. 제사는 짐승을 잡아서 단 위에 태워서 드리는 것으로 예배했다. 이것은 장차 하나님의 어린 양으로 오실 예수 그리스도를 상징한다. 예수님은 우리의 허물과 죄를 대속하기 위해 십자가 위에서 희생의 죽음을 당하셨다. 그 몸을 단번에 드리심으로 우리는 영원한 속죄를 입고 하나님과 회복된 관계 속에 살게 되었다.

그러므로 우리는 하나님 앞에 설 수 있도록 하나님께서 친히 우리와의 벽을 예수 그리스도를 통해 허무신 것이다. 이것은 아무리 강조해도 과한 것이 아니다. 왜냐하면 우리가 믿는 이 기독교의 중심 요지는 예수 그리스도의 죽음, 부활, 승천, 다시 오시는 재림이기 때문이다. 그런데 여기에서 더더욱 놀라운 것은 신실하시고 사랑이 많으신 하나님의 성품을 볼 수 있다는 것이다.

왜냐하면, 짐승을 드릴 수 없는 가난한 자들도 하나님 앞에 제사드릴 수 있도록 하셨는데, 가난한 자들은 비둘기를 드리거나, 그것도 없을 때는 곡식을 갈아서 짐승 대신 드리게 하셨기 때문이다. 그러므로 누구든지 자기의 허물을 깨닫고 십자가 앞에 나아가 죄를 자복하고 버릴 때 깨끗하게 하심을 받는다(요일 1:9). 우리는 은혜의 시대를 살고 있다. 그러므로 우리가 받고 사는 은혜가 우리를 방종과 나태함에 빠뜨리지 않도록 주의해야 할 것이다.

여기에서 중요한 것이 있었는데, 그것은 거룩함이었다. 거룩하게 되기 위해서는 피의 제사가 있었는데 이것은 피흘림이 없이는 죄사함이 없었기 때문이다. 즉, 피흘림은 죽음을 의미한다. 하나님의 신실하심으로 반드시 죽으리라는 신실하신 말씀 때문에 반드시 죽어야만 했다. 그러나 하나님께서는 또한 사랑의 하나님이심으로 우리를 살리시기 위해 대신 피 흘리며 죽은 짐승의 죽음으로 대속해 주신 것이다. 이것이 구약에 주신 예배의 방법이었는데, 구별되었다는 의미를 가진 거룩함으로 흠이 없는 짐승으로 드려져야 했으며, 짐승을 바치는 사람이 직접 그 동물을 죽여야 했다. 믿음으로 이 일들이 행하여졌을 때, 그 희생 제물은 일시적으로 죄를 가려 주었다.

2) 신약에서의 예배
신약에서는 제사라는 제도 대신 예배를 드리게 되었다. 이유는 히브리서 10:1-18에 나타나 있는 것처럼, 예수님께서 십자가에서 한 번의 제사로 단번에 드렸기 때문이다. 사실 구약의 제사는 예배의 원형이라고 할 수 있다.

왜냐하면 제사라는 제도는 장차 오셔서 십자가에 돌아가실 예수님을 예표하는 것이었다. 이것을 신약에 와서 예수님께서 오셔서 고난을 받으시고 십자가에 돌아가심으로 구약의 예언을 성취하였다. 이것을 증명해 주는 것이 예수님께서 십자가에서 운명하실 때, 성소와 지성소를 가르는 휘장이 위에서 아래로 찢어진 사건이다(마 27:51, 막 15:38).

그러므로 신약에서는 이제 제사를 드릴 필요가 없고, 제사 대신 예배로 섬길 수 있도록 하나님께서 길을 열어 주신 것이다

예배는 이 땅에 사는 하나님의 백성들이 하나님의 궁휼에 대하여 드리는 마땅한 경배이다. 그 경배가 하나님께 상달되기 위해서 '신령과 진정으로 예배하라'는 것이다. 영어로 '신령과 진정으로'는 'in spirit and truth'이다. 원래 이것은 성경의 용어로는 '프뉴마'와 '알레테이아 안에서'라고 하는데, '프뉴마'라는 단어는 '성령'을, '알레테이아'는 '참 진리'라는 것으로, 예수 그리스도와 연결되는 단어이다.

그러므로 '신령과 진정으로 예배한다'는 말은 '성령 안에서, 또한 '예수 그리스도 안에서'라는 말로 해석할 수 있다. 이것은 예배의 대상은 성부 하나님이시지만, 그 예배가 하나님께 열납되기 위해서 '성령과 예

수 그리스도 안에서' 드려질 것을 가르치는 것이다.

참된 예배는 삼위일체 하나님이 함께하시는 예배이다. 이 말은 예배와 삶이 일치되어야 한다는 것이다. 이와 같이 예배와 삶이 일치되어가고 있는 신앙인의 모습을 본문에서 찾아볼 수 있다. 이로써 지금까지 하나님 앞에 예배로 나아가게 되었고, 이 모든 것은 전적인 하나님의 은혜임을 고백하게 된다.

Ⅳ. 결론

그렇다면 이런 예배를 오늘날 어떻게 적용할 수 있는가?

오늘날에는 많은 예배가 열린예배, 찬양예배 등 여러 종류의 이름으로 드리고 있는 것이 현실이다. 그러나 너무 쉽게 예배하게 되다 보니 우리들이 드리고 있는 이 예배가 진정으로 하나님이 받으시는 예배인지 알 수 없는 부분이 많음을 떨쳐 버릴 수 없다.

지금도 성경으로 돌아가자는 운동이 일어나고 있는 것이 현실이다. 이런 상황에서 우리는 어떻게 예배드리는 것이 진정 하나님이 받으시는 참된 예배인지 모색해야 할 것이다.

성경에서 보여주는 참된 예배의 모델인 초대교회로 돌아가 성령의 역사가 있는 예배가 우리들이 세워야 하는 교회라는 결론에 다다르게 된다. 이렇게 되기 위해서는 성전이라 불리는 우리 자신들이 초대교회에서 일어났던 성령으로 충만하게 될 때 성경에서 말하는 참된 예배가 될 수 있을 것이다.

마가 다락방에서 예수님이 마지막 남기신 말씀인 "오직 성령이 너희에게 임하시면 너희가 권능을 받고 예루살렘과 온 유대와 사마리아와 땅끝까지 이르러 내 증인이 되리라 하시니라"고 하시는 이 행 1:8절 말씀만 붙들고 열심으로 기도함으로, 오순절날 성령이 오셔서 교회가 세워졌다. 이렇게 세워진 교회에서 자신들의 모든 것을 드리며 열심으로 복음을 전하던 그 교회로 돌아가야 한다. 이러한 예배가 진정 하나님이 받으시는 성경에서 말하는 참된 예배일 것이다. 이런 모습을 가장 잘 보여주신 분이 예수님이시다.

그러므로 우리는 예수님의 발자취를 따르는 참된 예배자로 교회 안에 서 있어야 하는데, 그러기 위해서는 사도 바울이 외쳤던 "그러므로 형제들아 내가 하나님의 모든 자비하심으로 너희를 권하노니 너희 몸을 하나님이 기뻐하시는 거룩한 산 제물로 드리라 이는 너희가 드릴 영적 예배니라"고 하는 롬 12:1말씀처럼, 우리 몸을 하나님이 기뻐하시는 산 제물로 드리는 영적 예배로 하나님 앞에 나아감으로 오직 성령의 능력으로 예수님의 구원을 선포하는 예배자로 하나님 앞에 서야 할 것이다.

룻기의 관점에서 본 여성을 위한
목회적 돌봄 연구

남미경 박사 (학생처장)

룻기의 관점에서 본 여성을 위한
목회적 돌봄 연구

남미경 박사 (학생처장)

I. 서 론

본 연구는 개인주의가 성행되어 가고, 가정이 와해되어 가는 오늘날, 교회 안과 밖에서 소외되고 상처받은 여성들을 배려하고, 그들의 영적 성장을 도모하며, 나아가 그들이 예수 그리스도의 자녀가 되며, 결국 그리스도의 증인의 삶을 살게 하기 위한 것이다. 스트레스의 지수로 보면 배우자 사망 다음으로 이혼과 별거로 인한 스트레스가 상당히 높다. 이것을 볼 때, 혼자 사는 여성들의 아픔은 굉장히 크며, 따라서 그들을 예수 앞으로 인도하는 여성 사역과 리더십의 문제점이 연구의 동기가 되었다. 또한 여성들의 자원을 극대화하여 하나님 나라의 확장을 이루고자 하는 목적으로 삼는다. 그들의 변화와 성장을 위한 목적을 위해 성서적, 목회적 근거와 대안을 찾고, 나아가 여성 사역자들을 위한 바람직한 리더십을 구상하는 것을 목적으로 한다.

연구의 방법으로는 교회 공동체와 리더십 연구로서, 신앙의 중심으로만 보았던 예수님을 교회 리더의 중심으로 보았다. 그에 따라 성서적으로 룻기를 연구함으로써 현대 이민사회 속의 많은 싱글 여성들의 소외감과 룻의 시대적 소외감의 동질성 그리고 사사 시대를 배경으로 한 가정사를 통해 이방인을 포용하는 기독교의 보편성과 섭리하시는 하나님의 인도와 구원의 사역을 연구한다. 결론적으로 본 연구 목적과 방법은 다음과 같다.

첫째 : 소외된 여성들을 위한 목회적 돌봄
둘째 : 룻기를 통한 나오미의 리더십과 예수님의 리더십에 대한 연구
셋째 : 여성들을 향한 예수님의 돌보심과 여성 사역자들의 새로운 리더십
넷째 : 현시대 교회가 겪고 있는 여성들에 대한 현실적인 문제와 룻기의 메시지를 통한 해결방안.

II. 본론

1. 룻기의 성서적 고찰

1) 역사적 배경은 사사시대이다.

이스라엘 역사 가운데 가장 암울한 시대이지만, 그럼에도 불구하고 백성들이 회개하고 돌아설 때, 하나님은 자비로운 구원의 손길을 내미셨고, 또한 영원한 진리가 숨어 있는 시대이다.

2) 룻기의 기록 목적

룻기는 총 네 장으로 구성된 짧은 스토리이다. 유대인의 배타주의에 도전하며 친애 즉 헤세드의 사랑의 중요성과 다윗의 족보와 하나님의 주권을 강조하며, 믿음, 사랑, 소망이라는 세 단어로 요약할 수 있다.

주요 메시지는 이방인이라도 겸손함과 믿음을 통해 하나님의 축복을 받는다. 나오미라는 한 불행한 여인의 이야기를 통해 주시는 메시지는 불순종한 백성이라도 하나님께 돌아올 때 회복시키신다는 것이다. 또한 다윗 왕의 역사적 뿌리를 제공하고 있으며, 예수님의 조상 중에 룻과 같은 이방 여인도 있음을 증거하고 있다.

3) 룻기 속에 나타난 하나님의 섭리

나오미의 남편, 엘리멜렉은 "하나님은 나의 왕이시라"라는 이름을 가지고 있었음에도, 베들레헴 땅의 흉년으로 인해 그모스 신을 섬기는 모압 땅으로 갔다. 어떠한 상황에서도 고통이나 고난 속에서도 자신을 돌아보고 하나님을 떠나서는 안 되며, 하나님께로 나아가야 한다. 엘리멜렉은 한 가정의 리더로서 가족 구성원들의 삶의 방식과 믿음을 저버리고 그들을 이방 땅 모압으로 이끌었다.

그러나 나오미의 회개와 룻의 믿음을 보신 하나님의 섭리를 믿고 그분에 대한 소망을 갖게 하며, 고통당하는 사람들에 대해 본질적인 사랑을 실천할 수 있는 마음을 선물로 얻게 된다. 또한 룻기의 배경을 이루는 고엘 사상과 헤세드의 사랑을 통해 하나님의 섭리가 나타난다.

상처 입은 치유자로서의 나오미는 모압 땅에서 고난과 고통에서 돌아서서 베들레헴으로 돌아가는 나오미의 결단과 룻의 목숨을 건 믿음의 결단으로 언약 백성이 될 수 있으며, 어떤 믿음으로 살아야 하는지를 보여주고 있다. 가부장제와 여성들을 비하하는 세상 속에서 나오미와 룻의 가치가 나타나며, 하나님을 갈망하는 나오미의 영혼을 통한 헤세드의 사랑은 슬픔에 잠겨 있던 영혼에 새 생명을 탄생하며, 구속의 역사가 이루어진다.

4) 룻기의 교훈

룻기의 교훈에는 첫째로 기업을 지키는 일이다. 구약의 기업으로 땅과 사람이 여호와께 속한 것을 알고 이것을 지키는 일이다. 신약의 기업으로는 현시대의 교회, 직분 그리고 사람이다. 하나님이 주신 아픔이 있다 할지라도 나오미와 같이 그 아픔을 몸에 안고 다시 하나님께 돌아가서 지키는 것이 가치가 있으며 영적 기업은 그리스도의 믿음으로만 얻을 수 있다는 것을 깨우쳐 준다.

또 다른 교훈은 신앙의 결단과 회복이다. 나오미의 신학은 여호와께서 그녀를 고난 속에 두셨지만, 하나님께 변명을 하지 않았다. 그리고 하나님이 계시는 것과 모든 것을 주관하신다는 것을 깨닫는다. 나오미와 끝까지 함께하는 룻의 자비의 신앙과 룻의 시대적 고통과 개인의 위기를 극복하는 소망과 미래를 향한 신앙과 나오미와 운명 공동체로서 생사를 함께하는 하나님의 언약을 붙드는 사생결단의 신앙을 보여준다.

2. 여성 사역에 대한 성경적 고찰

1) 성서 속의 여성의 위치

구약에 나타난 여성은 하나님의 형상으로 창조되었으며, 남성과 여성이 함께 서로 돕는 사람으로 창조되었고, 믿음의 여성으로 미리암, 기생라합, 에스더 등이 있다.

신약에 나타난 믿음의 여성은 예수 그리스도의 사역에 나타난 여성이 있으며, 신약의 믿음의 여성으로 동정녀 마리아, 막달라 마리아, 뵈뵈 등이 있다.

2) 성서 속에 소외된 여성들은 예수님께서 사회적 도움이 필요한 여성들과 소통하는 것을 성경 안에서 볼 수 있다. 이것은 오늘날 우리에게도 영감과 위로를 주고 있다. 그리고 믿음으로 예수께 기쁨으로 드려진 간음한 여인은 그 여인으로 인해 예수님은 우리를 기뻐하시며 미래를 바라봄으로 현시대에 대처한다.

3. 여성의 목회적 돌봄

1) 복음서 속의 사역 연구로써 요한 복음의 사마리아인을 통해서 인간이 갖는 갈등관계 그리고 돌봄의 목회 속에서 아름다운 관계를 맺는다. 돌봄은 한 인간이 가지는 문제를 보시고 영원한 생명에의 확신과 소망의 변화를 체험하도록 돌봄을 통해서 베풀어 주신 목회 사역이다. 수치와 결함으로 얼룩진 여인이 복음을 전하는 거룩한 매개체가 되었다.

또 다른 한 여인으로 혈루병 여인이 있다. 세 개의 복음서에 모두 다뤄지고 있는 강력한 메시지이며, 율법의 틀을 깨고 주님 앞에 나아와 도움을 받았다. 즉 자기를 찾는 자들을 구원하시는 예수님의 능력을 증거하며, 주님의 치유와 구원의 사역 그리고 상실과 절망뿐인 막다른 골목에서 예수님을 향한 담대한 믿음의 선택을 통해서 예수님의 사랑을 나타낸다.

2) 신약 속 돌봄의 사례 연구

사도 바울의 목회적 돌봄을 보면, 하나님의 선하신 섭리는 모든 이에게 공평하게 비추지만, 인간은 결국 '자기 파괴'의 씨를 뿌리는 세속적 즐거움에 현혹되어 산다. 바울은 사람들이 각각 자기 일을 돌아볼 뿐 아니라 다른 이들의 일도 돌아보라고 권유하며 예수님을 예로 들었다. 바울은 그리스도 안에서 하나님의 자녀가 된 모든 남녀가 평등하다는 사상을 가르치고 있다. 바울이 갈라디아서에서 남녀동등성을 주장한 것은 다른 서신과 비교해 볼 때 매우 특별하다. 그 예로 신약 성경에서 유일하게 '여제자'라고 거명된 여성이 있다. 바로 다비다이다. 그는 바느질로 선행과 구제를 하며, 혼자 살았던 다비다는 과부들의 도덕적이고 영적인 뒷받침을 하며 복음을 전파하는 운동과 함께 위대한 복음 전도자가 되었으며, 죽었다가 다시 살아나서, 예수님을 믿기 원했고 삶의 진정한 가치와 소망을 가진 새로운 사람, 즉 그리스도인이 되기를 간절히 원했다.

4. 본 연구가 주는 교훈

1) 현시대의 교회가 얻어야 할 교훈은 거룩성이 회복되어야 한다. 현대 교회의 가장 필요한 것은 거룩성이다. 하나님은 내가 거룩하니 너희도 거룩하라고 말씀하셨다. 기독교의 생명력은 말씀대로 사는 것에 있으며, 거룩의 본질은 오직 하나님의 임재이다. 그리스도인은 늘 하나님께 하늘의 지혜와 계시의 정신으로 기도함으로써 거룩함을 회복해야 한다.

2) 믿음의 통로가 되어야 한다. 교회를 다니는 것이 아니라 믿음의 삶을 살아야 하는 것이고 살아내야 하는 것이다. 하나님의 은혜와 우리의 영혼 깊숙한 곳에서 역사하시는 성령의 임재로 우리는 견고하여지는 것이다.

3) 순종과 헌신이 회복되어야 한다. 순종은 훈련이며, 그 목적은 자유에 있다. 성서적 의미에서 헌신은 자신을 하나님께서 기뻐하시는 거

룩한 산 제사로 드리는 것이다.

4) 여성 사역자의 영적 리더십은 영적으로 어떠한 목표 달성에 있는 것이 아니라 하나님의 뜻을 이루는 것이다. 지도자의 성격적 자질은 진실성이다. 그리고 리더는 하나님께로부터 말씀을 받는 능력을 가지고 있어야 하며, 하나님께서 주신 성실성으로 하나님의 사역에서의 성숙을 재는 잣대로 사용해야 한다.

5. 오늘날 여성 목회 사역에 대안으로 나오미의 재발견을 연구한다

1) 고난을 짊어진 자의 사역자는 나오미이다. 룻의 사생결단의 신앙은 결국 나오미가 상처 입은 사역자로 룻을 인도하였기 때문이다. 나오미는 자신이 겪은 최악의 상실이 여호와에게서 비롯되었음을 깨닫는다. 나오미의 상실, 그 상처와 절망 가운데 하나님을 향한 울부짖음은 하나님의 사랑에 대한 확신이다. 그 가운데 나오미는 하나님의 헤세드를 보여준다. 룻의 헌신을 통해 나오미와 룻과 보아스와 함께 여호와의 헤세드를 나타낸다.

2) 성경적 여성 지도력을 설명할 때 우리는 지도자(leader)와 지도력(leadership) 두 가지로 나눌 수 있다. 지도자는 한 그룹을 이끌어가는 조직상의 위치를 말하며, 지도력은 어떻게 주어진 일을 감당하는가라는 직무에 관한 것이다. 따라서 여성 지도력은 권위주의적인 수직 관계보다는 수평적 리더십이고, 참여적이며 상호관계 지향적 리더십이라고

할 수 있다. 결론적으로 성경적 여성 지도력은 '섬김'과 '자기희생'이라는 여성적 특성에 기초하는 것으로, 복음 전파의 과업을 달성하기 위해 타인의 필요를 충족시켜 주는 영향력이요, 합력해서 동역하는 융화력이며, 하나님 나라를 확장하는 추진력이다. 구약에서 남성에게만 허용하셨고 여성에게 제한적이었던 하나님의 사역이 남녀 모두에게 열리게 하셨다. 그 증거가 바울 공동체 안에서 펼쳐진다.

3) 브리스가의 여성 지도력을 보면 사도행전을 중심으로 초대교회의 상황을 잘 나타낸다. 유대인과 예루살렘을 중심으로 한 교회 형성기와 사마리아와 팔레스타인을 중심으로 복음이 전해지던 교회의 과도기 그리고 안디옥을 중심으로 땅끝까지 복음이 전해지던 교회의 확장기를 나타낸다. 브리스가와 아굴라는 교회의 확장기 때 사도 바울을 도와 함께 복음을 전하며 교회를 충성스럽게 섬기는 신실하고 아름다운 부부였다. 또한 브리스가의 여성 지도력의 특징은 가르치는 교사로서의 지도력을 나타내며, 예수 그리스도에 관한 이해를 정확하게 가르친 여성 지도자이다. 공궤와 섬김의 지도자로서 예수 그리스도의 섬김의 원리에 기초한 합력해서 과업을 달성하고 성취하는 융화력을 발견할 수 있다. 브리스가는 가정교회 공동체의 리더로서 그리스도의 청지기적 원리에 기초한 하나님 나라를 확장하는 추진력과 자기 목숨을 내어놓는 가장 뛰어난 십자가 사랑의 지도력을 나타냈다.

4) 구속주에게로 안내
나오미와 룻의 연합된 사역을 통해서 나오미가 룻의 안식을 찾아 주기 위한 적극적인 행동과 나오미와 룻이 과감한 결정을 내릴 수 있었던 것은 하나님을 신뢰했기 때문이다. 나오미와 룻은 신앙인으로 오직 하나님만을 믿고 자신의 모든 것을 걸어야 하는 일생일대의 결단을 내린다. 결국 나오미와 룻의 연합된 사역을 통해서 다윗 왕의 왕실 혈통이 나오며, 하나님은 구속 역사에서 아브라함과 다윗의 자손인 그리스도가 오도록 일하셨다.

우리가 힘든 시대를 살아가지만 그럴수록 더욱 헤세드의 사랑을 실천할 때, 성경이 제시하는 구원 드라마의 주인공의 될 수 있다. 하나님의 구원에서 구원이란 포괄적인 개념으로 모든 악과 고난에서 해방되는 것을 의미한다. 성경의 구원은 육체에 관한 것뿐 아니라 우리 영혼의 문제까지를 포함하고 있다. 구원은 죄와 그 결과로 말미암는 심판과 형벌에서 건짐받는 것을 의미한다. 성령은 우리에게 구원에 대한 확신을 주신다.

5) 소망의 공동체

영적 공동체의 특징은 성령만이 이루실 수 있는 하나됨을 경험한 사람들의 모임이다. 구약의 공동체 핵심은 하나님의 형상 속에 담겨진 공동체 모형은 서로 보완하고, 서로 공유하며 하나가 되는 것이다. 그리고 신약 공동체 모델은 희생과 헌신 위에 하나로 세워진 사랑의 공동체이다. 그리스도가 세운 공동체는 그리스도의 속죄라고 하는 희생 위에서 하나님의 뜻이 실현되는 진정한 생명력을 갖고 있다.

룻기에 나타난 공동체가 신앙 공동체의 가장 아름다운 모델이 되고 있는 것은 '메시아 공동체'를 실현하고 있기 때문이다. 이러한 어려운 여건 속에서도 이루어지는 하나님 나라는 하나님께서 그 택하신 백성 이스라엘을 통해서 말씀하시고 행하셨던 것의 '성취로서' 임하신다. 그 나라는 왕이시며 메시아이신 예수 그리스도의 인격 안에 '지금 존재한다'는 점이다. 지리적인 또는 민족적인 나라와는 달리 이 나라는 본질상 영적이라는 점이다. 하나님 나라 선포는 언약의 성취이며 현재성을 나타낸다. 오직 예수 그리스도를 통해서만이 하나님 나라에 들어갈 수 있다.

III. 결론

룻기는 한줄기 빛과 같이 공동체의 방향과 목적을 분명히 제시하고 있으며, 역경의 시대에 살고 있는 우리에게 하나님의 섭리와 도움을 기록한 책이다. 여성 리더십의 롤 모델이 되고 있는 나오미의 역할, 그리고 룻기의 신앙 공동체는 가정과 사회가 동일한 목적과 방향을 가지고 나아갈 것을 교훈한다. 본 논문은 나오미의 의식적인 차원과 리더십 그리고 예수님의 리더십과 여성을 향한 예수님의 돌보심을 통한 여성 사역자들의 새로운 리더십을 통하여 룻기에 대한 새로운 관점을 제시했다. 또한 룻기를 통해 나오미의 리더십, 하나님의 기업 그리고 현대 교회의 여성 사역의 비전에 대해 살펴보았다.

현재 많은 여성 사역자들의 리더십이 상실감에 빠져 있는 많은 여성들을 하나님 안에서 어떻게 회복시키는가? 그리고 소외된 여성들을 위한 방향 제시와 정체성 회복에 비전을 두고, 이러한 교훈을 통해 여성 사역으로 하나님 나라 확장에 귀하게 쓰임받는 아름다운 하나님의 동역자들이 모두 되기를 기대한다.

기독교 유아교육 방법인 발도르프 교육법 중 습식수채화 기법을 통한 배움에서 기쁨의 회복

이민정 박사

기독교 유아교육 방법인 발도르프 교육법 중 습식수채화 기법을 통한 배움에서 기쁨의 회복

이민정 박사

I. 서 론

1. 연구의 필요성과 목적

교육의 목적은 조화로운 전인적 인격을 갖춘 인간으로 성장하도록 하는 데 있다. 그리고 인간의 지적, 도덕적, 정서적 성취들을 보존하고 발전시키는 데 있다. 또한 교육은 인간의 가치 추구와 지적 성취를 가능하게 한다. 그러나 교육을 받는 주체가 누구이며 시대적 배경과 사회적 요청이 무엇이냐에 따라 달라지기도 한다. 그렇지만 오늘날 교육에 있어서 부족한 점은 학습자가 단순히 정보를 수집하고 그 정보들을 암기하여 되새김질하는 수동적인 방법의 교육, 즉 지식 중심의 학습방법이 만연하여 획일적인 교육으로 이루어지고 있는 것이다.

그 결과 정보 보존이 인지적으로 잘 되는 즉, 기억력이 우수한 학습자는 우대되고 그렇지 못한 학습자는 배움이 떨어진 학습자라고 여기는 인지 중심의 교육이 성행되고 있다. 이를 극복하고 타개하기 위해서는 배움에 자유로움과 기쁨이 함께하여 교육과정에서 학습의 호기심과 흥미를 유발하도록 해야 한다. 또한 참여하고 경험하는 활동을 통하여 배움의 전 과정에서 반드시 기쁨이 동반되어야 참 교육의 목적을 이룰 수 있을 것이다.

이러한 목적대로 교육이 이루어질 때, 유아들은 감각적 자극을 통해 자신과 환경을 알아가고 경험하면서 무한한 잠재력과 창의력이 생겨 적극적으로 학습에 참여하게 된다. 그리고 유아들은 창조주께서 만드신 자연을 오감으로 체험하면서 인간과 자연 세계의 생명체들과 조화를 이루는 방법을 터득하게 된다. 그 안에서 하나님을 직·간접적으로 경험하고 창조 목적에 따라 인간이 하나님과 함께 기쁨을 누리는 창조의 진리를 터득하게 된다.

본 연구에서는 하나님께서 창조 시부터 누리라고 주신 기쁨을 학습자인 유아가 배움의 과정에서 유아 스스로가 기쁨을 발견하고 학습자와 교사가 함께 하나님의 기쁨을 누릴 수 있도록 회복시키는 데 있다. 그래서 새로운 교육 방법, 특히 유아들을 대상으로 새로운 방법으로 시도하고 있는 발도르프학교 미술교육을 통해 교육의 본래 모습을 추구하고, 학습자의 잠재력을 향상시켜 창의력과 상상력을 배움에 적용할 수 있는 자연주의 예술교육 방법을 토대로 하여 대응 방안을 연구하고 자 하였다.

본 논문은 유아들(3~5세)을 대상으로 오감을 통한 경험적인 교육을 발도르프 미술교육을 통하여 학습자 자신이 가진 잠재능력을 깨우칠 수 있는 교육과정을 제공하고자 한다. 즉 학습자인 유아들의 개성을 자연스럽게 존중하면서 꾸밈없는 원형의 것으로 창조적인 활동을 하게 함으로써 상상력과 창의력이 풍부한 교육과정으로 이끌 수 있게 한다. 이런 경험적이고 감각적인 학습을 통해서 하나님께서 생명을 창조할 때부터 주신 호기심, 감탄, 경외함 등을 느끼고 찾을 수 있는 놀라운 힘이 배움의 과정에서 기쁨으로 회복되어진다.

본 연구의 목적을 달성하기 위하여 다음과 같은 내용으로 진행하였다.

첫째, 유아들의 기쁨의 관한 성경적 이해와 유아 학습발달 이론에 대하여 살펴본다.

둘째, 기쁨을 위한 자연주의 교육 방법의 유연성과 유아 발달 시기에 따른 오감의 자극이 기쁨에 어떤 영향을 미치는지 알아본다.

셋째, 배움의 기쁨 회복을 위하여 루돌프 슈타이너 교육실제와 방법을 고찰한다.

넷째, 발도르프 예술교육 가운데 유아들에게 호기심과 흥미를 불러

일으킬 수 있는 감각을 바탕으로 하는 미술교육 중 습식수채화 그리기를 기독교 교육과정에서 시행하고 있는 미술교육의 대안 프로그램을 제안한다.

또한 본 연구를 통해 지식의 전달이 아닌 유아의 다양한 감각활동을 통해 학습자가 주체가 되어 기쁨이 충만한 창조적 활동으로 숨겨진 잠재능력을 개발할 수 있게 한다. 이러한 잠재능력을 통해 또 다른 영적인 눈으로 바라보아 그리스도의 형상을 닮아 가도록 기쁨으로 회복되어지는 교육을 추구하고자 한다.

모든 것이 하나님의 피조물로서 창조의 목적과 질서를 직·간접적으로 경험하면서 창조의 진리가 터득되기를 희망하며 하나님의 의도와 계획에 따라 순종하여 기독교적인 인격 형성과 정체성을 확립시키고자 한다. 이러한 목적이 있는 교육에 임하는 교사의 가치 추구와 학습자의 배움의 욕구가 합치될 때 학습자와 교사가 함께 기쁨을 회복할 수 있게 된다. 따라서 본 연구에서는 이런 대안 방안으로 발도르프의 습식수채화 기법을 성경을 토대로 하여 유아들의 특성에 맞게 제시하였다.

2. 연구 방법 및 범위

본 논문은 6개의 장으로 구성되어 있다.

Ⅰ장에서는 위와 같이 연구의 필요성과 목적을 제시하였다.

Ⅱ장에서는 기쁨에 관한 성경적 근원을 고찰하고 유아의 기쁨을 위한 유아 학습 발달 이론에 대하여 기술하였다.

Ⅲ장에서는 기쁨을 위한 교육 방법론 중 자연주의 교육 방법의 유연성과 특징을 분석하여, 자연주의 교육 방법이 감각을 통한 교육의 유연한 방법으로 유아의 감각 자극이 기쁨에 어떠한 영향을 미치는지 살펴보았다.

Ⅳ장은 기쁨을 회복하기 위한 구체적이고 실질적인 내용으로 슈타이너의 교육 방법을 고찰하고 발도르프 교육의 장점을 찾아 습식수채화 그리기에 대한 유아 미술교육 방법을 살펴보았다.

Ⅴ장에서는 현재 현장에서 기독교 미술교육의 대안 프로그램으로 활용하려고 하는

배움에 있어 기쁨을 회복하기 위하여 유치원에서 적용할 수 있는 성경의 말씀을 주제로 하는 습식수채화 지도안을 제시하였다.

Ⅵ장에서는 결론으로 1장에서 5장에 나온 내용을 토대로 습식수채화 프로그램이 기독교 교육에서 어떻게 기쁨을 회복하는지에 대한 결론을 내리고 단기적이지만 유치원 교육과정에 시험 적용해 온 결과를 서술하였다.

Ⅱ. 기쁨의 성서적 이해와 유아 학습 발달 이론

창세기 1장에 보면 하나님이 모든 피조물과 특별히 창조의 최고의 작품인 '사람'을 창조하신 후에 "보시기에 심히 좋았더라~"라고 말하고 있다. 특히 사람을 창조하신 후에 하나님이 표현하신 감정은 '기쁨'이었다. 우리는 하나님의 창조의 기쁨 안에서 인간과 모든 피조물들이 창조의 목적대로 생명의 기쁨을 갖는다. 즉 성경이 말하는 기쁨은 하나님의 선물이며 동시에 하나님의 선물들에 대한 인간의 반응이다.

유아도 환경 속에서 큰 기쁨을 느끼면서 누군가의 의존이 아닌 유아 스스로 해보고 싶은 일을 경험하고 성취했을 때 성공의 기쁨을 갖게 된다. 유아의 기쁨은 오감각을 통해 얻는 쾌감을 느끼는 것이며 배우는 과정에서 성취감을 맛볼 때 느끼는 감정이다. 유아들이 배움의 과정에서 기쁨을 누릴 수 있는 효율적인 방법론은 다양한 감각을 통한 접근이다. 유아는 감각을 통해서 세상과 만나고 소통한다. 유아의 감각은 특별한 도구로 성인들은 주로 시각적인 자극을 의지하지만, 유아는 오감각을 이용한다.

그러므로 유아기는 모든 감각을 활용할 수 있도록 다양한 사물에 대해 직접적인 체험과 경험, 탐색이 학습과정에서 능동적으로 이루어져야 한다. 자연에는 유아들이 감각적 체험을 하기 위한 최고의 재료들이 가득하다. 자연의 모든 원형은 순수한 것으로 하나님의 창조 섭리 안에 존재한다. 하나님이 창조한 때 묻지 않은 순수한 본래의 성질을 가진 자연에서 유아는 감각으로 체험하면서 기쁨으로 회복되어진다.

감각을 통한 회복 교육은 하나님과 하나님이 약속한 말씀인 진리로 선포된 지식을 전달하고 그 지식은 진리에 순종하는 축복의 통로가 되어야 한다. 그러므로 기쁨의 근원이 되는 창조 목적과 그 교육과정 안에서 교육에 임하는 교사의 가치 추구와 학습자의 배움의 욕구가 합치될 때 학습자와 교사가 함께 기쁨을 회복할 수 있다. 이러한 기쁨이야말로 유아들이 세상을 처음 알아가고 자기 자신을 알아가고 환경을 알아가며 하나님의 창조의 세계를 알아가게 하며 이 배움의 과정에 우리는 반드시 회복해야 하며 회복할 수 있다.

다음으로 현대 발달 이론 중 대표적 이론인 에릭슨(Erikson)의 사회심리적 발달 이론, 밀러(M. Mahler)의 대상관계 이론, 콜버그(Kolberg)의 도덕성 발달 이론과 피아제(Piaget)의 인지 발달, 그리고 파울러(J. Fowler)의 신앙 발달 이론을 고찰하고 유아 발달 과정이 감각교육에 어떠한 기초가 되는 요인이 있는지 살펴보았다.

유아학습 발달 이론을 살펴보면 유아의 성장에 각 단계에 나눠진 발달 이론은 변화와 발달에 있어 유아에게 일어나는 특징적인 변화를 파악하는 데 유용하며 발달 과정에서 나타나는 문제의 원인을 파악하는 데 도움을 준다. 또한 특정한 발달 단계에서 발달과업을 성취할 수 있도록 지원하고 각 발달 단계에서 발달 내용을 구성하는 신체적, 심리적, 사회적 요소들과 그 요소들 간의 관계를 파악할 수 있다.

위 이론은 특정 발달 단계의 발달과업을 성취할 수 있도록 하고 각 성장 단계에서 유아들을 이해하는 기초가 되며 배움의 과정에서 창의적이고 주체적이 되도록 도움을 주는 역할을 한다.

Ⅲ. 기쁨을 위한 유아교육 방법의 유연성에 대한 연구

근대 철학에 기초를 두고 있는 대표적 교육 이론인 로크의 경험주의와 루소의 자연주의 교육을 비교해 보았다.

로크의 경험주의는 학습자의 개성과 본성에 주목하지 않고 획일적으로 만들어진 학습 내용을 학습자에게 주입하는 방식이며 이에 반해 루소의 자연주의 교육 방법은 유아의 성장을 식물의 성장에 비유한 독특한 교육 방법으로 유아 스스로가 주체가 되고 자연주의를 지향하는 교육 방법론이다.

자연주의 교육의 특징은 유아의 학습에 효과적인 방법이며 유아가 가진 창의력과 잠재력을 자연스럽게 깨우칠 수 있으며 유아들의 개성을 존중해 줄 수 있다. 자연의 꾸밈없는 원형의 것으로 창조적인 행위를 함으로써 상상력과 창의력이 풍부한 교육과정으로 이끌 수 있다. 즉 학습자에게 일률적이 교육이 아닌 개개인의 소질과 특기 개발에 역점을 두고 실천하는 교육이다.

본 연구에서는 루소의 자연주의 교육 방법을 토대로 유아들이 지니고 태어난 능력과 본성인 5감각을 사용하여 지식 체계를 몸소 체험할 수 있다. 그러므로 교육의 효과와 성장을 촉진시켜 주는 다각적인 방법은 자연주의 교육 방법에 가장 유연한 방법이라 할 수 있다.

Ⅳ. 기쁨 회복을 위한 발도르프 유아교육 방법

루돌프 슈타이너가 창시자인 발도르프 유아교육은 틀에 박힌 형식으로 학습자에게 일방적으로 적용하는 방식이 아닌 교육자와 학습자가 함께 배움의 주체가 되어 나눔과 교류를 함께 한다. 발도르프 교육 방법의 초점은 감각기관이 형성되어 가는 유아기에 감각이 잘 발달하도록 다양한 체험과 놀이를 중심으로 한 학습을 통하여 지식을 습득한다. 이러한 교육과정에서 학습자가 수동적이 아니라 능동적으로 참여하여 상상력과 창의성을 향상시킬 수 있다.

하나님은 생명을 탄생시킬 때부터 인간이 감각적 능력을 갖게 하셨다. 그래서 유아들이 태어날 때 주신 각각의 성상인 능력과 개성을 최대한 꽃피우기 위해 감각을 통한 교육 방법의 중요성이 강조되어야 한다. 따라서 기쁨을 회복하기 위한 유아교육의 방법으로 발도르프의 감각을 바탕으로 하는 미술교육이 유용한 방법이 될 수 있다.

발도르트 미술교육의 특징을 좀 더 살펴보면 발도르트 미술교육은 단지 그림을 잘 그리게만 하는 데 있는 것이 아니라 오감을 통해 받아들인 정보를 머릿속에서 조합하고 발전시켜 다시 밖으로 표출해 내는 것이 그림이라고 말한다.

슈타이너가 말하는 미술교육의 큰 목표는 기쁨의 감정 에너지와 연결시켜 미술교육을 시행했다. 또한 유아의 감각과 감정과의 관계를 통하여 표현시키려고 했고 색채를 중요시했다. 그 결과로 나타내는 발도르프 미술교육 방법 중의 하나가 습식수채화이다.

발도르프 습식수채화란 색의 삼원색인 빨강, 노랑, 파랑색의 기본만을 사용하여 젖은 종이에 그림을 그리는 기법이다. 특히 젖은 종이에 물감을 이용하여 수채화로 그리는 동안 색의 번짐을 뚜렷하게 관찰할수 있는 기법을 말한다.

이러한 습식수채화는 색채의 아름다움을 느껴 유아의 내면에 잠재되어 있는 능력과 개성을 깨워 자유롭게 자신의 감정을 표현할 수 있게 하며 또한 색이 번지는 과정에서 유아들은 색의 특성 속으로 빠져들어, 이때 유아들이 자유롭게 생각하고 상상하면서 인지 능력 및 감정 조절 능력 등이 발달하게 된다.

습식수채화는 6개의 색으로 이루어진 괴테의 색채론을 기본으로 하고 있다. 유아를 색채의 세계로 인도해서 생생하게 색채를 느끼도록 지향하고 있는 교육 방법이 바로 발도르프 미술교육의 특성이다. 색상환을 기본으로 한 분산색에서 볼 수 있듯이 습식수채화의 핵심은 색의 번짐을 유아가 세상을 이해하는 데 깨어 있는 눈으로 사물을 바라볼 수 있게 하고 색과 색이 만나고 섞이는 것을 경험하여 감각적 인식이 자연 세계와 연결하는 데 도움을 준다.

본 연구는 성경을 주제로 색에 대한 관찰을 통해 색채놀이처럼 습식수채화 활동을 통하여 기쁨의 감정을 유아들끼리 서로 이야기하면서 창조적 활동으로 기쁨을 회복하게 된다. 이 모든 과정은 결과 중심의 교육보다 유아의 학습 활동 과정 그 자체에 더 큰 의미를 부여함으로써 배움의 과정에서 교사와 학습자가 모두 즐거움과 행복감을 얻을 수 있다.

발도르프 교육의 다양한 방법론은 학습자의 예술적 역량을 최대한 재창조의 길로 열어 주는 학습과정으로 생동력 있는 교육 방법을 적용하고 있다. 가르침과 배움에 있어서 기쁨의 원천을 회복하는 것은 삶 자체에서 느끼고, 사고하고 표현할 수 있도록 유아들을 있는 모습 그대로 자연의 공간으로 초대한다. 이 과정에서 교사의 헌신된 마음 또한 유아를 알아가는 것에 대한 기대와 사랑이 넘친다. 그리고 그러한 마음을 읽고 알아주는 배움의 식탁에서 마주하고 하나가 될 때 학습자와 교사는 기쁨으로 회복된다.

기쁨의 회복을 위한 습식수채화 프로그램에서 습식수채화의 장점을 간략히 요약하면 다음과 같다.

　습식수채화 기법은 색의 퍼짐 효과인 그라데이션에서 유아들은 율동감을 더욱 깊이 체험할 수 있고 유아가 체험한 것을 창조적인 과정을 통해 자연과 인간, 그리고 자신과 자신과의 관계를 탐구하며, 자신의 창조적 능력을 발휘하게 하는 원동력이 된다. 즉, 자신의 능력과 창의성을 인식하여 자신과의 조화와 균형을 찾아가며 이를 통해 창조주에 대한 경외심과 감사와 기쁨을 느낄 수 있게 된다.

V. 기쁨의 회복을 위한 습식수채화 지도안 제시

　습식수채화 프로그램에 있어 수업은 색의 특성과 유아의 내면에 잠재되어 있는 능력과 개성이 상호 교감하여, 성경 말씀에 대한 자신의 감정을 의인화하여 표현할 수 있게 한다. 그리고 습식수채화 활동이 마무리 되는 시간에 각자 그린 그림으로 서로 감상하는 시간을 갖는데 이 시간에 서로의 작품으로 결과를 나누는 가운데 다른 아이의 의견을 수용할 수도 있고, 미처 생각지 못한 부분을 배울 수 있는 기회도 얻게 된다.

　본 연구에서 4가지 프로그램을 제시하였다.

　첫 번째는 빛에 관한 것으로(창 1:3) "빛이 있으라 하시니 빛이 있었고"에 근거한 것이다. 햇살이 눈부시게 펼쳐진 노란색의 퍼짐의 그림은 하나님이 말씀으로 창조하신 빛에 대해 소개하면서 빛의 퍼짐을 물감으로 유아들이 표현해 보고 빛을 창조하신 후 하나님께서는 어떠한 감정이셨는지 하나님의 감정을 유아들의 감정으로 표현하면서 작품을 감상해 본다.

다음은 물을 주제로 하여(창 1:10) "하나님이 뭍을 땅이라 부르시고 모인 물을 바다라 부르시니 하나님이 보시기에 좋았더라"는 말씀으로 세상을 만들기 위한 질서와 나눔에 대해 소개하고 하나님이 만드신 바다를 파란색 색채로 표현하고 하나님의 기쁨의 감정을 유아들이 서로 발표해 본다.

다음의 주제는 열매로(창 1:11-12) "땅이 풀과 각기 종류대로 씨 맺는 채소와 각기 종류대로 씨 가진 열매 맺는 나무를 내니 하나님이 보시기에 좋았더라"는 성경의 구절에서 하나님이 주신 각종 열매를 맛보는 미각 수업으로 진행하였다. 그리고 각종 열매의 분류와 관찰을 통한 감각적 활동 수업으로 진행한 후 열매의 대표적인 색인 사과의 빨간색의 퍼짐을 이용한 색깔놀이를 하였다. 하나님이 "종류대로" 만드신 여러 가지 열매로 세상의 질서와 조화로움을 주제와 연결하여 토의하고 감상해 보았다.

마지막 주제는 에덴동산으로(창 1:31) "하나님이 지으신 모든 것을 보시고 보시기에 심히 좋았더라"는 내용에 근거한다. 색의 혼합을 통한 창조의 과정을 전달하고. 두 가지 색을 사용하여 새로운 색을 만들어가는 혼합 과정 체험하면서 하나님이 창조 하신 에덴동산의 모습을 상상하여 우연히 만들어지는 다양한 색채로 표현하게 해보았다.

위와 같은 방법으로 창세기 1장에서 요한계시록 22장까지 성경에 모든 말씀을 습식수채화 프로그램으로 만들 수 있으며 습식수채화를 통하여 성경 말씀을 쉽게 이해할 수 있게 하고 말씀에 나타난 하나님의 마음을 깨달음으로 하나님이 주신 기쁨을 회복하고 유아들의 마음 또한 기쁨으로 채울 수 있게 되었다.

VI. 결론

위와 같은 과정을 거쳐 얻은 결론은 인간은 어려움을 극복하고 건강한 몸과 마음을 유지하기 위해 반드시 기쁨이 필요하다. 또한 유아들이 창조적인 배움을 통해 기쁨과 즐거움을 경험하고 긍정적인 태도와 자아 존중감을 높이는 데 있어 기쁨 회복은 매우 중요하다. 그리고 기독교 유아교육에 있어 교사는 기쁨을 체험할 수 있는 창의적인 학습방법과 기쁨을 줄 수 있는 신앙의 체험으로 하나님을 믿고 느껴 평생 지속적으로 기쁨을 얻을 수 있도록 가르쳐야 한다는 결론을 얻었다.

본 연구 결과인 유아들의 기쁨 회복을 위한 습식수채화 프로그램을 수업에 적용한 바 다음과 같은 결과를 얻었다.

수채화 수업은 유아들의 호기심을 자극하고 수업에 대한 기대감을 갖게 하였다. 또한 성경 지식과 이해도를 높일 수 있었다. 습식수채화 수업을 통하여 유아의 잠재적인 능력을 드러내어 교사와 유아들의 관계가 밀접하고 친숙하게 되어 유아의 기쁨을 얻을 수 있게 되었다. 또한 유아의 학습 상태에 맞는 자유로운 표현 활동을 통해 색을 체험하여 유아의 상상력과 창의력이 증대되어 기쁨이 회복됨을 확인하였다.

습식수채화 프로그램을 적용한 수업을 종합적으로 분석한 결과, 유아는 습식수채화를 경험하면서 자신의 느낌을 자유롭고 다양하게 표현하였다. 유아들이 수채물감과 물의 농도 차이에서 오는 번짐 현상으로 자연스럽게 혼색이 되고 다양한 톤으로 변화되는 과정을 보면서 교사와 유아들이 서로를 잘 이해하는 수업이 되었다.

즉, 습식수채화 수업은 교사의 틀에 박힌 지식이나 유아들이 주입식으로 터득된 것에 얽매이지 않고 마음껏 표현할 수 있게 하여 유아들의 기쁨을 끄집어내는 학습놀이 시간임을 확인하였다.

습식수채화의 색의 섞임과 물감의 흐름을 통해 유아의 무한한 잠재력과 창의력이 생기며 창조하실 때 이미 우리에게 주신 기쁨은 동반되고 회복된다. 그렇게 함으로써 유아들은 창조적인 사고와 상상력으로 감정 조절 능력 발달과 조화로 창조주에 대한 감사를 표현한다. 이러한 과정에서 유아는 자신과의 조화와 균형을 찾아가며, 심상으로 느낀 하나님과 예수님에 대하여 느끼고 표현하면서 창조주에 대한 경외심과 감사와 기쁨을 느낄 수 있게 된다.

위에서 제시한 4가지 프로그램으로 일선에서 몇 번을 적용하여 선생님들과 학부모에게 얻은 프로그램 적용 결과 수업 집중 및 자신감이 증대되었고 유아들의 성경에 대한 지식 및 이해도가 증대되었다. 또한 유아와 교사와의 관계성 개선이 보고되었으며 감정 조절 및 상호 이해를 통한 기쁨이 회복되고 있음을 알 수 있었다.

본 연구를 마무리하면서 모든 학습의 결과가 결과물을 얻기 위한 수업이 아닌 유아의 내면에서 하나님을 알고 체험하여 하나님의 말씀을 삶에 드러낼 수 있는 신앙에 기초를 두고, 가정과 학교, 교회 등 신앙 공동체가 기대하는 내적인 회복할 수 있도록 교육에 중점을 두어야 할 것으로 본다.

성서 속의 치유 사례 연구

김현희 박사

성서 속의 치유 사례 연구

김현희 박사

서론

21세기 현대 인류 과학은 소위 4차 산업혁명 시대라 불릴 만큼 현저한 발전을 가져왔는데 특히 생명 공학 부분에서 획기적인 발전을 이루었다. 생명공학의 바이오산업 발전은 IT(Internet Technology), NT(Nanotechnology) 등 첨단기술의 융합을 통해서 SNP(single nucleotide polymorphism), 약물 유전체학(Pharmacogenomics), 줄기세포 부분에 많은 발전을 가져왔고 이러한 연구의 결과는 난치병과 유전병 치료의 새로운 돌파구를 가져왔다. 하지만 이러한 획기적인 생명 과학의 발전에도 불구하고 지난 2019년에 시작된 코로나 바이러스로 인한 팬데믹은 전 세계적으로 693만 명(2021년 5월 기준)의 인간이 약 0.1㎛의 작은 바이러스로 인해 목숨을 잃었다. 이러한 통계는 과학과 의학이 아무리 획기적인 발전을 이룬다 하더라도 인간의 능력은 신의 영역을 넘을 수 없음을 증명해 주고 있다. 이러한 역사를 경험하면서 필자는 성경의 치유사역을 통해 하나님의 치유사역 본질을 연구하고자 한다.

하나님이 만물을 창조하시면서 창조의 마지막 날에 인간을 하나님의 형상으로 창조하시고 "하나님이 지으신 그 모든 것을 보시니 보시기에 심히 좋았더라"(창 1:31)고 하시고 "생육하고 번성하여 이 세상 만물을 다스리라"(창 1:26-28)고 하셨다. 인간은 하나님의 계획과 섭리 속에서 창조되어진 피조물이기에 하나님의 뜻을 이루어가며 살아가야 한다. 인간은 하나님이 인간을 창조하신 그 존재의 목적과 가치를 하나님의 뜻에 따라 살아가야 하는 삶을 살아가야 하는데 최초의 인간인 아담의 불순종은 하나님과 인간의 관계를 단절시켰다.

하나님은 이러한 불순종한 인간과의 관계 회복을 위해 독생자 아들 예수님을 이 땅에 보내주셨다. 예수님은 "하나님 나라가 가까웠다"(막 1:15; 마 4:17; 10:7; 눅 10:9, 11), "하나님 나라가 이미 너희에게 왔다"(마 12:28; 눅 11:20), "하나님 나라는 너희 중에 있다"(눅 17:21)라고 하시며 우리들의 보편적 이해로는 해석될 수 없는 말씀을 하시며 하나님 나라 복음을 선포하셨다. 예수님의 치유사역은 질병의 치유만이 아니라 그들의 영적 변화를 통해 개인의 삶에 하나님 나라 도래를 가져다주셨다. 이러한 개인의 치유는 공동체 사회 안에서 한 개인의 삶을 치유하셨고 개인의 질병 때문에 형성된 공동체에 주어진 소외와 차별 그리고 억압의 문제를 해결해 주셨다. 영적 문제를 갖고 있는 공동체의 치유는 또한 사회의 문제를 해결하게 되며 하나님의 사랑을 세상에 전하면서 세상의 빛과 소금 역할을 해 나갈 수 있는 것이다.

본론

치유의 의미는 본질적인 것을 회복하는 것이다. 정상적인 것을 벗어
나 무질서하고 통합되지 못한 상태에서 질서를 회복하고 본연의 모습
을 찾는 것이다.

1. 성경에서 의미하는 치유의 종류

1)영적치유(spiritual healing) : 죄인이 구원받아 영혼이 치유되는 것(시
41:4; 마 1:21; 13:15; 9:12).

2) 육신 치유(physical healing) : 육신의 질병이 치유 받는 것(마 4:23;
고전 12:9; 약 5:16).

3) 심령 치유 또는 내적 치유(emotional healing, inner healing) : 사람의
마음이 치유 받는 것(사 61:1-3; 눅 4:18-19; 마 12:20).

4) 축사 또는 축귀(deliverance) : 성경에서 말하는 치유사역 중 중요한
부분을 차지하고 있는 것이 귀신을 쫓는 것(막 16:17; 마 15:28; 눅 10:19;
행 10:38).

5) 죽은 자를 살림 : 죽은 자를 살리는 기적이 성경에 기록되어 있
다(왕상 17:22; 왕하 4:37; 마 9:18-24; 눅 7:17; 요 11:43-44; 행 9:36-40; 행
20:9-10).

2. 구약에 나타난 치유의 의미

구약에서 질병은 이스라엘 민족이 하나님께 불순종함으로 인한 죄의 결과이며 치유는 죄로부터 깨끗게 되는 것을 의미한다. 하나님과 이스라엘 민족의 계약은 하나님만을 믿는 유일신앙으로 이스라엘 민족이 하나님과 맺은 율법을 잘 지키고 순종하면 그들을 지켜 주시고 건강과 복을 주시지만(출 12:1-51; 민 21:4-9; 신 7:1-16; 왕하 5:1-14; 20:1-11) 불순종할 때는 심판하시는(민 11:1-35; 12:1-5; 16:41-50; 삼상 24:1-25) 하나님의 주권적 모습을 볼 수 있다(출 15:26). 즉 구약의 치유사역은 하나님의 주권을 나타내시는 표현으로서 징계에서 구원을 해 주는 의미로 죄에서의 구원을 나타내는 것이며 이것은 하나님 나라와 밀접한 관계가 있음을 보여 준다.

3. 신약에 나타난 치유의 의미

예수 그리스도의 치유사역의 중심은 하나님 나라의 도래이다(막 1:15; 마 4:17; 4:23; 9:35; 눅 4:43; 8:1). 예수는 병자 치유, 귀신 축출 등의 이적을 통하여 하나님 나라가 이미 현실에 도래되어 있음을 보여준다. 하나님 나라가 이 땅에 실현되는 목적은 이 세계에 존재하는 악의 세력과 대립하여 싸우고 승리하여 하나님의 공의가 통치하는 세계로 바꾸려는 것이다.

4. 구약 속의 치유 사례 연구

1) 미리암(민 12장)의 치유 사례

(1) 치유의 배경 : 민수기 12장은 모세가 이방 여인인 구스 여인을 아내로 삼은 것에 대해 미리암과 아론이 모세에게 반항하는 것으로 시작된다. 미리암은 동생인 모세의 권위에 도전하고 아론과 함께 모세와 같은 대우를 받기를 원했던 것이다. 하나님은 그들의 적대적인 말을 들으시고 하나님이 모세를 선택하신 것을 확증(6-8절)하셨고 미리암과 아론을 심판하셨다(9-10절). 하나님은 주범인 미리암에게 나병이라는 징벌을 내리셨다

(2) 치유 방법 : 모세의 중재 기도를 통해 육체의 질병을 치료받았다.

(3) 치유의 신앙적 의미 : 미리암과 아론은, 자기들에게도 모세의 영권靈權과 같은 은혜가 있다고 주장한다. 아론이나 미리암도 물론 신령한 감동을 받고 말씀한 적이 있었다(출 15:20-21). 그러나 모세에게 주신 하나님의 은혜는, 이스라엘의 중보자의 위치에서 사역하는 것이다. 아론과 미리암에게는 중보자의 권위는 없었다. 사람이 지도자를 멸시하는 중에도 특별히 그 지도자의 받은 은혜를 멸시하는 것은 하나님의 진노를 크게 일으킨다. 그 이유는 그런 행동은 하나님을 멸시하는 것과 같기 때문이다.

2) 과부의 아들(왕상 17: 17-24)

⑴ 치유의 배경 : 아합 왕은 악행과 우상 숭배를 하며 우상을 섬기는 시돈 왕의 딸 이세벨과 결혼하였다. 선지자 엘리야는 아합 왕에게 우상 숭배로 인해 이스라엘 땅에 여러 해 동안 비가 내리지 않을 것이고 이스라엘은 심한 가뭄에 시달릴 것이라고 예언했다. 이 예언으로 인해 엘리야는 아합 왕과 이세벨에게 미움을 샀고 선지자 엘리야는 요르단 강 동쪽에 있는 그릿 시내에 숨어 그릿 시냇물을 마시고 하나님이 명령한 까마귀들이 떨궈준 음식으로 며칠 동안 머물러야 했다. 이후 엘리야는 하나님의 인도로 사르밧의 한 과부를 만난다. 선지자 엘리야는 그 과부에게 그녀의 마지막 음식을 자기에게 주면 음식이 떨어지지 않을 것이라 하고 '나에게 먼저 주라'고 요청한다(11.13절). 남은 식량이 거의 없었던 그 과부는 그의 마지막 식사를 엘리야에게 대접하였고 엘리야의 말대로 그 여인의 식량은 없어지지 않았다. 그러나 과부가 마지막 음식을 엘리야에게 대접하고 나서 얼마 후에 그 과부의 아들이 위중하다가 숨이 끊어지게 되었다.

⑵ 치유 방법 : 엘리야는 과부의 아들을 자신이 묵는 다락방으로 데리고 가서 그 소년의 회복을 위해 하나님께 부르짖으며 기도했다. '하나님 왜 내가 묵고 있는 이 집 과부에게 재앙을 내려 그 아들을 죽게 하셨나이까.' 엘리야는 이 비극이 왜 들이닥쳤는지 알 리가 없었다. 그는 화가 난 모습으로 하나님께 기도하였다.

⑶ 치유의 신앙적 의미 : ① 모든 만물의 주관자이신 하나님. ② 당신의 입에 있는 여호와의 말씀은 일치하여야 한다.

3) 고침을 받은 나아만 장군(왕하 5장)

⑴ 치유의 배경 : 나아만 장군은 주전 860-841년 사이의 아람 왕 벤하다드 2세의 군대 장관이다. 그 이름은 우가릿(Ugaritic)어로 '공평한', '은혜로운'이라는 뜻이다. 그는 용감한 전사로 성공적인 장관으로서 이스라엘과 아람 나라의 전쟁에서 아람(시리아) 왕에게 큰 승리를 가져다준 아람 왕의 군대 총 사령관이었다. 승리를 가져다준 것은 야훼 하나님이 그를 통해 아람을 구원하게 하셨기 때문이었다. 요세푸스에 의하면 나아만 장군은 아람의 배반자인 이스라엘의 아합 왕(B.C.874-853)을 살해한 자였다고 한다. 그런 나아만 장군은 나병이 걸렸다.

⑵ 치유 방법: 엘리사는 나아만 장군에게 요단 강물에 일곱 번 몸을 씻으라고 치료법을 가르쳐 주었다.

⑶ 치유의 신앙적 의미 : ① 이스라엘의 하나님은 온 세상의 하나님이시다. ② 하나님은 유일하신 분이며 그 권능과 관심은 우주적이다. ③ 작은 일에도 믿음과 순종을 요구하시는 하나님. ④ 하나님은 여러 가지 과정으로 하나님께 돌아오는 것을 용납하신다. 이방인이었던 나아만 장군의 진정한 회심과 감사의 고백은 하나님의 선교와 세계 열방을 향한 사랑이었다고 다수의 학자들은 보고 있다. 또한 선택받은 이스라엘 민족이 하나님의 은혜에서 멀어지는 모습을 대조적으로 비교해 연구했다.

4) 히스기야 왕의 발병과 회복(사 38장)

⑴ 치유의 배경 : 히스기야 왕의 질병이 나오는 이사야 선지자 예언의 특징은 야훼와 이스라엘 백성 사이의 관계, 미래에 당할 심판을 예고하며 현재의 불의와 부정에서 백성들을 바로 세우기 위한 것이었다.

⑵ 치유 방법 : 히스기야의 기도.

⑶ 치유의 신앙적 의미 : 하나님은 고난당하는 그의 백성들의 기도에 귀를 기울이신다. 히스기야 왕의 질병 치유는 근접 국가간 과학과 신앙이 합쳐진 치유법을 서로 공유함에도 불구하고 오직 '야훼'만이 치유자라는 것을 보여준다. 치유는 유일신 야훼의 신실성(에메트)을 믿는 믿음을 바탕으로 적극적으로 탄원하는 기도를 통하여 이루어짐을 볼 수 있다.

1) 문둥병자 치유 사례(막 1:40-45)
⑴ 치유의 배경: 사건은 예수님이 갈릴리 전도를 하는 중에 일어난 일이다. 그 당시 사회는 나환자는 사회로부터 격리되는 무서운 질병이다. 나환자는 율법에 의하면 사회 활동이나 대인 접촉이 금지된 사회임에도 불구하고 그 율법의 고리를 깨고 예수께 나아오는 담대한 모습을 보여준다

⑵ 치유 방법 : 예수께서……손을 내밀어 저에게 대시며(1:41)

⑶ 치유의 신앙적 의미 : 예수님은 율법의 완성자로 오셨다. 제사장

에게 검증을 받으라 한 것은 그 문둥병이 율법에 따라 치유된 것이 아니라 율법의 완성자로 오신 예수의 사랑과 능력으로 치유되었다는 사실을 인식시키기 위한 의도이다.

2) 중풍병자(막 2:1-12)

(1) 치유의 배경 : 예수님이 중풍병자를 고치신 곳은 갈릴리에 있는 가버나움으로 예수님 집이 있는 곳으로 예수님의 전도사역의 본부이다. 예수님이 나병환자를 고치신 이후 집에 있다는 소문이 퍼져 많은 사람들이 예수님을 만나기 위해 발 디딜 틈도 없이 사람들이 많이 몰려들었고(막 2:2). 많은 사람들이 모인 것은 예수님이 그들에게 천국 복음을 선포하기에 좋은 기회였다.

(2) 치유 방법 : ① 죄를 먼저 용서하시는 예수님. ② 말씀으로 지시하심으로 병을 고치심–"내가 네게 이르노니 일어나 네 상을 가지고 가라".

(3) 치유의 신앙적 의미 : 권위를 가지신 예수님 죄 문제를 해결하는 방법은 오직 예수님 안에 있다.

3) 귀신 들린 자(막 5:1-20)

(1) 치유의 배경 : 이 일은 예수께서 광풍을 진압하시고 바다 "건너편에" '거라사'에 오시어 행하신 일이다. 갈릴리 호수에서 약 30마일 동남쪽에 위치한 '거라사'는 지명이 갈릴리 동쪽 해변에 위치하고 있

는 마을, 즉 '케르사(Kersa)'와 동일 지역이다. 바로 이곳에서 그리 멀지 않은 곳에 40km 높이 정도의 절벽과 옛 무덤들이 있다고 한다(W. W. Wessel). 어쨌든 이 지방은 로마인들에 의해 10개의 도시가 세워진 "데 가볼리"(20절)에 위치하고 있었기 때문에 유대인뿐만 아니라 많은 이방인들이 함께 살았던 곳이었다. 이곳은 석굴암 동굴이 많고 이 동굴들은 무덤이나 집에서 살 수 없는 문둥병자나 여러 병이 걸린 사람들의 거처가 되었다. 이곳에서 귀신 들린 사람은 초인적인 힘이 커서 어느 누구도 그를 억제할 수 없는 상황이었다. 그는 예수님의 설교로 인해 발작을 할 때까지 회당에 조용히 앉아 있는 게 아니라 무덤들 사이에 있었고 무덤들 사이에서 더러운 귀신에 걸린 것이다. 더러운(ajkaqavrtw)라는 표현은 "음탕한, 불순한"의 뜻으로 하나님의 거룩하심과 반대되는 뜻이며 죄는 거룩의 반대이다. 더러운 귀신이라 함은 죽은 사람들의 영혼이 아니고 타락한 천사들이다. 이 부분은 마태복음에서는 두 사람으로 묘사된다(마 8:28). 마태의 상세한 기록이고 마가와 누가는 그 둘 중 가장 대표될 만하고 특징적인(치명적인) 한 사람을 강조하고자 했던 차이인 것이다(Calven).

(2) 치유 방법: 예수님은 그 사람에게 "더러운 귀신아 그 사람에게서 나오라"(8절)라고 명령함으로 즉 말씀으로 더러운 귀신을 추방하였다. 예수님은 그의 모습이 전혀 사랑스러운 모습이 아니었지만 그 사람을 사랑하고 불쌍히 여기셨다. 그 사람이 큰 소리를 내기 전에 예수님은 귀신을 향해 '떠나가라'고 명령하셨다.

(3) 치유의 신앙적 의미 : 예수님이 한 사람에게서 귀신을 쫓아내는 것은 하나님 나라의 권능을 드러내는 것이다. 예수 그리스도는 그 악마보다도 더 강하다는 것을 보여준다. 예수께서 '바다 동편'에 오셔서라는 것은 이방지역을 의미한다. 즉 이방인에게서 귀신을 쫓아내어 준 일은 불쌍한 사람을 사탄의 손에서 구원해 주는 일이었다.

4) 가나안 여인의 딸(막 7:24-30; 마 15:21-28)

(1) 치유의 배경: 예수님은 이방 여인 '수로보니게 여인'을 만나러 두로로 가신다. 성경에서 시돈과 함께 종종 언급되는 '두로' 지방은(사 23:112; 렘4 7:4; 욜 3:4-8; 슥 9:2; 참조 7:31)은 이방인 지역이다. 마가는 이 여인이 유대인이 아닌 이방 여인이라는 점을 강조하는 종교적으로 이해하는 측면으로 그녀를 소개한다(가나안 여인의 딸, 막 7:24-30; 마 15:21-28). 당시 이방인들은 민족적 우월성에 도취되어 있던 유대인들에게 심한 적대감을 지니고 있었다(Josephus). 그럼에도 고난과 근심 중에 있는 언약의 민족이 아닌 이방인 여인인 수로보니게 여인이 예수께 나왔다. 그는 유대 종교에 개종이 어려운 여자였다. 그녀의 딸이 "더러운 귀신에 들린 것"이다. 이 여인은 겸손하고도 끈기 있게 예수님께 매달려 자비를 구한다. 그녀는 오직 딸의 구원을 위해 민족적 반감이나 개인적 자존심을 모두 팽개치고 예수께 매달리고 있는 것이다

(2) 치유 방법 : 예수님은 그녀의 "네 믿음이 크도다"(마 15:28)라고 말씀하시며 그녀의 내면에 있는 믿음을 간파하심을 보여준다.

(3) 치유의 신앙적 의미 : ① 마가의 의도는 "온 우주와 온 인류를 향한 사랑이 복음의 범주이다. ② 복음의 영향력은 전인격적이다. 복음의 효력은 갈급하는 자에게 나타난다"(카알KaRL21. 마가복음 7장 24-30절, 본문 분석)였다.

5) 귀신들린 아이(막 9:14-32)

(1) 치유의 배경 : 이 사건은 마가복음에서는 산상사건 이후 얼마가 지났는지를 알 수 없지만 누가복음 9장 37절에서 보면 변화산 사건 이후 얼마 지나지 않음을 알 수 있다. 예수가 나타나자 "온 무리가 곧 예수를 보고 심히 놀라며(어떤 사본들은 kai, evxefobh, qhsan- 그리고 그들은 두려워하였다는 말이 첨가되어 있다) 달려와(어떤 사본들은 prostre, contej, 대신에 proscai, ronetj-고 표현하지만 그 이유는 밝히지 않고 있다) 아직까지 예수에게는 모세가 하산할 때와 같은 얼굴("그에게 가까이하기를 두려워"(출34:30))에 광채가 남아 있었다. "…너희가 무엇을 그들과 변론하느냐. 무리 중의 하나가 대답하되 선생님 말 못하게 귀신 들린 내 아들을 선생님께 데려왔나이다. 귀신이 어디서든지 그를 잡으면 거꾸러져 거품을 흘리며 이를 갈며 그리고 파리해지는지라 내가 선생님의 제자들에게 내쫓아 달라 하였으나 그들이 능히 하지 못하더이다."(9:14-18)

(2) 치유 방법: ①그 더러운 귀신을 꾸짖어-예수님이 이 귀신 들린 자에게 그저 "꾸짖으신" 것은 말씀만으로 마귀를 내쫓는다는 의미이다. 마귀는 거짓을 그 바탕으로 하고 있기 때문에 주님의 말씀, 곧 진리 앞에서는 서지 못한다.(슥 3:2; 유 9 참조) ② 기도외에 나갈 수 없느

니라(29절)

(3) 치유의 신앙적 의미 : 은밀한 중에 기도하라"(마 6:6). "기도할 때
는…믿고 구하라"(마 21:22)

6) 소경을 고치심(요한복음 9장)
(1) 치유의 배경 : "예수께서 길 가실 때에 날 때부터 소경된 사람을
보셨다." 본문 바로 위 8장 마지막 사건에 이어지는 부분이다. 예수님
이 눈 먼 자에게 시력을 주신 것은 예수님이 이 땅에 빛으로 오신 빛이
시라는 것을 보여주는 구체적인 사건이다. 빛으로 오신 예수님에 대해
더 집중적으로 묘사하는 기록이다.

(2) 치유 방법 : "땅에 침을 뱉어 진흙을 이겨 그의 눈에 바르시고"(5
절) 예수님은 실로암 물가로 가서 씻으라 하셨다.

(3) 치유의 신앙적 의미 : ① 모든 고통은 죄와 연결되는 것이 아니다.
② 빛으로 오신 예수님.

6. 치유 사건이 주는 교훈

1) 죄의 실상을 드러냄. 2) 영적 치유의 필요성. 3)치유의 주님을 증
거. 4) 생명을 위한 원리.

결론

하나님의 치유는 하나님 나라 구현을 위하여 이루어진 사역이다. 하나님의 구원은 이스라엘 민족의 출애굽과 가나안에 들어간 이스라엘의 역사와 예루살렘의 멸망과 포로에서의 귀환 등의 구체적인 역사 속에서 이루어져 왔다. 예수의 치유사역은 하나님 백성들의 구원을 위한 하나님의 주권적 권능의 역사이다. 구약과 신약에서 보여주는 하나님의 치유사역은 하나님은 인간에 대한 하나님의 주권을 회복하고 인간과 직접적인 관계를 맺기 위한 하나님의 현존과 권능의 활동이다. 하나님의 구원사역은 오늘 우리의 삶 속에서도 이루어져가고 있고 "Already but not yet", 예수님이 다시 오시는 그날까지 이루어질 것이다. 그것이 하나님 나라의 온전한 도래이다. 또한 하나님 나라 구현은 종말론적 구현만이 아닌 한 인간의 삶속에서도 이루어진다. 현재 지금 이 순간의 한 개인의 삶속에서 이루어진 하나님 나라는 이웃과 지역 사회에 하나님 나라 구현을 이루게 할 것이다.

예수님의 치유 사건이 주는 교훈은 1) 죄의 실상을 드러내는 것이다. 질병의 근본 원인은 본질에서 벗어나 하나님의 길에서 벗어나 악의 세력의 지배를 받는다는 것이다. 그것은 죄이며 이 죄는 인간에게 신체적 육체적 영적 질병을 가져다준다. 2) 영적 치유의 필요성을 보여주신다. 인간이 하나님과 분리됨으로 인간이 죄인이 되었기에 인간은 영적으로 병이 든 상태다. 영적 치유는 전인적 통전적인 치유를 위해 항상 우선시 되어야 한다. 3) 예수님의 치유사역은 하나님 나라 증거 사역이다. "치유의 목적은 예수가 메시아임을 나타내기 위한 목적이었다"(하퍼 Harper). 4) 예수님의 치유사역은 생명을 위한 원리이다. 예수님은 치유를 통해 죄를 용서하시고 하나님과의 관계를 다시 회복되게 하셨다. 5) 예수님으로부터 거듭난 생명은 세상의 빛이 되는 영성으로 참 생명이 주어진 것이다. 이러한 영성은 인격적이고 또한 이웃 간의 영성이 사회 구조적 영성으로 사회참여로 나타나야 한다. 말씀에 근거한 지속적인 하나님 체험의 영성은 영적, 육체적으로 나약한 자들의 빛으로 작용한다. 이러한 영적 힘은 모든 피조물 세계에서 역동성을 가지게 되며 삶 속에서 구체적으로 하나님 나라를 구현해 나가는 힘이 되며 빛의 역할을 할 수 있게 된다.

본 논문에서 연구한 하나님 나라 구현을 위한 치유사역을 바탕으로 성경적 치유사역을 위한 제언을 제시하고자 한다. 치유는 하나님의 형상을 회복하여 본래의 상태로 돌아가는 것이다. 그러므로 성경적 치유를 위해서 치유자는 먼저 하나님 나라에 들어가야 한다. 예수님은 하나님 나라에 들어가기 위해서 먼저 회개하고 복음을 믿는 것이라고 제시했다. 하나님과 관계없는 삶에서 하나님의 현존과 통치로 돌아오는 것으로서 부활의 주님을 영접하고 예수님을 통한 하나님의 구원의 권능을 신뢰하는 것이다. 지금까지 자기의 삶이 하나님 앞에서 무가치한 것이었음을 깨닫고 하나님과 연결된 삶, 천국에 들어가기 위해서 예수의 제자로 살려는 결단이 있어야 한다는 것이다.

둘째는 전적인 신뢰와 겸손의 마음을 가지는 것이다. 어린아이와 같이 자신을 아무 존재도 아닌 존재, 자기를 모든 사람의 끝이며 모든 사람의 종으로 인정하는 것(마 9:35)으로 여기는 겸손함이 필요한 것이다. 하나님의 은혜에 참여하는 것은 사람의 공로나 업적이 아닌 오직 하나님의 은혜를 의지하는 믿음으로 철저히 자기를 부인하고 하나님을 겸손히 의지하는 마음이 하나님 나라를 소유하고 그 축복에 참여하는 것이다(마 5:3; 눅 6:20). 다음으로 하나님 나라는 영생에 참여하는 길을 얻기 위하여 자기의 모든 것을 포기할 수 있는 절대적 가치관을 가져야 한다. 하나님의 나라 그 좁은 문으로 들어가기 위하여 냉정하고 차분한 결단이 있어야 한다(눅 14:28-32). 자기를 부인하고 십자가의 길로 들어갈 소명이 있어야 천국으로 들어갈 수 있으며 천국에 관한 급진적 가치관을 갖고 거기에 참여하려는 분명한 결단과 헌신이 있어야 한다.

치유는 특정인이 특정한 방법으로 하는 것이 아니라 성도라면 누구나 할 수 있다. 그것이 하나님 자녀 되는 권세이다. 물론 특별한 치유의 은사를 받은 사람들도 있음을 인정해야 한다. 신약의 그리스도인은 만인이 그리스도 안에서 왕적 권위를 소유하고 있는 것이다. 치유사역은 질병만이 중심이 아닌 하나님이 원하시는 구원 즉 몸과 영혼, 전인적인 것에 있다는 것을 명심하지 않으면 하나님의 궤도에서 벗어난 전혀 다른 종교가 될 수 있다. 치유사역은 하나님이 인격적인 분이시기에 윤리성이 있어야 한다. 모든 치유 능력은 하나님이 부여해 주신 것이고 하나님의 주권 안에서 이루어져야 한다. 이러한 것이 분명 해야 목적만 있고 과정은 무시되는 비윤리적인 부분을 제거할 수 있다. 치유사역은 하나님의 뜻을 이루기 위한 방편이다. 그러므로 치유사역은 하나님의 영광을 위한 것이며 하나님 백성을 하나님께로 인도하는 전도와 연결되어야 한다. 징조와 기사가 기독교에만 나타나는 것이 아니기에 하나님의 치유와 섭리를 다루기 위해 분별의 신학을 알아야 한다. 하나님의 영광과 주권을 인정하는가를 잘 분별해야 한다. 마지막으로 중요한 것은 고난과 죽음의 신학적 견해가 분명 해야 한다. 고난과 죽음이 결코 패배를 의미하는 것이 아니다. 고난과 죽음은 그리스도인들을 하나님 나라에 들어가게 하는 단계가 되며 새로운 세계로의 출발이 되는 의미라는 것을 받아들일 수 있어야 한다. 예수님은 하나님 나라 구원을 위하여 십자가에서 피 흘리셨다. 하나님 나라 구현은 먼저 우리 자신들 안에서 이루어져야 한다. 내 안에서 나 자신이 죽어지고 그리스도로 살 때 진정한 치유가 이루어진다. 내가 진정으로 치유되어지고 이러한 진정한 치유를 통해 또한 그리스도의 사랑을 전하는 치유자가 되어 질 것이다.

이 논문이 하나님 나라 치유자로서 하나님 나라 확장을 위해 어디서든 말씀으로, 빛으로 생명을 살리는 치유자로 쓰임 받는 자로 살아가야 할 모든 제자들에게 도움이 될 수 있기를 소망해 봅니다.

"내가 그리스도와 함께 십자가에 못 박혔나니 그런즉 이제는 내가 산 것이 아니요 오직 내 안에 그리스도께서 사신 것이라 이제 내가 육체 가운데 사는 것은 나를 사랑하사 나를 위하여 자기 몸을 버리신 하나님의 아들을 믿는 믿음 안에서 사는 것이라"(갈2:20)

참고문헌

강사문, 강성열, 허성군, 최인기. 《구약 성서 개론》. 한국 장로교 출판사. 2000년

이명수, 이재옥. 《예수의 치유사역의 의미와 치유 선교 전략》. 의료와 선교. 1991

김광수. 《하나님의 나라와 치유사역》. 침례신학대학교 출판부. 2012

김희건. 《핵심 성경 주제》. 쿰란 출판사. 2008

김춘기. 《요한복음 연구》. 한들. 1998

노영상. 《영성과 윤리》. 한국 총회출판사. 2001

박윤선. 《주석성경》. 개역개정. 도서출판 영음사. 2018

정인찬, Jack Hayford. 《프뉴마 성경》. 개역개정(주). 넥서스. 2014

John Calvin. 《신약 성경 주석》. 공관복음Ⅲ, 제2권. 존 칼빈 성경주석출판 위원회 역.
　　　성서 교재 간행실. 1991

Jenneth E, Hagin. 《성경적 치유와 건강》. 오 태용 옮김. 베다니 출판사. 2021

Michael Harper. 《예수의 치유》. 고재봉 역. 요단 출판사. 1988

George Eldon Ladd. 《예수와 하나님의 나라》. 이태훈 옮김. 도서출판 엠마오.2001

Post Pandemic 시대의 목회적 상황과 현대 목회의 지향점

– 미국, 유럽 및 한국 교회의 비교

학장 김종헌 박사 (리더십 교수)

Post Pandemic 시대의 목회적 상황과 현대 목회의 지향점

– 미국, 유럽 및 한국 교회의 비교

학장 김종헌 박사 (리더십 교수)

I. 들어가며

현대 사회, 특히 포스트 코로나 시대는 교회와 목회에 전례 없는 도전과 기회를 제공하고 있다. 팬데믹은 전 세계 교회에 급격한 변화를 강요했으며, 이는 기술 사용의 증가, 온라인 예배 및 모임의 확산, 그리고 목회 방식의 새로운 변화를 촉진했다. 본 연구에서는 이러한 변화하는 환경 속에서 현대 목회가 직면한 도전을 분석하고, 새로운 목회의 지향점을 모색하며, 특히 미국, 한국, 유럽의 교회들이 포스트 코로나 시대에 어떻게 적응하고 있는지를 비교 분석하고자 한다.

포스트 코로나 시대는 디지털 기술과 가상공간의 중요성을 더욱 강조하고 있다. 특히 온라인 예배, 가상 모임, 디지털 커뮤니케이션은 이제 교회의 핵심 활동으로 자리 잡았다. 이러한 변화는 목회자들에게 디지털 공간에서의 커뮤니티 구축과 전도, 그리고 영적 지도를 위한 새로운 전략을 요구한다.

다문화주의와 세속화의 확산도 포스트 코로나 시대의 중요한 요소이다. 다양한 문화적, 사상적 배경을 가진 사람들이 교회에 더 많이 접근함에 따라, 교회는 이들을 포용하고 이해하는 목회 전략을 개발해 한다. 특히 팬데믹으로 인한 사회적, 경제적 변화가 각국의 교회에 미치는 영향을 고려할 때 더욱 중요하다.

더욱이 21세기는 정보와 기술이 급속도로 발전하는 시대이다. 디지털 기술의 발달은 커뮤니케이션 방식을 근본적으로 변화시켰으며, 이는 목회 방식에도 새로운 변화를 요구하고 있다. 소셜 미디어, 온라인 스트리밍 서비스, 디지털 콘텐츠는 전통적인 교회 활동과 상호작용에 새로운 차원을 추가로 요구하며, 이러한 디지털 환경은 목회자들에게 새로운 전도 방식과 커뮤니티 구축 전략을 모색할 기회를 제공하고 있다.

또한, 다문화주의의 확산과 세속화의 진전은 교회에 다양한 문화적, 사상적 배경을 가진 사람들을 포용하고 이해하는 도전을 안겨준다. 이는 교회가 다양한 신념과 가치를 존중하고, 다문화적 관점을 반영하는 목회 전략을 개발할 필요성을 강조하고 있는 것이다.

이러한 배경 하에, 본 연구는 미국, 한국, 유럽의 교회들이 어떻게 이러한 현대적 상황에 대응하고 있으며, 각기 다른 문화적, 사회적 맥락에서 어떠한 목회적 지향점을 가지고 있는지를 살펴보고자 한다. 이러한 비교 분석을 통해, 다양한 교회가 직면한 공통적인 도전과 특유의 대응 방식을 이해하고, 현대 목회가 나아가야 할 방향에 대한 통찰을 얻고자 한다.

II. 현대 목회적 상황

1. 기술의 발전과 디지털 시대의 도래

온라인 커뮤니케이션의 중요성 : 소셜 미디어, 스트리밍 서비스, 온라인 포럼과 같은 플랫폼이 증가하면서, 목회자들은 디지털 공간에서 커뮤니티를 형성하고 관리하는 방법을 배워야 한다. 이는 예배, 교육, 상담 및 커뮤니티 빌딩에 있어 새로운 기회를 제공한다.

디지털 기술의 활용 : 교회 웹사이트, 모바일 앱, 소셜 미디어 채널을 통한 소통은 교회에 대한 접근성을 높이고, 특히 젊은 세대에게 매력적인 목회 환경을 제공하고 있다.

2. 세속화 및 다문화주의의 확산

세속화의 영향 : 전통적인 종교적 신념과 가치가 점차 도전받고 있

다. 이는 교회의 교리와 신앙을 현대 사회에 적합하게 재해석하고 전달하는 데 중요한 과제를 제시한다.

다문화주의와의 상호작용 : 이민자와 다양한 문화적 배경을 가진 사람들의 증가는 교회에 다양한 관점과 경험을 가져왔다. 이는 목회자들이 다양한 문화적 배경을 이해하고 존중하는 능력을 필요로 한다.

3. 사회적, 문화적 변화에 대한 대응

젊은 세대와의 소통 : 기존의 전통적인 접근 방식은 젊은 세대에게 매력적이다. 따라서 목회자들은 새로운 커뮤니케이션 방식과 관련성 있는 주제로 젊은이들과의 관계를 구축해야 한다.

사회적 이슈에 대한 관여 : 환경 문제, 사회적 불평등, 인권 문제 등 현대 사회의 다양한 이슈에 대한 교회의 관여는 점점 더 중요해지고 있다. 목회자들은 이러한 문제들에 대해 의식을 높이고, 적극적인 역할을 수행함으로써 사회적 변화에 기여할 수 있다.

문화적 감수성의 중요성: 다양한 문화적 배경을 가진 사람들을 포용하기 위해서는 문화적 감수성이 필요하다. 이는 교회가 보다 개방적이고 포괄적인 커뮤니티로 성장하는 데 기여한다.

4. 경제적 변화와 목회의 대응

경제적 불안정성의 영향 : 글로벌 경제의 불확실성은 많은 사람들에게 경제적 어려움을 가져왔다. 이러한 상황에서 교회는 사회적 지원과 안정성을 제공하는 중요한 역할을 할 수 있게 된다.

교회 자원의 관리 : 변화하는 경제 상황 속에서 교회 자원의 효율적인 관리와 활용은 지속 가능한 목회 활동을 위해 필수적이다.

5. 환경 문제와 지속 가능한 목회

환경 보호의 중요성 : 환경 문제는 전 세계적인 관심사로 부상하고 있다. 교회는 환경 보호와 지속 가능한 개발에 기여함으로써, 창조물에 대한 책임 있는 관리자로서의 역할을 수행할 수 있게 된다.

현대 목회는 다양한 사회적, 문화적, 경제적, 환경적 도전에 직면하고 있다. 이러한 도전에 효과적으로 대응하기 위해서는 목회자들이 변화하는 상황을 인식하고, 적응하며, 적극적으로 참여하는 자세가 필요하다. 디지털 시대의 도래, 세속화와 다문화주의의 확산, 글로벌화의 영향, 경제적 변화, 그리고 환경 문제는 목회의 새로운 지평을 열고 있다. 이러한 변화 속에서 교회와 목회자들은 사회적, 문화적 변화에 능동적으로 대응하며, 교회의 본질적인 가치를 유지하고 사회에 긍정적인 영향을 미치는 방향으로 나아가야 할 것이다.

Ⅲ. 현대 목회의 지향점

1. 디지털 시대에 적응하는 목회

현대 목회가 디지털 시대를 맞이하여 채택해야 하는 전략과 접근 방식에 대해 더 자세히 설명하고자 한다. 디지털 기술의 발전은 목회 방식에 혁명적인 변화를 가져왔으며, 이는 다음과 같은 여러 측면에 영향을 미친다.

1) 디지털 시대의 목회 전략
⑴ 온라인 커뮤니케이션의 활용
소셜 미디어 플랫폼의 이용 : Facebook, Instagram, Twitter, YouTube 등의 플랫폼을 통해 교회는 다양한 연령층과 더 넓은 대중에게 도달할 수 있게 되었다. 이를 통해 교회는 일상적인 소통, 교육 콘텐츠의 공유, 실시간 행사 방송 등을 제공할 수 있다.

디지털 뉴스레터와 블로그 : 정기적인 뉴스레터나 블로그를 통해 교회는 교인들에게 소식을 전하고, 영적 통찰과 교회 활동 업데이트를 제공할 수 있다.

⑵ 온라인 예배와 세미나
스트리밍 서비스와 라이브 방송 : 예배, 세미나, 강의 등을 온라인으

로 스트리밍하고 라이브 방송함으로써, 물리적 거리나 시간의 제약 없이 더 많은 사람들이 참여할 수 있게 된다.

온라인 예배의 다양화 : 온라인 예배는 다양한 형식과 스타일로 제공될 수 있으며, 참여자들에게 더욱 개인적이고 맞춤화된 경험을 제공할 수 있다.

(3) 디지털 목회 자료의 제작과 배포

온라인 교육 자료 : 교회는 온라인 플랫폼을 통해 성경 공부 자료, 영적 교육 콘텐츠, 신앙 관련 워크북 등을 제공할 수 있다.

멀티미디어 콘텐츠의 개발 : 비디오, 팟캐스트, 인터랙티브 애플리케이션 등 다양한 멀티미디어 콘텐츠를 통해 메시지를 전달하고, 교회의 가르침을 현대적이고 매력적인 방식으로 제시할 수 있다.

(4) 온라인 커뮤니티 구축과 관리

가상 공동체의 조성 : 온라인 그룹과 포럼을 통해 교회는 가상공간을 조성하고 관리할 수 있다. 이러한 공동체는 영적 지원, 대화, 그리고 교류의 장을 제공한다.

온라인 상담과 지원 : 온라인 플랫폼을 통한 상담과 영적 지원은 교인들이 보다 쉽게 도움을 요청하고, 개인적인 문제에 대해 이야기할 수 있는 기회를 제공할 수 있게 된다. 이를 통해 목회자와 교인간의 신뢰

관계를 강화할 수 있게 된다.

개인적 관계 형성 : 온라인 환경에서도 개인적인 관계 형성과 영적 지도를 제공하는 것이 중요하다. 이는 원격 상담, 온라인 소그룹 모임, 개인적인 온라인 멘토링 등을 통해 이루어질 수 있다.

(5) 디지털 도구를 활용한 전도

온라인 전도 캠페인 : 소셜 미디어, 광고, 온라인 이벤트 등을 활용하여 교회는 더 넓은 대중에게 도달할 수 있다. 이러한 전도 방식은 현대적이고 창의적인 메시지 전달을 가능하게 한다.

인터랙티브 콘텐츠의 활용 : 퀴즈, 설문조사, 인터랙티브 비디오 등을 통해 사람들의 관심을 끌고, 기독교 신앙에 대한 호기심을 자극할 수 있다.

(6) 데이터와 피드백을 활용한 목회 개선

분석 도구의 활용 : 웹사이트 방문자 분석, 소셜 미디어 상호작용 분석 등을 통해 교회는 자신의 온라인 존재감과 영향력을 이해하고 개선할 수 있다.

교인의 피드백 수집 : 온라인 설문조사나 피드백 시스템을 통해 교인들의 의견을 수집하고, 이를 바탕으로 목회 방식을 개선할 수 있다.

디지털 시대의 목회는 단순히 기술의 적용을 넘어서, 교회와 목회자가 현대 사회와의 소통 방식을 혁신적으로 변화시키는 것을 의미한다. 온 라인 커뮤니케이션, 온라인 예배, 디지털 자료의 제작과 배포, 온라인 커뮤니티의 구축 및 관리, 디지털 도구를 활용한 전도, 그리고 데이터와 피드백을 활용한 목회 개선은 이러한 변화의 핵심 요소이다. 이러한 접근 방식은 교회가 현대 사회에서 보다 효과적으로 소통하고, 다양한 배경 의 사람들과 연결되며, 그들의 영적 필요에 응답하는 데 중요한 역할을 하게 된다.

2. 다문화주의와 세속화에 대응하는 목회

다양한 문화적 배경을 가진 사람들을 통합하고 포용하는 것은 현대 목회의 중요한 목표다. 이는 다양한 언어로 제공되는 서비스, 문화적 감수성을 반영한 예배 및 활동, 다문화 교육 프로그램 개발을 포함한다. 세속화가 진행됨에 따라, 목회는 전통적인 신앙 가르침을 현대 사회에 맞게 재해석하고 전달해야 한다.

다문화주의와 세속화에 대응하는 목회는 현대 사회에서 교회가 직면하는 중요한 도전이다. 이러한 도전에 대응하기 위해 교회는 다음과 같은 전략과 접근 방식을 채택할 수 있다.

1) 문화적 감수성의 증진
목회자와 교회 구성원들이 다양한 문화적 배경을 이해하고 존중하도록 교육하는 것이 필요하다. 이는 문화적 차이에 대한 인식을 높이고, 다양한 문화적 관점을 포용하는 태도를 개발하는 데 도움이 된다. 예배, 성경 공부, 교회 행사 등을 다양한 언어로 제공함으로써, 다양한 언어를 사용하는 사람들을 포용할 수 있게 된다.

2) 다문화 커뮤니티 구축

예배 스타일, 음악, 예술을 포함하여 다양한 문화적 전통을 반영하는 것이 중요하다. 이를 통해 교회는 보다 포괄적이고 환영 받는 공동체가 될 수 있다. 또한 다양한 문화적 배경을 가진 사람들이 참여할 수 있는 이벤트와 축제를 주최함으로써, 문화적 다양성을 축하하고 서로의 문화를 공유할 수 있는 기회를 제공할 수가 있다.

3) 세속화에 대응하는 목회

(1) 현대 사회의 도전에 대한 신앙적 해석

현대 사회의 도전과 이슈에 대한 신앙적 해석을 제공함으로써, 교인들이 일상생활 속에서 신앙을 적용하고 살아갈 수 있도록 도와야 한다. 현대 문화와 가치에 대해 개방적이고 비판적인 대화를 통해, 신앙과 현대 사회 사이의 관계를 탐구해야 한다.

(2) 세속화된 사회에서의 영적 중요성 강조

기도, 명상, 성경 공부 등 영적 실천을 강조함으로써, 세속화된 사회 속에서도 신앙의 중요성을 유지할 수 있다.

일상생활 속에서의 신앙 적용 : 신앙을 일상생활의 모든 측면에 적용하는 방법을 가르치고, 신앙적 가치를 일상적인 결정과 행동에 반영하는 것을 장려 한다.

다문화주의와 세속화에 대응하는 목회는 문화적 다양성을 포용하고, 현대 사회의 도전에 대해 신앙적으로 응답하는 것을 포함한다. 이는 문화적 감수성의 증진, 다문화 커뮤니티 구축, 현대 사회와의 대화, 그리고 일상생활에서의 신앙 적용 등을 통해 이루어질 수 있다. 이러한 접근은 교회가 현대 사회의 복잡한 문화적 환경과 세속화된 맥락에서도 영향력을 유지하고 성장할 수 있게 한다. 다문화주의와 세속화에 대응하는 목회는 교회가 단순히 존재하는 것을 넘어서, 사회적, 문화적 변화의 중심에서 적극적으로 활동하고 영적인 빛을 발할 수 있도록 돕는다. 이를 통해 교회는 현대 사회의 중요한 구성원으로서의 역할을 강화하고, 다양한 배경과 신념을 가진 사람들에게 의미 있는 공동체를 제공할 수 있다.

3. 사회적 책임과 참여

사회적 책임과 참여는 현대 목회에서 중요한 부분을 차지하며, 교회가 사회 내에서 적극적인 역할을 수행하고 긍정적인 변화를 추구하는 데 기여한다. 이러한 접근은 다음과 같은 여러 측면을 포함한다.

현대 목회는 빈곤, 불평등, 인권 문제 등 사회적 이슈에 적극적으로 참여해야 한다. 이는 지역사회 서비스, 사회 정의 캠페인, 공공 정책에 대한 참여를 포함한다. 그리고 지속 가능한 발전과 환경 보호 활동에 교회가 적극적으로 참여하는 것이 중요하다. 이는 친환경적 교회 운영, 환경 보호 교육 프로그램, 지역사회 환경 프로젝트 참여 등을 포함할 수 있게 된다.

1) 사회적 책임과 참여의 중요성
① 사회 정의 추구

불평등과 빈곤에 대한 대응 : 교회는 지역사회 내에서 불평등과 빈곤 문제에 적극적으로 대응해야 한다. 이는 식량 은행 운영, 무료 식사 제공, 저소득층을 위한 주거 지원 프로그램과 같은 구체적인 활동을 포함할 수 있다.

② 인권과 사회 정의 캠페인 : 인권 증진과 사회 정의를 위한 캠페인에 참여함으로써, 교회는 불의에 대항하고 평등과 공정성을 촉진하는 데 기여할 수 있다.

2) 환경 보호 활동

친환경적 교회 운영 : 에너지 효율적인 교회 건물 운영, 재활용 프로그램, 그리고 친환경적인 이벤트 개최는 지구의 보호에 기여한다.

환경 보호 교육과 캠페인 : 환경 보호의 중요성에 대한 교육 프로그램과 커뮤니티 기반의 환경 보호 캠페인을 통해, 교회는 환경 의식을 높이고 지역사회의 환경 보호 활동을 장려할 수 있다.

3) 교육 및 지식 전파

교회는 다양한 교육 프로그램을 통해 성인들에게 지식과 기술을 전달할 수 있다. 이는 금융 관리, 직업 훈련, 건강과 웰빙에 관한 세미나 등을 포함할 수 있다. 청소년 대상의 교육 프로그램과 멘토링은 젊은이들이 건강한 성인으로 성장하는 데 중요한 역할을 한다.

4) 지역사회 서비스

교회 구성원들이 지역사회 서비스 프로젝트에 참여함으로써, 교회는 지역사회의 복지 향상에 기여할 수 있다.

위기 대응과 재난 구호 활동 : 자연 재해나 위기 상황이 발생했을 때, 교회는 구호 활동과 지원 서비스를 제공함으로써 지역사회의 회복을 돕는다.

사회적 책임과 참여를 통해 교회는 단순히 영적인 지도자의 역할을 넘어서, 사회적, 환경적, 교육적 문제 해결에 적극적으로 참여하는 공동체의 일원으로서 자신의 역할을 수행한다. 이러한 활동은 교회가 현대 사회에서 중요한 구성원으로서 자리매김하고, 사회적 변화와 발전에 기여하는 데 중요한 역할을 한다. 사회 정의 추구, 환경 보호 활동, 교육 및 지식 전파, 지역사회 서비스 등을 통해 교회는 지역사회와의 긴밀한 연결을 강화하고, 보다 평등하고 지속 가능한 사회를 구축하는

데 기여한다. 이러한 사회적 책임과 참여는 교회의 본질적인 가치를 반영하며, 교회 구성원들에게도 봉사와 헌신의 중요성을 일깨워 준다.

4. 세대 간 연결과 젊은 세대의 참여 유도

세대 간 소통 강화 : 다양한 세대가 공존하는 교회에서는 세대 간의 소통과 이해를 증진하는 것이 중요하다. 이는 세대별 프로그램의 개발, 세대 간의 멘토링과 교류를 장려하는 활동을 포함한다. 젊은 세대가 교회 생활에 적극적으로 참여하도록 유도하는 것은 매우 중요하다. 젊은 이들의 관심사와 문화를 반영한 프로그램 개발, 현대적인 음악과 예술을 예배에 통합하는 세대 간 소통 강화, 다양한 세대가 공존하는 교회에서는 세대 간의 소통과 이해를 증진하는 것이 중요하다. 이는 세대별 프로그램의 개발, 세대 간의 멘토링과 교류를 장려하는 활동을 포함한다.

세대 간 연결과 젊은 세대의 참여 유도는 현대 목회에서 중요한 부분이다. 이는 교회가 모든 세대에 걸쳐 의미 있는 경험을 제공하고, 특히 젊은 세대가 교회 생활에 적극적으로 참여하도록 격려하는 것을 목표로 한다.

서로 다른 세대가 함께 참여할 수 있는 프로그램을 기획하고 실행함으로써, 세대 간의 이해와 소통을 증진할 수 있다. 예를 들어, 공동의 봉사 활동이나 문화 행사는 다양한 연령대가 서로 교류할 수 있는 기회를 제공한다. 연령대가 다른 교회 구성원들 사이의 멘토링 프로그램은 서로의 경험과 지식을 공유하는 데 도움이 된다. 이러한 프로그램은 상호 존중과 이해를 촉진하게 된다.

1) 가족 중심의 활동

가족 단위로 참여할 수 있는 이벤트나 프로그램을 통해, 다양한 연령대가 함께 시간을 보낼 수 있도록 한다. 이는 세대 간의 유대를 강화하고 공동체 의식을 높이는 데 기여한다.

2) 젊은 세대의 참여 유도

⑴ 현대적 문화와 관련성 있는 프로그램 제공

음악, 예술, 미디어 등 젊은 세대의 관심사를 반영한 프로그램을 통해, 젊은이들이 교회 활동에 더 쉽게 관심을 가지고 참여할 수 있게 한다. 예배와 행사에서 현대 음악과 예술을 통합함으로써, 젊은 세대에게 보다 친숙하고 매력적인 경험을 제공한다.

⑵ 젊은이들을 위한 특별 프로그램과 활동

청소년과 청년을 위한 특별 그룹이나 모임을 통해, 젊은이들이 동년배와 교류하고 공감대를 형성할 수 있다.

리더십 및 봉사 기회 제공 : 젊은이들에게 교회 내에서 리더십 역할과 봉사 활동의 기회를 제공함으로써, 그들의 참여와 책임감을 증진하게 한다.

세대 간 연결과 젊은 세대의 참여 유도는 교회가 모든 연령대에 걸쳐 포용적이고 활기찬 공동체를 유지하는 데 필수적이다. 세대 간의 이해와 소통을 증진하고, 젊은 세대의 관심과 필요에 응답함으로써, 교회는 다양한 세대가 함께 성장하고 발전할 수 있는 환경을 조성한다. 이러한 노력은 교회가 단순히 다양한 세대를 수용하는 것을 넘어, 서로 다른 경험과 시각을 공유하고 서로를 이해하는 공동체를 만드는 데 기여한다. 젊은 세대에게 적합한 프로그램과 활동을 제공함으로써, 교회는 젊은이들에게 매력적인 장소가 되며, 그들이 교회 생활에 적극적으로 참여하도록 독려할 수 있다. 최종적으로, 세대 간 연결과 젊은 세대의 참여 유도는 교회의 지속 가능한 미래와 성장을 위한 핵심적인 전략이다.

5. 지속 가능한 목회와 자원 관리

현대 사회에서 교회의 역할은 단순히 영적인 지도를 넘어서, 지속 가능한 커뮤니티의 구축과 사회적, 환경적 책임을 지는 것까지 확대되고 있다. 이러한 변화하는 역할에 부응하기 위해, 교회는 재정, 인적 자원, 물리적 시설, 그리고 환경과 같은 자원을 효율적이고 책임감 있게 관리하는 것이 필수적이다. 지속 가능한 목회와 자원 관리는 교회가 장기적으로 성장하고, 사회적으로 책임 있는 방식으로 운영되며, 성도들에게 봉사하는 데 중요한 역할을 한다.

오늘날, 교회는 다양한 도전에 직면해 있다. 경제적 불확실성, 사회적 변화, 환경 문제, 그리고 기술의 급속한 발전은 교회에 새로운 요구를 한다. 이러한 도전에 효과적으로 대응하기 위해서는 교회가 자원을 어떻게 관리하고 활용하는지가 결정적이다. 재정적 안정성을 확보하고, 인적 자원을 효과적으로 활용하며, 교회의 물리적 자산을 지속 가능한 방식으로 관리하고, 환경에 대한 책임을 다하는 것은 교회가 미래 세대에 걸쳐 영향력을 유지하고 확대하는 데 필수적이다.

이러한 맥락에서, 지속 가능한 목회와 자원 관리는 단순한 선택이 아닌 필수적인 전략이다. 교회가 재정, 인적 자원, 물리적 시설, 환경 보호 등의 분야에서 어떻게 효과적인 관리를 수행하는지는 교회의 건강, 성장, 그리고 사회적 영향력에 직접적인 영향을 미친다.

Ⅳ. 미국, 한국, 유럽 교회의 적응 방식 비교 분석

1. 적응방식

1) 미국의 교회
미국의 교회들은 팬데믹 동안 기술적 적응력을 높여, 빠르게 디지털 환경으로 전환했다. 이는 다음과 같은 방식으로 나타났다.

⑴ 온라인 예배와 서비스 : 많은 교회들이 YouTube, Facebook Live, Zoom 등 다양한 플랫폼을 활용하여 온라인 예배와 성경 공부 모임을 실시했다. 이러한 플랫폼은 실시간 상호작용을 가능하게 해, 교회가 가

상 환경에서도 공동체적인 경험을 제공할 수 있게 했다.

(2) 디지털 커뮤니티 구축 : 소셜 미디어와 온라인 포럼을 활용하여, 교회 구성원들 간의 상호작용과 지원 네트워크를 구축했다. 이는 온라인 그룹 활동, 가상 모임, 심지어 가상 친교 모임을 통해 이루어졌다.

2) 한국의 교회
한국 교회는 빠르게 온라인 시스템으로 전환하며, 디지털 기술을 효과적으로 활용했다.

(1) 온라인 예배와 방송 : 대부분의 한국 교회들은 온라인 예배 방송을 신속하게 시작했으며, 몇몇은 TV 방송과 라디오를 통해서도 예배를 전달하고 있다. 특히, 한국의 교회들은 고품질의 온라인 예배 제작에 중점을 두고 있다.

(2) 모바일 앱과 소통 : 한국 교회들은 모바일 앱과 SMS를 통해 교인들과 연락을 유지하며, 신속하게 정보를 제공하고 상호작용하고 있다.

3) 유럽의 교회
유럽 교회는 전통적이면서도 창의적인 방식으로 팬데믹에 대응했다.

(1) 온라인으로의 점진적 전환 : 유럽의 많은 교회들은 전통적인 예배와 행사를 온라인 플랫폼으로 옮겨왔다. 이는 페이스북 라이브, 유튜브

스트리밍 등을 통해 진행되었으며, 일부 교회는 웹사이트를 통해 예배 자료를 제공하고 있다.

(2) 현지 문화와 전통의 유지 : 많은 유럽 교회들은 온라인 활동을 통해 지역 문화와 전통을 계속 유지하고 있다. 가상 음악회, 온라인 문화 행사 등을 통해 교회 고유의 문화적 가치를 온라인 공간에 반영하는 방법도 실시하고 있다.

팬데믹 기간 동안 미국, 한국, 유럽의 교회들은 각자의 문화적 및 기술적 맥락에 맞는 방식으로 적응해 나갔다. 이러한 다양한 적응 방식은 각 지역의 사회적, 문화적, 기술적 환경과 깊이 연관되어 있다.

2. 각 국가별 적응 방식의 지속적인 비교

1) 미국 교회의 기술 적응력

미국 교회들은 이미 기술 사용에 익숙한 상태에서 팬데믹을 맞이했다. 따라서 이들은 기술적 변화에 빠르게 적응하고, 광범위한 디지털 플랫폼을 활용하여 교회 활동을 유지했다.

2) 한국 교회의 신속한 대응

한국 교회들은 팬데믹에 신속하게 대응하여 온라인 예배를 진행했으며, 특히 모바일 기술을 활용한 접근 방식이 두드러졌다. 이는 한국 사회의 높은 디지털 문화 친화도와 밀접한 관련을 갖고 있다.

3) 유럽 교회의 전통과 혁신의 조화

유럽 교회들은 전통적인 가치와 현대 기술의 조화를 모색해 왔다. 이는 디지털 전환에 있어서 보수적인 접근을 일부 유지하면서도, 필요에 따라 혁신적인 방법을 도입했음을 의미한다.

각 지역의 교회들은 팬데믹 상황에서 고유의 문화적, 사회적, 기술적 배경에 따라 다르게 적응했다. 미국의 교회들은 기술적 혁신에 중점을 둔 반면, 한국 교회는 신속한 대응과 모바일 기술 활용에 초점을 맞췄고, 유럽 교회는 전통적인 가치와 현대 기술의 조화를 추구했다. 이러한 다양한 경험은 현대 목회가 직면한 도전에 대응하는 데 있어 중요한 교훈을 제공하며, 교회가 앞으로 나아가야 할 방향에 대한 중요한 시사점을 제시한다.

V. 맺는말

1. 미국 교회의 상황과 지향점

미국 교회는 코로나19 팬데믹으로 인해 디지털 교회의 발전과 혁신을 경험했다. 많은 교회가 온라인 예배와 온라인 그룹을 도입하며 신자들에게 새로운 디지털 경험을 제공했다. 그러나 이러한 디지털 전환은 전통적인 교회의 모습과 가치에 대한 논란을 불러일으켰다. 미국 교회의 지향점은 디지털 기술을 통한 교회의 유연한 운영과 신선한 혁신을 적극적으로 받아들인 것이다.

2. 유럽 교회의 상황과 지향점

유럽 교회는 다양한 문화와 도전에 직면하여 코로나19 팬데믹 이후 사회적 다양성과 다문화적 접근의 중요성을 재인식했다. 많은 유럽 교회는 사회적으로 소외된 이들에게 봉사하고 다문화적 환대를 증진하기 위한 프로그램을 적극적으로 추진하고 있다. 유럽 교회의 지향점은 사회적 다양성을 수용하고 포용하는 태도를 채택하며, 사회적 변화에 적응하는 것이다.

3. 한국 교회의 상황과 지향점

한국 교회는 코로나19 팬데믹으로 인해 온라인과 오프라인의 균형을 중시하며 목회활동을 운영했다. 많은 한국 교회는 온라인 예배와 오프라인 모임을 조화롭게 이어가며 교인과의 소통을 강화했다. 또한, 한국 교회는 공동체의 중요성을 강조하고 지역사회에 봉사하는 데 힘쓰고 있다. 한국 교회의 지향점은 온라인과 오프라인을 융합한 효과적인 교회 모델 발전과 공동체의 통합을 추구하는 것이다.

코로나19 팬데믹은 교회와 종교 공동체에 엄청난 도전을 가져왔다. 미국 교회는 디지털 기술과 혁신을 적극적으로 받아들여 유연한 운영과 새로운 경험을 추구하고 있다. 유럽 교회는 사회적 다양성과 다문화적 환대의 중요성을 재인식하며 변화에 적응하고 다양성을 수용하는 방향으로 전환하고 있다. 한국 교회는 온라인과 오프라인을 융합한 효과적인 교회 모델 발전과 공동체의 통합을 추구하며 지역사회에 봉사하는 데 주력하고 있다. 이러한 결론을 종합하면, 코로나19 팬데믹 이후의 목회는 변화와 도전의 시기이며, 이를 통해 새로운 가치와 방향성을 모색하고 교회가 사회적으로 더욱 효과적으로 기여할 수 있는 모델을 찾아야 함을 보여준다. 이는 디지털 기술과 혁신을 통한 유연한 운영, 사회적 다양성과 다문화적 환대를 존중하고 수용하는 태도, 그리고 지역사회와의 밀착된 관계를 강화하는 것을 필요로 한다. 종교 공동체는 이러한 도전을 통해 더욱 강화된 신앙과 사회적 책임감을 가져야 할 것이다.

참고문헌

윤용범, 《사회적 거리 두기 시대의 교회 리더십》, 한국대학신학교출판부, 2020
이준호, 《코로나 시대의 교회 혁신》, 새물결, 2021
김기영, 《코로나 이후의 교회 생존 전략》, 크리스마스, 2020
박준용, 《디지털 시대의 교회 변화》, 성서문고, 2021
이현규, 《온라인 교회의 실천》, 두란노, 2020
박선정, 《코로나 시대의 교회 새 패러다임》, 푸른책들, 2021
박종규, 《교회 리더의 비전과 도전》, 선한책, 2020
조성철, 《교회의 미래를 말하다》, 프리넷출판사, 2021
Kim, S. Y. 《The Impact of COVID-19 on Religious Practices: Online Worship Services and Community Building in South Korea》, Journal of Church and State, 63(1), 49–66, 2021
Hayhoe, G. F. 《Church on the Other Side: The Church's Response to COVID-19 and Beyond》, Cascade Books, 2020
Kim, E. 《Multicultural Ministry in the COVID-19 Era: A Case Study of a Korean-American Church》, International Journal of Practical Theology, 25(1), 126–145, 2021

국제복음개혁신학대학(원) 총장 김득해 박사 팔순 기념 헌정논문집

복음으로 치유하고 섬기는 사명자들

인쇄 2024년 3월 25일
발행 2024년 3월 30일

지은이 김득해 박사 팔순 기념 헌정 논문집 간행위원회

펴낸이 이노나

펴낸곳 인문엠앤비

주　소 서울특별시 종로구 북촌로4길 19, 404호(계동, 신영빌딩)

전　화 010-8208-6513

이메일 inmoonmnb@hanmail.net

출판등록 제2020-000076호

저자와 협의, 인지는 생략합니다.
잘못된 책은 바꿔 드립니다.

ISBN 979-11-91478-28-0 03230

값 20,000원